交霊
感応

気合術講習秘録

石川素禅

今回の改版にあたっては、天玄洞本院刊『交霊感応気合術講習秘録 上巻』『交霊感応気合術講習秘録 中下巻』昭和七年九月二十日発行十七版を、同じく天玄洞本院刊『交霊感応気合術神伝病気治療秘訣』昭和二年七月十日発行改版を底本とした。

八幡書店編集部

天玄洞本院講述

交靈
感應

氣合術講習秘錄

上卷

附記（百般諸靈術）

交靈感應　氣合術講習秘錄目次

上卷目次終

交靈感應 氣合術講習秘錄

（本講習秘錄は本院の許諾を得ずして、讓渡他見するを許さず）

（附現代百般諸靈術）

天玄洞本院主元　石川素禪講述

今我々《いまわれ〳〵》が現代《げんだい》百般《ぱん》に亘《わた》る諸靈術《しよれいじゆつ》の秘錄《ひろく》を開述《かいじゆつ》せんとするに當《あた》り豫《あらかじ》め御斷《おことは》りして置《お》かねばならぬ事《こと》がある『來《き》て見《み》れば聽《き》く程《ほど》もなし富士《ふじ》の山《やま》、釋迦《しやか》や孔子《こうし》も斯《か》くやあるらん』と云《い》ふ言葉《ことば》のある通《とほ》り現代《げんだい》百般《ぱん》に亘《わた》る諸靈術中《しよれいじゆつちう》には稀《まれ》には會員諸君《くわいゐんしよくん》の期待《きたい》を裏切《うらぎ》らぬものなしとも云《い》へぬ且《か》つ亦《また》一面《めん》に於《おい》て秘錄秘傳《ひろくひでん》とせられたものも一旦《たん》其《その》秘《ひ》を開《ひら》き錄《ろく》を解《と》けば『何《なん》だ是《こ》れ位《ぐらい》の事《こと》か』と思《おも》はるゝものも無《な》きにしもあらずである、例《たと》へば歌舞伎座《かぶきざ》の大舞臺《おほぶたい》で演《えん》じて人目《ひとめ》を驚《おどろ》かす樣《しやう》旭齋天勝《きよくさいてんかつ》の奇術《きじゆつ》も其種《そのたね》を明《あか》し仕掛《しかけ》を解《と》いて見《み》れば「何《なん》の事《こと》だ」位《ぐら》いにしか思《おも》はれぬのであるが然《しか》し又《また》一面《めん》に於《おい》て其種《そのたね》を作《つく》り仕掛《しかけ》を考《かんが》へ出《だ》す迄《まで》の彼等《かれら》の苦心《くしん》は並大低《なみたいてい》なものでは有《あ》るまいと思《おも》ふ、現代《げんだい》に於《お》ける諸靈術《しよれいじゆつ》とても亦如斯《またかくのごとく》である、今《いま》でこそ誰《たれ》にでも覺《おぼ》へられる刀《かたな》の刄渡《はわた》りや、刺針術《ししんじゆつ》や乃至《ないし》火渡《ひわた》り術《じゆつ》鐵火術《てつくわじゆつ》の如《ごと》きですらも昔《むかし》は斷食《だんじき》で修行《しうげふ》したり、山籠《やまごも》りで修養修得《しうようしうとく》したりして單《たん》にこれだけの事《こと》を覺《おぼ》へるのにすら二三十年《ねん》の苦心《くしん》と修行《しうげふ》を要《よう》したものである。而《しか》も二三十年《ねん》の難行苦行《なんぎやうくぎやう》を經《へ》た者《もの》と雖《いへど》も十人《にん》が十人皆此《にんみなこ》の法術《はふじゆつ》を得《う》ると云《い》ふ事《こと》は至難《しなん》の事《こと》であつた、況《いは》んや自己《じこ》の病氣惡癖《びやうきあくへき》を治療矯正《ちれうきやうせい》したり乃至《ないし》は他人《たにん》に治病修癖《ちびやうしうへき》の功徳《くどく》を施《ほどこ》すが如《ごと》き事《こと》は千人中《にんちう》に二三人《にん》も爲《な》し得《え》なかつたのである、然《しか》るに今日《こんにち》に於《おい》ては殆《ほと》んど之等《これら》の難行苦行《なんぎやうくぎやう》の要《よう》なくして先《せん》人苦心《じんくしん》の寶庫《ほうこ》を探《さぐ》る事《こと》が出來《でき》るのであるから有難《ありがた》い事《こと》ではあるまいか、其處《そこ》をよく考《かんが》へて貰《もら》ひたい。

今《いま》や吾天玄洞《わがてんげんどう》に於《おい》て其等《それら》現代《げんだい》百般《はん》の諸靈術《しよれいじゆつ》を詳解《しようかい》するに際《さい》し今更何《いまさらなに》も諸君《しよくん》に對《たい》して恩《おん》を賣《う》るでは無《な》いが、以下《いか》述《の》ぶる各科目《かくくわもく》の如《ごと》きは現《げん》に其中《そのうち》の一法《はふ》一術《じゆつ》の傳授《でんじゆ》を受《う》くるにすら數《すう》十圓乃至《ゑんないし》數《すう》百圓《ゑん》の巨費《きよひ》を投《たう》じなければ敎《をし》へて呉《く》れぬ所謂《いはゆる》心靈大家《しんれいたいか》なる者《もの》の多《おほ》い世《よ》の中《なか》なるにも拘《かゝわ》らず今《いま》吾人《ごじん》は神傳神秘《しんでんしんび》の歸《き》神交靈法《しんかうれいはふ》を始《はじ》めとし進《すゝ》んでは百般《はん》の諸心靈術《しよしんれいじゆつ》を開庫《かいこ》せんとするのである。

此點乞諒

× × × ×

所謂靈術法、 嘗《か》つて本院《ほんゐん》の說明書《せつめいしよ》に於《おい》ても詳述《しやうじゆつ》してある通《とほ》り現代諸所《げんだいしよ〳〵》〳〵に於《おい》て行《おこな》はるゝ諸々《もろ〳〵》の心靈家《しんれいか》乃至《ないし》精神療法家《せいしんれうはふか》は各々《おの〳〵》異《い》を立《た》て派《は》を爲《な》し自分勝手《じぶんかつて》の名稱《めいしよう》を附《ふ》して何《いつ》れも『先人未《せんじんみ》發《はつ》の秘傳《ひでん》を授《さづ》く』的《てき》な事《こと》を云《い》つて居《を》るが吾人《ごじん》を以《もつ》て觀《み》れば何《いづ》れも同巧異曲《どうこういきよく》のものである、曰《いは》く心身鍛鍊法《しん〳〵たんれんはふ》、氣血活靈圓通術《きけつくわつれいゑんつうじゆつ》、妙智療法《めうちれうはふ》、心原術《しんげんじゆつ》、哲理術《てつりじゆつ》、各派催眠術《かくはさいみんじゆつ》、靈感靈應術《れいかんれいおうじゆつ》、靈動術《れいどうじゆつ》、大靈道《たいれいだう》、大本敎《おほもとけう》、神感術《しんかんじゆつ》、プルナ療法《れうはふ》、神道靈術法《しんだうれいじゆつはふ》、精神統《せいしんとう》一法《はふ》、千里《り》眼透視《がんとうし》術《じゆつ》、豫言術《よげんじゆつ》、オロラ療法《れうはふ》、內觀療法《ないくわんれうはふ》、靈氣術《れいきじゆつ》、心機轉換術《しんきてんかんじゆつ》、治病矯癖術《ちびやうきやうへきじゆつ》、養氣術《やうきじゆつ》、靈光術《れいくわうじゆつ》、曰《いは》く何術《なにじゆつ》曰《いは》く何法《なにはふ》と悉《こと〴〵》く擧《あ》げ來《きた》るならば恐《おそ》らく百數《すう》十種《しゆ》にも及《およ》ぶ程《ほど》の現況《げんきやう》である、而《しか》も亦《また》一面靜《めんしづか》に是等《これら》百般《はん》に亘《わた》る諸靈術《しよれいじゆつ》の內容《ないよう》を解剖批判《かいばうひはん》する時《とき》は蓋《けだ》し思《おも》ひ半《なか》ばに過《す》ぐるものがあるのである、況《いは》んや一派《は》の長又《ちやうまた》は開祖《かいそ》と稱《しやう》する人々《ひと〳〵》の學識伎倆等《がくしきぎれうとう》に就《つ》いて見《み》る時《とき》は世《よ》に呼號《こがう》し得《う》るに足《た》るの士《し》が果《はた》して幾人有《いくにんあ》るであらう？　吾人《ごじん》は嘗《か》つて本院《ほんゐん》の靈術通信講習開始《れいじゆつつうしんかうしふかいし》の趣旨書《しゆししよ》にも述《の》べてある通《とほ》り靈術界《れいじゆつかい》に於《お》いても僅《わづか》に數氏《すうし》を推《お》し得《う》るに過《す》ぎぬのである、せめて一般靈術界《ぱんれいじゆつかい》の人々《ひと〳〵》が吾人《ごじん》の推奬《すゐしやう》する人體《じんたい》ラヂウム學會長松本道別氏《がくかいちやうまつもとだうべつし》の十分《ぶん》の一だけの人格學識伎倆研究《じんかくがくしきぎれうけんきう》があつて欲《ほ》しいものである。

靈術研究の基礎

自《みづか》ら實行體得《じつかうたいとく》し得《え》ざる事《こと》を敎《をし》へ勸《すゝ》めて全《まつた》きを求《もと》むるは木《き》に依《よ》つて魚《うを》を求《もと》むるよりも更《さら》に尙《な》ほ至難《しなん》の事《こと》である、而《しか》も現代《げんだい》には斯《かく》の如《ごと》き靈術家《れいじゆつか》が多《おほ》いのであるが苟《いやしく》も我《わ》が會員諸君《くわいゐんしよくん》にして眞面目《まじめ》に斯道《しだう》を布《し》き、救世濟民《きうせいさいみん》の功德《くどく》を積《つ》まんとするの士《し》は徒《いたづ》らに批評《ひへう》批判《はん》に捉《とら》はるゝ事《こと》なく進《すゝ》んで或程度《あるていど》迄《まで》の苦行《くぎやう》を積《つ》み、修行《しゆぎやう》を重《かさ》ねて自《みづか》ら體驗《たいけん》せねばならぬ。

靜座呼吸法

(一)　靜座呼吸法

體驗《たいけん》の第《だい》一歩《ぽ》は靜座《せいざ》呼吸法《こきうはふ》である、此《こ》の靜座《せいざ》呼吸法《こきうよふ》に對《たい》しても各人各樣《かくじんかくやう》の名稱《めいしよう》を附《ふ》し見解《けんかい》を異《こと》にしてゐるけれ共敢《どもあへ》て奇《き》を好《この》む迄《まで》もなく大要《たいえう》は岡田式靜座法《をかだしきせいざはふ》に則《のつと》れば充分《じうぶん》である、靜座法《せいざはふ》の妙《めう》諦《てい》は無我《むが》である、精神《せいしん》の統一《とういつ》である、更《さら》に佛敎《ぶつけう》の言葉《ことば》を借《か》りて云《い》へば心身脫落《しんしんだつらく》花《はな》は紅《くれない》柳《やなぎ》は綠《みどり》の境《きやう》である、一度《たび》此《こ》の境《きやう》に遊《あそ》んで大悟《たいご》するに至《いた》れば『萬物皆從容《ばんぶつみなせうよう》たらざるは無《な》し、眠覺《ねむりさ》むれば東《とう》窓日旣《さうひすで》に紅《くれなひ》なり、靜《しづか》に觀《み》る萬物自得《ばんぶつじとく》するを、四時《じ》の佳境人《かきやうひと》と同《おな》じ、想《おもひ》は入《い》る風雲變態《ふううんへんたい》の中《うち》、道《みち》は通《つう》ず天地有形《てんちうけい》の外《そと》、富貴《ふつき》淫《いん》せず貧賤《ひんせん》にも樂《たの》しむ、男子《だんし》茲《こゝ》に至《いた》りて是《こ》れ豪勇《がうゆう》』の眞味《しんみ》を解《かい》する事《こと》が出來《でき》るのである、生《せい》も死《し》も、地獄《ぢごく》も極樂《ごくらく》も盡《こと〴〵》くが打《う》て一丸《ぐわん》せられたる萬境萬物無差別《ばんきやうばんぶつむさべつ》の境《きやう》に至《いた》り所謂《いは》白隱禪師《るはくゐんぜんし》の解《と》かれたるが如《ごと》く、立《た》つも步《あ》ゆむも則《のり》の聲《こゑ》三昧《まい》無碍《むげ》の空廣《そらひろ》くして四智圓明《ちゑんめう》の月冴《つきさ》ゆるのである、未《いま》だ初學《しよがく》の士《し》には如斯《かくのごとき》譯《わけ》の分《わか》らない禪宗《ぜんしう》の文句《もんく》見《み》た樣《やう》な文章《ぶんしやう》を並《なら》べたてゝも恐《おそ》らく今《いま》は難解《なんかい》の事《こと》と想《おも》ふが、眞《しん》に諸氏《しよし》が眞劍《しんけん》に眞面目《まじめ》に一切《さい》を捨《す》てゝ次《つぎ》の形式《けいしき》により修業《しうげふ》さるゝ時《とき》は必《かなら》ず誓《ちか》つて神人合一《しんじんがふいつ》の妙境《めうきやう》に入《い》り得《う》る事《こと》を斷言《だんげん》する、身體《しんたい》の健不《けんふ》健《けん》や學問《がくもん》の有《あ》る無《な》し等《とう》は毫《がう》も問題《もんだい》とするに足《た》らぬのである。

(二) 座式靜座呼吸法

靜座法、靜座《せいざ》する場所《ばしよ》は何《い》づれの境《きやう》、何《い》づれの場所《ばしよ》を選《えら》ばず共何處《ともどこ》でも修業爲《しうげうな》し得《う》る事《こと》であつて、要《えう》は常《つね》に四六時中其心掛《じちうそのこゝろが》けを忘《わす》れざるにあるのである。

朝目覺《あさめざ》めたならば床《とこ》の上《うへ》で、或《あるひ》は事務《じむ》を執《と》り乍《なが》ら、鍬《くは》を持《も》ち乍《なが》ら、道《みち》を歩行《ほかう》し乍《なが》らも、何處《どこ》でも實行《じつかう》し得《え》らるゝ事《こと》であるけれ共初學者《どもしよがくしや》に取《と》つては仲々其《なか／＼そ》れは容易《ようい》に出來《でき》ぬ。靜座法《せいざほふ》の形式《けいしき》は矢張《やは》り佛教《ぶつけう》の禪宗《ぜんしう》に負《お》ふ所《ところ》が多《おほ》い、卽《すなは》ち座禪《ざぜん》の形式《けいしき》から眞似《まね》て改良《かいりやう》したものである。

禪宗《ぜんしう》では此《こ》の座禪《ざぜん》を修《しゆう》するのに仲々矢釜《なか／＼やかま》しい身體《しんたい》の規定《きてい》があつて結跏《けつか》と半跏《はんか》との二方法《はうはふ》があるのである、結跏《けつか》の方《はう》から解《と》くと先《ま》づ座布團《ざぶとん》の上《うへ》に坐《すわ》つて足《あし》をグット前《まへ》に出《だ》し右《みぎ》の手《て》を以《もつ》て右《みぎ》の足《あし》を持上《もちあ》げて左《ひだり》の股《もゝ》の上《うへ》に乘《の》せ左《ひだり》の手《て》をもつて左《ひだり》の足《あし》を持上《もちあ》げて右《みぎ》の股《もゝ》の上《うへ》に乘《の》せるのである、斯《こ》うして腰《こし》から下《した》の構《かま》へが出來上《できあが》つたならば次《つぎ》には腰《こし》から上《うへ》の構《かま》へであるが先《ま》づ左右《さゆう》の手《て》を右《みぎ》を下《した》に左《ひだり》を上《うへ》に仰向《あふむ》けに重《かさ》ねて兩方《れうはう》の親指《おやゆび》の腹《はら》と腹《はら》を輕《かろ》く突《つ》き合《あは》せて臍《へそ》の下邊《かへん》へ緊《しつ》かり押着《おしつ》ける、元來禪宗《ぐわんらいぜんしう》で左右《さゆう》の手《て》を上下《ぜうげ》に重《かさ》ねるのは仲々《なか／＼》難《む》づかしい理窟《りくつ》のある事《こと》であるが簡單《かんたん》に云《い》へば右《みぎ》を行《ゆう》に取《と》り在《ひだり》を智慧《ちゑ》に象取《かたど》つたのである、從《したが》つて左《ひだり》を以《もつ》て右《みぎ》を制《せい》する事《こと》になつて居《ゐ》る、次《つぎ》には上半身《ぜうはんしん》を眞直《まつす》ぐにして、而《しか》も腰《こし》はどつかり落付《おちつ》けて(餘《あま》り反身《そりみ》にならない様《よう》に)……と言《い》つて前曲身《まへこゞみ》にならぬ様《よう》に脊背《せぼね》を眞直《まつす》ぐに押《お》し立《た》てゝ幾分下腹《いくぶんしたはら》を突《つ》き出《だ》す心持《こゝろもち》にやるのである、故《ゆゑ》に此《こ》の姿勢《しせい》を見《み》る時《とき》は鼻《はな》と臍《へそ》は相對《あひたい》し、耳《みゝ》と肩《かた》と相對《あひたい》し頭《あたま》の中心《ちうしん》と尻《しり》の穴《あな》と眞直《まつす》ぐに一貫《くわん》するが如《ごと》き形《かたち》とならねばならぬ、是《こ》れが又初學者《またしよがくしや》には容易《ようい》ならぬ事《こと》であるけれ共《ど》大體《だいたい》右《みぎ》に述《の》べた形式《けいしき》を念頭《ねんとう》に置《お》いて結跏《けつか》すれば必《かなら》ず漸次《ぜんじ》正當《せいとう》な姿勢《しせい》になつて來《き》て大磐石《だいはんじやく》の如《ごと》き重味《おもみ》がついて來《く》るものである、眼《め》は半開《はんかい》にして靜《しづ》かに薄《うす》く鼻《はな》の突端《とつたん》を見《み》る位《くらゐ》な角度《かくど》で前方《ぜんぱう》を見《み》るのである、半跏《はんか》と云《い》ふのは未《いま》だ完全《くわんぜん》に結跏《けつか》に馴《な》れぬ初心者《しよしんしや》に對《たい》する方法《はうはふ》であるが之《これ》は結跏《けつか》の左《ひだり》の足《あし》だけを右《みぎ》の股《もゝ》の上《うへ》に安置《あんち》するのである、且《か》つ成《な》るべく布團《ふとん》を二つ折《をり》にして尻《しり》の下《した》へ敷《し》いた方《はう》が宜《よろ》しいのである、他《た》の諸《しよ》點《てん》は結跏《けつか》の形式《けいしき》と毫《ごう》も異《ことな》らないのである故《ゆゑ》に初心者《しよしんしや》にして座禪《ざぜん》を修養《しつやう》せんとする人々《ひとびと》は先《ま》づ半跏《はんか》によりて身體《しんたい》や呼吸《こきう》を整《とゝの》へて馴《な》るゝに從《したが》つて本式《ほんしき》の結跏《けつか》を爲《な》すべきである。

身體《しんたい》の構《かま》へは以《い》上《ぜう》の如《ごと》くであるが次《つぎ》には呼吸《こきう》の方法《はうはふ》である、呼吸《こきう》はなるべく靜《しづ》かに細《ほそ》く長《なが》く鼻《はな》から吸《す》つて口《くち》から吐《は》き出《だ》すのである、其《そ》うして結跏《けつか》して居《ゐ》る前《まへ》に線香《せんこう》に火《ひ》を附《つ》けて置《お》いて右《みぎ》の姿勢《しせい》で靜《しづ》かに自分《じぶん》の呼吸《こきう》の數《かづ》を腹《はら》で數《かぞ》へ乍《なが》ら(頭《あたま》で數《かぞ》へるでなく腹《はら》で數《かぞ》へる心持《こゝろもち》になる)線香《せんこう》のなくなる迄繼續《までけいぞく》するのであるが、之《こ》れも矢張《やは》り馴《な》るゝに從《したが》つて時間《じかん》を延長《えんてう》し遂《つひ》には三日《か》三夜《や》は愚《おろ》か幾日幾夜《いくにちいくや》にも及《およ》ぶのである(勿論食事時間《もちろんしよくじじかん》は別《べつ》)が禪宗《ぜんしう》では最初《さいしよ》より數日《すうじつ》して稍々《やゝ》身體《しんたい》の調度《てうど》が取《と》れ、呼吸《こきう》の數《かず》が何《なん》百何《なん》千でも數《かぞ》へらるゝ様《やう》に身心《しんしん》が統《とう》一し始《はじ》めた頃《ころ》から古則公案等《こそくこうあんなど》を拈提《ねんてい》問題《もんだい》を課《くわ》する事《こと》)させるのである、先《ま》づ初心者《しよしんしや》に下《くだ》さるゝ公案《こうあん》の一例《れい》を云《い》へば「隻手音聲《せきしゆおんぜう》」(隻手《かたて》の聲《こゑ》を聞《き》いて來《こ》い)とか亦《また》は「父母未生以前汝本來《ふぼみせういぜんなんぢほんらい》の面目如何《めんぼくいかん》」(父《ちゝ》や母《はゝ》が生《うま》れない先《さき》に貴様《きさま》は何處《どこ》に何《なに》をして居《ゐ》たか)……乃至《ないし》「柱《はしら》の中《なか》へ身《み》を隠《かく》して見《み》よ」とか「無手《むて》にて物《もの》を取《と》つて見《み》よ」とか「一切世間《さいせけん》の音《おん》聲《せい》を止《と》めて來《こ》い」とか「座《ざ》して海中《かいちう》の眞珠《しんじゆ》を取《と》れ」と云《い》ふ様《やう》な初心者《しよしんしや》には全然見當《ぜんぜんけんたう》も附《つ》かない無理《むり》な公案《こうあん》を課《くわ》するのである、然《しか》るにこの公案《こうあん》るものが元來深遂《ぐわんらいしんえん》なものであつて到底《たうてい》一日《にち》や十日《か》考《かんが》へた處《ところ》で容易《ようい》に解《と》き得《う》べきものでなく、多《おほ》くは五年目《ねんめ》に漸《やうや》く一つの公案《こうあん》を解《と》いたとか十五年目《ねんめ》に二ツの公案《こうあん》を解《と》いたとか云《い》ふ話《はな》し許《ばか》りである、而《しか》し此《こ》の公案《こうあん》なるものが千數《すう》百則《そく》もあるから並大低《なみたいてい》な凡人《ぼんじん》は最初《さいしよ》から怖氣《おぢけ》を振《ふる》つて仕舞《しま》ふのである、眞面目《まじめ》な禪僧《ぜんそう》が公案《こうあん》を解《と》くに當《あた》つては殆《ほと》んど死《し》にもの狂《ぐる》ひである、否彼等《いなかれら》の最《もつと》も眞劍《しんけん》なる人々《ひと〴〵》は死《し》を賭《と》して掛《か》かつて居《ゐ》るのである。

近來稍《きんらいやゝ》もすれば精神療法《せいしんれうはふ》の大家《たいか》なるものが『禪《ぜん》で大悟徹底《たいごてつてい》するには一生涯《せうがい》を盡《つく》しても未《いま》だ足《た》らぬ程《ほど》であるけれ共《ども》、我《わ》が心靈道場《しんれいどうぜう》に於《おい》て我《わ》が講習《こうしう》を受《う》くる時《とき》は僅々《きん〳〵》七日《か》乃至《ないし》十日《か》にして禪《ぜん》の妙致《めうち》と同様《どうやう》なる境涯《けうがい》に至《いた》らしめる』等《など》と大法螺《おほほら》を吹《ふ》きたてゝ居《ゐ》る自稱大家《じせうたいか》もあるが、然《しか》し乍《なが》ら禪《ぜん》の公案《こうあん》なるものは而々《しか〴〵》容易《ようい》なものでは無《な》い、」

へボ氣合《きあひ》の一喝《かつ》や二喝《かつ》又《また》は靜座《せいざ》の七日《か》や十日《か》修業《しゆげう》した位《くらゐ》で千數《すう》百則《そく》の公案《こうあん》を解《と》くと同樣《どうよう》の効程《こうてい》が得《え》らるゝならば、超俗《てうぞく》の高僧《こうそう》が何《なに》も苦《くる》しんで至難《しなん》な公案《こうあん》に一生涯《せうがい》を盡《つい》やす必要《ひつよう》は無《な》い、其《そ》の位《くらゐ》の事《こと》で宇宙《うちう》の神秘《しんぴ》が分《わか》り天地《てんち》の鍵《かぎ》が握《にぎ》れる位《くらゐ》なら釋迦《しか》や達摩《だるま》や乃至《ないし》古今《ここん》の聖僧《せいそう》は吾人《ごじん》に與《あた》ふるに千數《すう》百則《そく》の公案《こうあん》を以《もつ》てせる譯《わけ》がない、試《こゝろ》みに是等《これら》靈道《れいどう》の大家《たいか》なる自稱《じせう》大悟家《たいごか》に、例《たと》へ一ッでもよいがこの至難《しなん》な公案《こうあん》を解《と》いたものがあるか何《ど》うか？自《みづか》ら公《こう》案《あん》の一ッをだに解《と》いた事《こと》なくして禪《ぜん》を批評《ひへう》し公案《こうあん》を笑《わら》ふ等《など》とは片腹痛《かたはらいた》い次第《しだい》である、如斯《かくのごとき》輩《はい》が得《とく》々として心《しん》靈大家《れいたいか》を以《もつ》て自任《じにん》して居《ゐ》る樣《よう》では到底靈術界《たうていれいじゆつかい》の革新向上《かくしんこうぜう》は望《のぞ》まれぬ事《こと》であつて常《つね》に吾人《ごじん》は遺憾《いかん》千萬《ばん》な事《こと》と思《おも》つて居《ゐ》る。

修養修業《しうようしゆげう》は飽《あ》く迄積《までつ》まねばならぬ、人間《にんげん》の一生涯《せうがい》は修養《しうやう》であらねばならぬので修養《しうやう》して悟《さと》り、修業《しゆげう》して悟《さと》りつゝ行《ゆ》くのが大悟《たいご》の一端《たん》である、兎角《とかく》一度《た》び心靈學《しんれいがく》を修《をさ》めたものは直《たゞち》に「天上天下唯我獨尊《てんぜうてんがゆいがどくそん》」を極《き》め込《こ》みたがるものであるが、願《ねが》はくば吾會員諸君《わがくわいゐんしよくん》は如斯《かくのごと》き事《こと》なくして常《つね》に見《けん》を廣《ひろ》めて我《わ》が足《た》らざるを補《おぎな》ふ樣《よう》に修養《しうやう》を重《かさ》ねて欲《ほ》しい事《こと》を特《とく》に望《のぞ》んで置《お》く、書《か》いた序《ついで》であるから禪《ぜん》の修業《しゆげう》……即《すなは》ち人生大悟《じんせいたいご》に至《いた》る道程《どうてい》が……何《ど》れだけの難行苦行《なんげうくげう》を要《えう》するものであるかを御話《おはな》しいたしたいと思《おも》ふ、これは吾《わ》が會友中《くわいゆうちう》の某氏《ぼうし》の事《こと》であるが先年來《せんねんらい》鎌倉《かまくら》の某寺《ぼうじ》に參禪《さんぜん》する事實《ことじつ》に五ケ年《ねん》、此《こ》の間《あひだ》專《もつぱ》ら世事《せじ》を遠《とほ》ざけ俗務《ぞくむ》を去《さ》り一意《い》專心投《せんしんきつ》けられた或《ある》一ッの公案《こうあん》の爲《た》めに時《とき》には絶食《ぜつしよく》して山中《さんちう》に籠《こも》り波邊《なみべ》に結跏《けつか》してひたすら拈提《ねんてい》に努《つと》めたるも唯々《たゞ〳〵》得《う》るものは無《む》の無《む》にも及《およ》ばなかつた、絶望《ぜつばう》の極《きは》み『生《い》きて我《わ》れ大悟《たいご》を得《え》ずんば死《し》して無《む》に歸《き》するに如《し》かず』と想《おも》つて全《まつた》く今《いま》は死《し》を決《けつ》し、さらば最後《さいご》の暇《いとまご》乞ひせんものと思《おも》つて老師《らうし》の前《まへ》に至《いた》つたのである、此《こ》の時《とき》老師《らうし》は靜《しづ》かに結跏《けつか》して居《を》られたが叉手《さしゆ》して入室《にうしつ》せる某氏《ぼうし》を見《み》ると共《とも》に傍《かたはら》の如意《によい》を取《と》り上《あ》げて力任《ちからまか》せにグント某氏《ぼうし》の腰《こし》の邊《あた》りをなぐられた、今迄《いままで》眼中《がんちう》暗涙《あんるい》を漂《たゞよ》わして來《き》た某氏《ぼうし》は想《おも》はずハツト我《われ》に歸《かへ》つた時其時《ときそのとき》同時《どうじ》に豁然《かつぜん》として迷《まよひ》の夢《ゆめ》は覺《さ》め五年來《ねんらい》の公案《こうあん》は釋然《しやくぜん》せられたのであつた、之《こ》れ等《ら》は未《いま》だ禪修業《ぜんしゆげふ》の最《もつと》も易《やさ》しい事《こと》であつて、あらゆる難行《なんぎやう》を重《かさ》ね苦行《くぎやう》を積《つ》まねば解《と》けぬ事《こと》が多《おほ》いのである、問題《もんだい》が難《む》づかしければ難《むつ》かしい程《ほど》解《と》いた時《とき》の嬉《うれ》しさや樂《たの》しさや天地《てんち》の濶《ひろ》さは筆《ふで》にも口《くち》にも現《あら》はせぬものがある、其《そ》の代《かは》り亦生半可《またなまはんか》の悟《さと》り方《かた》をすれば全《まつた》く殺《ころ》される樣《やう》な目《め》にも逢《あ》ふのである、昔天竺《むかしてんぢく》の國《くに》に一人《り》の老婆《らうば》があつて、一人《り》の美《うつく》しい娘《むすめ》と暮《くら》して居《ゐ》たが如何《いか》にかして世《よ》の高僧聖者《かうそうせいじや》に廻《めぐ》り逢《あ》つて得度《とくど》されたいものだと想《おも》つて常《つね》に道《みち》を通《とほ》る僧侶《そうりよ》に供養《くやう》して居乍《ゐなが》ら或《ある》一ツの問題《もんだい》を試驗《しけん》して居《ゐ》たが未《いま》だ曾《かつ》て此婆《このばあ》さんの試驗《しけん》に合格《かうかく》した僧侶聖者《そうりよせいじや》は一人《ひとり》もなかつたのである、然《しか》るに或時《あるとき》某《ぼう》と云《い》ふ世《よ》に名高《なだか》い高僧《かうそう》が此《こ》の土地《とち》を通《とほ》ると聞《き》いて婆《ばあ》さんは、サテコソ是《こ》れが自分《じぶん》を濟度《さいど》してくれる高僧《かうそう》かと思《おも》つて無理矢理《むりやり》に賴《たの》んで自分《じぶん》の家《うち》に泊《とま》つて貰《もら》つたところが此《こ》の坊《ばう》さんは兼《か》ねて世間《せけん》の風評《ふへう》で珍《めづ》らしい婆《ばあ》さんがあると云《い》ふ事《こと》を聞《き》いて居《ゐ》たので、一體此《たいこ》の婆《ばあ》さんは自分《じぶん》にどんな試験《しけん》を課《くわ》すであらうかと半好奇心《なかばこうきしん》も手傳《てつだ》つて快《こころよ》く一泊《はく》したのである、夜半《やはん》になつて何《なに》か坊《ぼう》さんの足《あし》の邊《へん》に觸《ふ》れる物《もの》があるので、薄明《うすあか》りに見《み》ると驚《おどろ》いた、花《はな》も恥《はぢ》らう當家《とうけ》の娘《むすめ》さんが、蘇東坡《そとうは》の形容詞《けいようし》を借《か》りて云《い》ふならば、沈魚落雁閉月羞花《ちんぎよらくがんへいげつしうくわ》とも云《い》ふべき粧《よそほ》ひで而《しか》も艶《なまめ》かしい寢卷姿《ねまきすがた》で恥《はづ》かしそうに其坊《そのぼう》さんの床《とこ》の中《なか》へ這《は》入《い》り込《こ》まふとして居《お》るのである……翌朝《よくあさ》婆《ばあ》さんは早《はや》くから起《お》きて坊《ばう》さんの目覺《めざ》めるのを待《ま》つて居《ゐ》ると其中《そのうち》に此《こ》の聖僧《せいそう》も起床《きせう》して顔《かほ》を洗《あら》つて仕舞《しま》つたから其處《そこ》で婆《ばあ》さんが昨夜《さくや》々半《やはん》の出來事《できごと》を訊《たづ》ねて見《み》た、ズルト坊《ばう》さんは待《ま》つて居《ゐ》ましたと云《い》はぬ許《ばか》りに「私《わたし》の樣《やう》な悟《さと》り切《き》つた聖者《せいじや》の寢所《しんじよ》へ何《ど》んな美人《びじん》を寄《よこ》してもそれは恰《あたか》も『枯木《こぼく》寒巖《かんがん》に倚《よ》りて三冬暖氣《とうたんき》なきが如《ごと》し』と答《こた》へた……（恰《あたか》も寒風《かんぷう》に吹《ふ》かれて居《ゐ》る巖頭《がんとう》の枯《か》れ木《き》の樣《やう》なもので、更《さら》に色氣《いろけ》や暖《あたた》か味《み》を覺《おぼ》へない）……是《こ》れを聞《き》いた婆《ばあ》さんは喜《よろこ》ぶかと思《おも》ひの外大《ほかおほ》いに怒《いか》つて『己《おの》れ此《こ》の僞聖者《にせせいじや》め』と云《い》ふて火吹竹《ひふきだけ》を持《も》つてグワンと一ツ喰《く》はせながら坊《ばう》さんを追《お》ひ出《だ》して仕舞《しま》つた、坊《ばう》さんの方《はう》でもこれは偉《えら》い婆《ばあ》さんだと思《おも》つて、放々《はうはう》の態《てい》で頭《あたま》を抱《かか》へて逃《に》げ出《だ》して仕舞《しま》つたと云《い》ふ話《はなし》がある、諸君《しよくん》どうです？ 如何《いか》にしたならば如何《いか》に解《と》いたならば此《こ》の婆《ばあ》さんの試驗《しけん》に合格《ごうかく》するでせうか？ 之《こ》れは生修業《なましゆげう》で半悟《はんさと》りの者《もの》は自分《じぶん》より偉《えら》い人《ひと》に出逢《であ》へば直《す》ぐに其《そ》の化《ばけ》の皮《かは》をはがれる、と云《い》ふ一ツの例話《れいわ》である、況《いは》んや現代《げんだい》の自《じ》稱大家《せうたいか》連《れん》には此《こ》の話《はなし》を鼻糞《はなくそ》に丸《まる》めて煎《せん》じて飲《の》ませる必要《ひつよう》がある。呵《か》々。

禪宗《ぜんしう》の坐禪《ざぜん》に就《つ》いては尚《な》ほ語《かた》りたい多《おほ》くの事《こと》があるけれ共《ども》、今《いま》は其暇《そのいとま》を持《も》たぬ爲《た》め遺憾《いかん》乍《なが》ら玆《ここ》に筆《ふで》を擱《を》く事《こと》にするが、之《こ》れは次《つぎ》に說《と》く靜座法《せいざはふ》の前提《ぜんてい》としたに過《す》ぎぬのである。

坐式靜座呼吸法《ざしきせいざこきうはふ》の方法《はうはふ》　如何《いか》なる場所《ばしよ》如何《いか》なる時《とき》に於《お》いても要《えう》は其本念《そのほんねん》を忘《わす》れぬ樣《やう》にすれば靜《せい》座呼吸法《ざこきうはふ》は行《おこな》ひ得《う》るのであるが然《しか》し初心者《しよしんしや》は仲々《なか〳〵》そうは行《ゆ》かぬ、從《したが》つて最初《さいしよ》の間《あひだ》はなるべく閑《かん》靜《せい》な一室《しつ》に於《おい》て行《ぎやう》ずる樣《やう》にして貰《もら》ひたい、萬《まん》一初心者《しよしんしや》が場所《ばしよ》を誤《あやま》り時《とき》を誤《あやま》れば絕《た》へず邪念妄想《じやねんもうそう》に捉《とら》はれて精神《せいしん》を統一《とういつ》する事《こと》が出來《でき》なくなる、一旦《たん》其惡習《そのあくしふ》が付《つ》けば仲々《なか〳〵》邪念妄想《じやねんもうさう》は去《さ》り難《がた》いものであるから最初踏《さいしよふ》み出《だ》しの一步《ぽ》が肝要《かんやう》なのである、先《ま》づ兩足《りやうあし》を後《うしろ》で深《ふか》く叉《く》み合《あは》せ其下《そのした》に有合《ありあは》せの座布團《ざぶとん》を二つに折《を》つて敷《し》き、尻《しり》はなるべく後方《こうはう》に突《つ》き出《だ》して乘《の》せ、更《さら》に下腹《したはら》を前《まへ》に突《つ》き出《だ》す心持《こころもち》を持《も》つて座《すは》りそれから眞直《まつす》ぐに背《せ》を反《そ》らせ、ミヅオチの邊《あたり》を落《おと》し込《こ》む樣《やう》にする――即《すなは》ちなるべく深《ふか》く兩足《りやうあし》を組《く》み尻《しり》を後方《こうはう》に出來《でき》るだけ突《つ》き出《だ》して兩足《りやうあし》を組《く》んだ上《うへ》に乘《の》せ、又下腹《またしたはら》を前《まへ》に出《だ》す心持《こゝろもち》にて、更《さ》らに背《せ》を反《そ》らせてミヅオチの所《ところ》を輕《かろ》く凹《へこ》ませる心持《こゝろもち》で安座《あんざ》し、左右兩方《さゆうりやうはう》の手《て》は輕《かろ》く臍《へそ》の下《した》（陰部《いんぶ》の上邊《じやうへん》）に落《お》ち附《つ》け、兩方《りやうはう》の指《ゆび》と指《ゆび》とは淺《あさ》く組《く》み合《あは》せ、左母指《ひだりをやゆび》の腹《はら》と右《みぎ》

母指《おやゆび》の腹《はら》とは輕《かろ》く對合《たいごふ》せしむるのである、筆《ふで》で書《か》けば只《たゞ》これだけの事《こと》であるけれども仲々《なか〳〵》此《こ》の姿勢《しせい》は取《と》り惡《にく》いものである、殊《こと》に初心者《しよしんしや》は下腹《したはら》を突《つ》き出《だ》してミヅオチの部分《ぶぶん》を輕《かろ》く落《おと》すと云《い》ふ

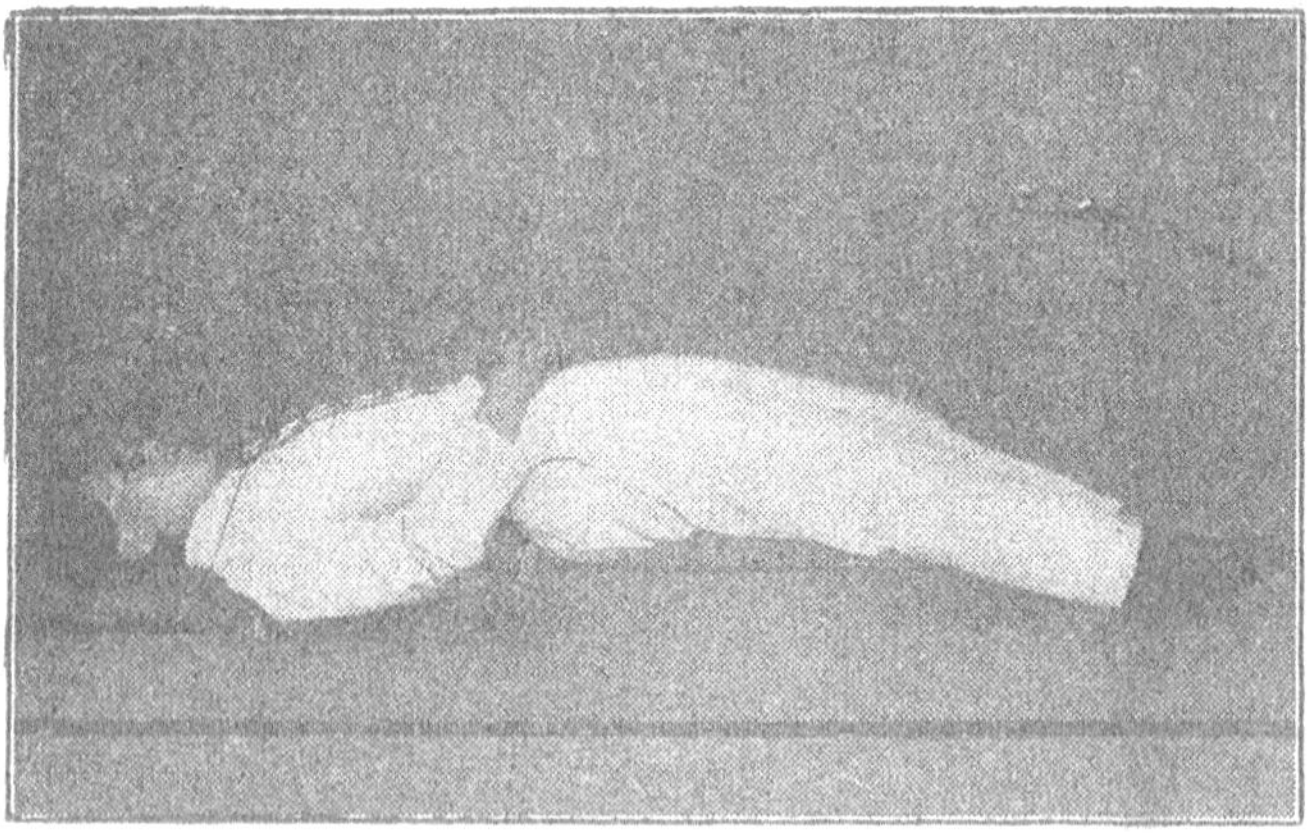

事《こと》だけでも容易《ようい》な事《こと》ではない、岡田《をかだ》式静座《しきせいざ》法《はふ》にも『腹《はら》を突《つ》き出《だ》しミヅオチを引込《ひっこ》めて背骨《せぼね》を眞直《まつす》ぐにすると』敎《おし》へてあるが仲々《なかなか》困難《こんなん》な事《こと》である、然《しか》し何《なに》事《こと》も『習《なら》ふより慣《な》れよ』と云《い》ふ言葉《ことは》の通《とほ》り、前述《ぜんじゆつ》の姿勢《しせい》を念頭《ねんとう》に置《お》いて練習《れんしふ》すれば知《し》らず〳〵の間《あひだ》に、立派《りつぱ》な姿勢《しせい》が取《と》れて、終《つひ》には泰然《たいぜん》たる事磐石《ことばんじやく》の如《ごと》くに調體《ていたい》されるから決《けつ》して心配《しんぱい》は要《い》らぬ、下《くだ》らない庇《へ》理窟《りくつ》を云《い》ふよりも右《みぎ》の方式《はうしき》を念頭《ねんたう》に置《お》いて默《だま》つて座《すは》つて居《を》ればよい、必《かなら》ず、やがて自得《じとく》する事《こと》があるのを断言《だんげん》して置《お》く、呼吸《こきう》するのには矢張《やは》り禪宗《ぜんしう》の座《ざ》禪《ぜん》と同様《どうやう》に息《いき》は靜《しづか》に鼻《はな》か又《また》は口《くち》から吸《す》ひ込《こ》むのであるが此《こ》の場合《はあひ》『口《くち》から吸《す》へば黴菌《はいきん》が這入《はい》る虞《おそ》れがある

から成《な》るべく鼻《はな》から吸《す》はねばならぬ』等《など》と云《い》ふ人《ひと》があるけれ共《ども》そんな事《こと》は大問題《だいもんだい》ではない、鼻《はな》でも口《くち》でも何《い》づれでも自分《じぶん》の身體《からだ》に取《と》つて得手《えて》な方法《はうはふ》を選《えら》んで差支《さしつか》へない。之《こ》れは後《のち》にも書《か》いてあるが『口《くち》から吸《す》へばどうだ』とか『鼻《はな》から吸《す》へば鼻毛《はなげ》の爲《ため》に埃《ほこり》が這入《はい》らない』とか色々《いろ〳〵》云へば際限《さいげん》のない事《こと》であつて且《か》つ又《また》そんな取越《とりこ》し苦勞《くらう》をする事《こと》は靜座法《せいざはふ》の第《だい》一歩《ぽ》に入《い》る者《もの》に對《たい》して一大禁物《だいきんもつ》であるそんな取越《とりこ》し苦勞《くらう》をすればする程《ほど》神經《しんけい》の反射作用《はんしやさよう》で自己《じこ》の杞憂《きゆう》する通《とほ》りの病《びやう》氣《き》に犯《をか》され易《やす》くなるものである、肺病患者《はいびやうくわんじや》の血統《けつとう》や其近親者《そのきんしんしや》に肺患者《はいくわんじや》の多《おほ》いのは全《まつた》く病氣《びやうき》を杞憂《きゆう》する神經《しんけい》の反射作用《はんしやさよう》の爲《た》めに誘發《いうはつ》さるゝものが多《おほ》いのを見《み》ても分《わか》るでは無《な》いか、從《したが》つて黴《ばい》菌《きん》が這入《はい》らうが埃《ほこり》が這入《はい》らうが、そんな事《こと》を心配《しんぱい》する必要《ひつえう》はない自分《じぶん》のやりよい方法《はうはふ》（口又《くちまた》は鼻《はな》）で靜《しづ》かに細《ほそ》く長《なが》く腹《はら》一パイに吸《す》ひ込《こ》んだならば其吸《そのす》ひ込《こ》んだ息《いき》は其儘下腹《そのまゝしたはら》へ充實《じうじつ》させる心《こゝろ》持《もち》で輕《かろ》くウント臍《へそ》から下《した》へイキムのである、息《いき》はイキムだ儘下腹《まゝしたはら》へ止《とゞ》めて置《お》く、其《そ》れから次《つぎ》にはその吸《す》ひ込《こ》んで腹《はら》に止《とゞ》めてある息《いき》を吐《は》き出《だ》すのであるが之《こ》れも矢張《やは》り吸《す》ひ込《こ》む時《とき》と同樣《どうやう》に細《ほそ》く長《なが》く恰《あだか》も絲《いと》を吐《は》く樣《やう》な心持《こゝろもち》で吐《は》き出《だ》すのである、元來《ぐわんらい》この腹式呼吸法《ふくしきこきうはふ》に就《つい》ては一呼吸《こきう》の時《じ》間《かん》を何《なん》十秒《べう》と云《い》ふ風《ふう》に一定《てい》する人《ひと》もあるけれ共《ども》それは不可《いか》ぬ、矢張《やは》り各人《かくじん》の體質《たいしつ》に依《よ》り永《なが》く呼《こ》吸《きう》の出來《でき》る人《ひと》もあり出來《でき》ぬ人《ひと》もあるから要《えう》は其人《そのひと》が餘《あま》り苦《くる》しくない程度《ていど》に於《おい》て細《ほそ》く長《なが》く呼吸《こきう》するのが祕傳《ひでん》である。

我《わ》が心靈界《しんれいかい》に於《おい》て最《もつと》も畏敬《ゐけい》する人體《じんたい》ラヂウム學會《がくくわい》の松本道別氏《まつもとだうべつし》が嘗《かつ》て御嶽山《みたけさん》に籠《こも》つて修行《しうげう》の際《さい》門人《もんじん》佐々木氏《さゝきし》を神人交通《しんじんかうつう》の靈媒《れいばい》として歸神法《きしんはふ》に依《よ》り神降《かみくだし》をした時遇然《ときぐうぜん》にも、天御中主神《あめのみなかぬしのかみ》(?)が憑《かゝ》られて來《き》たそうであるが其際《そのさい》の敎《おし》へには『十分《ぶ》の息《いき》を吸《す》つて七分《ぶ》を吐《は》き三分《ぶ》を腹《はら》に殘《のこ》して置《お》け』との事《こと》であつたそうであるが、右《みぎ》は到底理窟上出來《たうていりくつじやうでき》得《え》ぬ事《こと》であるが想《おも》ふにそれはそういふ事《こと》を念頭《ねんとう》に置《お》いて絕《た》へず修業《しうげう》せよとの意《い》であらうと想《おも》ふ、座禪《ざぜん》の眞意《しんい》も靜座呼吸法《せいざこきうはふ》の眞意《しんい》も歸《き》する處《ところ》は同一《どういつ》であるが唯形式《たゞけいしき》の相違《さうい》があるのみであるが故《ゆゑ》に何《いづ》れが宜《よ》い何《いづ》れが惡《わる》いと云《い》ふ事《こと》は出來《でき》ぬ、唯々今後諸種《たゞ〳〵こんごしよしゆ》の靈術《れいじゆつ》を修行《しうぎやう》し實得《じつとく》するには何《ど》うしても靜座法《せいざはふ》の姿勢《しせい》を基礎《きそ》とせなければならぬから茲《こゝ》に靜座呼吸《せいざこきう》を詳解《しやうかい》するのである。

斯《か》う云《い》ふ姿勢《しせい》と斯《か》う云《い》ふ呼吸法《こきうはふ》により靜《しつ》かに眼《め》を閉《と》ぢて手《て》を圖《づ》の如《ごと》く組《く》んで座《すわ》るのが靜座法《せいざはふ》

の形式《けいしき》である『一旦《たん》靜座したならば何事《なにごと》も考《かんが》へてはならない』と云《い》ふのが理想《りさう》であるけれ共《ども》、人間《にんげん》である以上《いじやう》死《し》なない限《かぎ》り眠《ね》むらない限《かぎ》り仲々《なか〳〵》容易《ようい》には『無想《むさう》』にはなれぬ、況《いは》んや初心者《しよしんしや》の人々《ひと〴〵》が容易《ようい》に無念無想《むねんむさう》等《など》になれるものではない、故《ゆゑ》に禪宗《ぜんしう》の方《はう》では最初《さいしよ》の間《あひだ》は自分《じぶん》で自分《じぶん》の呼吸《こきう》を數《かぞ》へる事《こと》を練習《れんしふ》させる所《ところ》が多《おほ》いが、靜座法《せいざはふ》に於《お》いても矢張《やは》り自分《じぶん》で自分《じぶん》の呼吸《こきう》を數《かぞ》へて座《すは》つて居《を》るのが一番《ばん》宜《よ》い、所《ところ》が初心《しよしん》の人々《ひと〴〵》には矢張《やは》りこの呼吸《こきう》を數《かぞ》へる事《こと》すら容易《ようい》なものではない、第《だい》一ものの十分《ぶん》か十五分《ふん》も座《すは》つて居《を》るうちに腰《こし》が痛《いた》くなる、足《あし》がシビれて來《く》る、蚤《のみ》には喰《く》はれる、蚊《か》には刺《さ》される、仲《なか》には腹《はら》が痛《いた》くなつたり頭《あたま》が痛《いた》くなつたり、耳《みゝ》がガン〳〵して來《く》るものもある殊《こと》に最初《さいしよ》の間《あひだ》は呼吸《こきう》も二三十位《ぐらゐ》は數《かぞ》へられるが其《そ》のうちに邪念《じやねん》が浮《うか》び妄想《まうさう》が湧《わ》いて下《くだ》らない事《こと》を考《かんが》へ出《だ》しホツト我《われ》に還《かへ》る頃《ころ》には呼吸《こきう》の數《かづ》は忘《わす》れて居《ゐ》る等《など》の滑稽《こつけい》が多《おほ》い、即《すなは》ち之《こ》れ明《あき》らかに自已《じこ》の精神《せいしん》が統一《とういつ》されない證據《しようこ》である、斯《か》う云《い》ふ風《ふう》に途中《とちう》で呼吸《こきう》の數《かづ》を忘《わす》れた際《さい》には又始《またはじ》めから出直《でなほ》して數《かぞ》へ出《だ》すのである（決《けつ》して中途《ちうと》の數《かづ》から數《かぞ》へ出《だ》すべからず）呼吸《こきう》の數《かぞ》へ方《かた》は一より百に至《いた》り千に至《いた》り更《さら》に又《また》一に至《いた》るのであるが、まあ二百位迄數《ぐらゐまでかぞ》へられる樣《やう》になれば稍々《やゝ》完全《くわんぜん》に精神《せいしん》が統一《とういつ》されて來《く》るもので其處迄《そこまで》達《たつ》する事《こと》が難《ひ》づかしい、然《しか》しこれとても禪宗《ぜんしう》の難行苦行《なんぎやうくぎやう》に比《ひ》すれば物《もの》の數程《かずほど》でもないのであるからどうか諸君《しよくん》も其處迄《そこまで》は達《たつ》して貰《もら》ひたい、亦《また》初心《しよしん》の者《もの》が靜座《せいざ》する前面《ぜんめん》に線香《せんかう》に火《ひ》をつけて置《お》いて一本《ほん》の線香《せかう》のとぼるのを待《ま》つて靜座《せいざ》から離《はな》れると云《い》ふやり方《かた》もある、即《すなは》ち最初《さいしよ》は線香《せんかう》一本《ほん》のとぼる長《なが》さだけ座《すは》り、馴《な》るゝに從《したが》つて線香《せんかう》の本數《ほんすう》を增《ま》すのである、初心《しよしん》の者《もの》に線香《せんかう》二三本《ぼん》もとぼる間《あひだ》座《すは》れと云《い》つても無理《むり》な話《はなし》であるから朝《あさ》一本夕《ぽんゆふ》一本晝《ほんひる》一本位《ぽんぐらゐ》の時間《じかん》が最《もつと》も適當《てきたう》である、足《あし》が痛《いた》からうが耳《みゝ》がガン〳〵しやうがそんな事《こと》に閉口垂《へこた》れずやつて欲《ほ》しい。少《すこ》し位《ぐらゐ》の無理《むり》は構《かま》はない、いや多少《たせう》の苦勞《くらう》が伴《ともな》つてこそ始《はじ》めて修業《しうげふ》と云《い》ふものであつて、苦痛《くつう》の伴《ともな》はぬ修業《しうぎやう》は更《さら》に修業《しうげふ》にもならぬものである、然《しか》し前《まへ》にも述《の》べた通《とほ》り呼吸《こきう》だけは餘《あま》り苦《くる》しくない様《やう》にしないと長續《ながつゞ》きが出來《でき》なくなる、即《すなは》ち細《ほそ》く長《なが》く吸《す》ひ込《こ》んで吸《す》ひ込《こ》んだ息《いき》は『ウム』と輕《かろ》く下腹《したはら》に止《と》め（此《こ》の息《いき》を止《と》めると同時《どうじ》に足先《あしさき》へも輕《かろ》く力《ちから》を入《い》れる様《やう》にすると更《さら》に至妙《しめう》）又細《またほそ》く長《なが》く吐《は》き出《だ》すのである、成《な》る可《べ》く吸《す》ひ込《こ》む時間《じかん》も腹《はら》に止《と》める時間《じかん》も吐き出《だ》す時間《じかん》と同《どう》一程度《ていど》の時間《じかん》にして欲《ほ》しい、即《すなは》ち吸《す》ひ込《こ》むのに三十秒《べう》なら腹《はら》に止《と》め置《お》くのも三十秒《べう》吐《は》き出《だ》すのにも三十秒《べう》と云《い》ふ風《ふう》にするのである一呼吸《こきう》の時間《じかん》の長《なが》さは人各々《ひとおの〳〵》の體《たい》質《しつ》により相違《さうい》するが、普通《ふつう》の體格《たいかく》の人《ひと》ならば馴《な》れて仕舞《しま》へば一分間《ぶんかん》に一呼吸《こきう》と云《い》ふのが適當《てきたう》である、斯《か》くして漸次《ぜんじ》日《ひ》を經《ふ》るに從《したが》ひ足《あし》の痛《いた》いのも肩《かた》のコルのも、頭《あたま》のグラ〳〵するのも、下腹《したはら》の痛《いた》むのも、又《また》は蚊《か》に刺《さ》されるのも蚤《のみ》に喰《く》はれるのも忘《わす》れて仕舞《しま》ふ樣《やう》になるから妙《めう》である、故《ゆゑ》に下腹《したはら》の痛《いた》い時《とき》には痛《いた》い儘《まゝ》で靜座《せいざ》呼吸《こきう》すれば宜《よ》い、頭《あたま》が痛《いた》けれは痛《いた》い儘《まゝ》で座《すは》れば宜《よ》い、決《けつ》して心配《しんぱい》はいらぬ、岡田《なかだ》式靜座法《しきせいざはふ》では靜座呼吸法《せいざこきうはふ》一つで萬病《まんびやう》が治《なほ》ると云《い》つてゐるが、事實或程度《じじつあるていど》迄《まで》の萬病《まんびやう》は靜座法《せいざはふ》一つで治《なほ》す事《こと》が出來《でき》るのである、況《いは》んや後章述《こうしやうの》ぶる所《ところ》の觀念法《くわんねんはふ》を以《もつ》てする時《とき》には如何《いか》なる難病萬病《なんびやうまんびやう》も治《なほ》し得《う》るのである。

今更靜座《いまさらせいざ》呼吸法《こゝうはふ》の効力《かうりよく》を生理的《せいりてき》に詳述《しやうじゆつ》する迄《まで》もあるまいと思《おも》ふが一旦此《たんこ》の法《はふ》と觀念法《くわんねんはふ》とに依《よ》り修養《しうやう》したるものは如何《いか》なる病魔流行病《びやうまりうかうびやう》にも犯《おか》されぬのみならず、自己《じこ》の身心《しん〳〵》を想《おも》ふ通《とほ》りに改造《かいざう》せしむる事《こと》が出來《でき》る、獨《ひと》り氣血《きけつ》を調《とゝの》へ局部《きよくぶ》に白血球《はくけつきう》プラスマを增殖《ぞうしよく》せしむるのみならず、イザリも立《た》てば、ツンボも聞《き》こへてくる、瘦《や》せて居《ゐ》る人《ひと》が肥《ふと》る事《こと》も出來《でき》れば、肥《ふと》り過《す》ぎの人《ひと》が痩《や》せる事《こと》も出來《でき》る、肺菌《はいきん》を殺《ころ》す事《こと》も出來《でき》れば胃腸《いちやう》を改造《かいざう》する事《こと》も出來《でき》る、況《いは》んや不眠症《ふみんしやう》や神經衰弱《しんけいすゐじやく》や惡癖位《あくへきぐらゐ》の事《こと》を治《なほ》す等《など》は、朝飯前《あさめしまへ》の仕事《しごと》である、漸次《ぜんじ》修養《しうやう》するに於《おい》ては自分《じぶん》で自分《じぶん》の脈《みやく》を止《と》めて居《ゐ》る事《こと》すら出來《でき》る、全《まつた》くの人身自由術《じんしんじいうじゆつ》、無病長壽術《むびやうちやうじゆじゆつ》であると云《い》ふも過言《くわごん》ではない靜座《せいざ》呼吸法《こきうはふ》が肉體《にくたい》に及《およ》ぼす好果《かうくわ》は如斯《かくのごとく》であるが更《さら》に飜《ひるがへ》つて之《こ》れを精神的方面《せいしんてきはうめん》より見《み》る時《とき》は其《そ》の功《く》德《どく》は計《はか》り知《し》るべからざるものがあるのである、至《いた》れば宇宙《うちう》の妙機《めうき》に參《さん》じ達《たつ》すれば一朝《てう》にして禪《ぜん》道《だう》千數《すう》百則《そく》の公案《こうあん》を釋《しやく》する事《こと》も出來《でき》る、所謂心《いはゆるこゝろ》は明鏡止水《めいきやうしすい》の如《ごと》く宇宙《うちう》の眞理原理《しんりげんり》は求《もと》めずして自然《しぜん》に映《えい》じ來《きた》るのである、般若心經《はんにやしんげう》で云《い》ふ五蘊皆空《ごうんかいくう》の照見《しやうけん》——色卽是空《しきそくぜくう》——空卽是色《くうそくぜしき》である、實《げ》にや摩訶不思議《まかふしぎ》の修養《しうやう》で能除一切苦《のうじよいつさいく》眞實不虛《しんじつにしてきよならず》である、圓覺經《ゑんかくきやう》にある『神通光明藏三昧《じんつうくわうめうざうさんまい》』法華經《ほけきやう》に『無量義所三昧《むりやうぎしよさんまい》』涅槃經《ねはんきやう》に『法性三昧《はふしやうさんまい》』等《など》は皆此《みなこ》の境地《きやうち》を云《い》ふたものであつて嘗《か》つて大智禪師《だいちぜんし》は『空王《くうわう》那畔《なはん》智音《ちいん》絕《た》ゆ、消息分明《せうそくぶんめい》尋《たづ》ぬる處《ところ》なし、黃閣簾垂《くわうかくれんた》れて人侍《ひさす》せず、紫羅帳外月《しらちやうぐわいつき》沈々《ちん〳〵》』と云《い》はれたが誠《まこと》に人境俱奪《じんきやうぐだつ》、柳《やなぎ》は綠《みどり》花《はな》は紅《くれなひ》である。

尚《な》ほ附言《ふげん》して置《お》くが江間式心身鍛錬法《えましきしん〳〵たんれんはふ》に於《お》いて『判斷力養成法《はんだんりよくやうせいはふ》』とは靜座法《せいざはふ》の事《こと》であつて『斷《だん》

行力養成法《かうりよくようせいはふ》』とは此《こ》の腹式呼吸《ふくしきこきう》の事《こと》であり且《か》つ此《こ》の靜座法《せいざはふ》と呼吸法《こきうはふ》とを共《とも》に行《おこな》へば（即《すなは》ち靜座《せいざ》呼《こ》吸法《きうはふ》の事《こと》）『無病長壽法《むびやうちやうじゆはふ》』であると云《い》ふのである、全《まつた》く其通《そのとほ》りであつて他《た》に別《べつ》に方法《はうはふ》のあるわけでは無《な》く眞理《しんり》は平凡《へいぼん》のうちにあるのである、不怠可勤《おこたらずつとめよ》。

（三）　立式臥式其他呼吸法

之《こ》れは普通《ふつう》の靜座呼吸法《せいざこきうはふ》に馴《な》れた者卽《ものすなは》ち頭《あたま》　腹《はら》の馴《な》れた者《もの》には誰《たれ》でも出來得《できう》る事《こと》である、臥《ぐわ》式靜座《しきせいざ》呼《こ》吸法《きうはふ》には上向《うはむ》きに寢《ね》た場合《ばあひ》と下向《したむき》に寢《ね》た場合《はあひ》とがある、先《ま》づ上向《うはむ》きに寢《ね》た場合《はあひ》から云《い》へば、靜《しづか》に兩手《りやうて》の先《さき》を組《く》み合《ち》はせて腹《はら》の上《うへ》に乘《の》せ（枕《まくら》は外《は》づす事《こと》）身體《しんたい》を眞直《まつす》ぐにして兩足《りやうあし》はカカトで合《あは》せて足先《あしさき》の方《はう》は隨意《ずゐい》に開《ひら》いて置《お》く、例《れい》によつて靜《しづ》かに息《いき》を吸《す》ひ込《こ》み、吸込《すひこ》んで仕舞《しま》ふと同時《どうじ》に其息《そのいき》を『ウム』と下腹《したはら》へ充實《じうじつ》させる、充實《じうじつ》させる時《とき》に足《あし》のカヽトに力《ちから》を入《い》れて腰《こし》を持《も》ち上《あ》げる、（此《こ》の時腰《ときこし》の下《した》へは丁度《てつど》握《にぎ》り拳《こぶし》が樂《らく》に這入《はい》る位持《くらゐも》ち上《あ》げる事《こと》）それから息《いき》を吐《は》く時《とき》には吐《は》き出《だ》す息《いき》に連《つ》れて靜《しづ》かに腰《こし》を下《お》ろすのである、毎朝起床前《まいちさきしやうぜん》に當《あた》り床《とこ》の中《なか》で三十分位《ぶんぐら》ひ此《こ》の法《はふ》を行《おこな》へば二三週間《しうかん》ならずして體力《たいりよく》を増進《ぞうしん》する事《こと》が出來《でき》る。

又下向《またしたむ》きに寝《ね》て行《おこな》ふ際《さい》は先《ま》づ兩手《りやうて》を延《の》ばして合掌《がつしやう》せしめ其上《そのうへ》に頭《あたま》を置《お》き身體《しんたい》を眞直《まつす》ぐにして足《あし》のカヽトと爪先《つまさき》を揃《そろ》し（下腹《したはら》の下《した》に座布團《ざぶとん》を敷《し》く事《こと》も宜《よ》い）息《いき》を吸《す》ひ込《こ》みながら靜《しづか》に頭《あたま》を擧《あ》げ、吸《す》ひ込《こ》んで仕舞《しま》つたら例《れい》に依《よ》つて下腹《したはら》へ輕《かろ》く『ウム』と充實《じうじつ》させる其時兩足《そのときりやうあし》は揃《そろ》した儘眞直《まゝまつす》ぐに上方《じやうはう》に上《あ》げるのである、即《すなは》ち全身《ぜんしん》の重量《ぢうりやう》を下腹《したはら》だけで支《さゝ》へるのであるが馴《な》れれば誰《たれ》にでも出來《でき》る、それから息《いき》を吐《は》く時《とき》は吐《は》く息《いき》に從《したが》ひ乍《なが》ら靜《しづか》に頭《あたま》と足《あし》を下《さ》げて元《もと》の位置《ゐち》に復《ふく》するのである、之等《これら》の二法《はふ》は特《とく》に腹力《ふくりよく》を養成《やうせい》するに大効《たいかう》のある方法《はうはふ》であるから、初心者《しよしんしや》の人《ひと》は毎朝起床前《まいあさきしやうぜん》に於《おい》て行《おこな》ふが宜《よ》い、即《すなは》ち上向《うはむ》き呼吸法《こきうはふ》を二十分《ぷん》するものならば下向《したむ》き呼吸法《こきうはふ》を廿分行《ぶんおこな》ふ樣《やう》にするのである、靜座《せいざ》呼吸法《こきうはふ》の際《さい》に觀念法《くわんねんはふ》（後章《こうしやう》に述《の》ぶ）を併行《へいかう》せしめなければならぬは當然《たうぜん》の事《こと》であるけれ共《ども》、起床前《きしやうぜん》に呼吸法《こきうはふ》を行《おこな》ふ際上向《さいうはむ》き呼吸法《こきうはふ》の時特《ときとく》に腹《はら》の中《なか》で其日《そのひ》〳〵の出來事《できごと》の解《かい》決《けつ》や又《また》は今日《けふ》一日爲《にちな》すべき仕事《しごと》や事務《じむ》の豫定《よてい》を立《た》てゝ置《お》く時《とき》は、識《し》らず〳〵の中《うち》に潛在意識《せんざいいしき》を善導《ぜんだう》して事業上《じげふじやう》や執務上意想外《しつむじやういさうぐわい》の好結果《かうけつくわ》をもたらすものである、之《こ》れは誰《た》れでも五六日實驗《にちじつけん》すれば體得出來《たいとくでき》て不思議《ふしぎ》な妙力《めうりき》が生《しやう》じて來《く》るものである、斯《か》くして起床前既《きしやうぜんすで》に日常《にちじやう》の難問《なんもん》を解決《かいけつ》し一日《にち》の仕事《しごと》の豫定《よてい》が樹《た》つたならば、次《つぎ》に觀念呼吸法《くわんねんこきうはふ》を行《おこな》ふのである、元來普通《ぐわんらいふつう》の不眠症者《ふみんしやうしや》や極度《きよくど》の神經衰弱者等《しんけいすゐじやくしやなど》は毎晩《まいばん》〱下《くだ》らない想像《さうざう》や取越《とりこ》し苦勞《くらう》の爲《ため》に仲々寢《なか〱ね》つかれないものであるけれ共其《どもそ》う云《い》ふ人達《ひとたち》は就寢《しうしん》の時《とき》、床《とこ》の上《なか》で上向《うはむ》き呼吸法《こきうはふ》と共《とも》に暗示觀念法《あんじくわんねんはふ》（後章說《こうしや、とく》）を併行《へいかう》し且《か》つ「一切《さい》の取越《とりこ》し苦勞《くらう》や想像妄想等《さうざうもうさうなど》は盡《ことごと》く之《こ》れを擧《あ》げて明朝《めうてう》の上向《うはむ》き呼吸法君《こきうはふくん》に一任《にん》しやう」と定《き》めて置《お》けば毎晩重荷《まいばんおもに》を下《おろ》した樣《やう》にグッスリ眠《ねむ》れる事妙《ことめう》である、（元《もと》より觀念法《くわんねんはふ》の練習《れんしう》を要《えう》する事勿論《こともちろん》なり）詰《つま》り一切《さい》の責任《せきにん》を擧《あ》げて翌朝《よくてう》の呼吸法君《こきうはふくん》と云《い》ふ人《ひと》に背負《せを》つて貰《もら》ふのである

尙後章《なほこうしやう》にも詳述《しようじゆつ》するが毎朝毎夜《まいはんまいよ》缺《か》かさずして此《こ》の腹式呼吸《ふくしきこきう》と共《とも》に潛在意識《せんざいいしき》を利用《りよう》して觀念《くわんねん》法《はふ》を行《おこな》ふ時《とき》は何《ど》うでも想《おも》ふ樣《やう》に自己《じこ》の心身《しんく》を改造《かいぞう》する事《こと》が出來《でき》るものであつて肺病《はいびやう》も治《なほ》れば心《しん》臟病《ざうびやう》も治《なほ》る、リウマチスも治《なほ》れば中風《ちうふう》も輕快《けいくわい》し、イザリも立《た》てば、十二指腸蟲《しちやうちう》も除《さ》れる、況《いはん》や體力體量《たいりよくたいりやう》を增進《ぞうしん》して惡癖《あくへき》を治癒《ちゆ》するが如《ごと》きは實《じつ》に易々《いい》たる事《こと》である。

(四) 歩式呼吸法

歩式呼吸法《ほしきこきうはふ》は道《みち》を歩《ある》き乍《なが》ら呼吸《こきう》する法《はふ》であつて腹《はら》には常《つね》に靜座法《せいざはふ》の時《とき》の心持《こゝろもち》を充《み》たし乍《なが》ら行《おこな》ふのである、卽《すなは》ち七歩《ほ》だけ息《いき》を吸《す》ふたならば七歩《ほ》だけは息《いき》を腹《はら》の中《なか》に止《とゞ》め、次《つぎ》の七歩《ほ》に於《おい》て其《そ》の息《いき》を吐《は》き出《だ》すのである（卽《すなは》ち一呼吸《こきう》は三七廿一歩《ぽ》の時間《じかん》）七歩《ほ》に吸《す》ひ、七歩《ほ》に止《とゞ》め七歩《ほ》に吐《は》くか或《あるひ》は五歩《ほ》に吸《す》ひ、五歩《ほ》に止《とゞ》め五歩《ほ》に吐《は》くかは、人各々《ひとおの〳〵》體質《たいしつ》によつて異《こと》なる、が要《えう》するに其《その》程度《ていど》は自分《じぶん》に取《と》つて餘《あま》り苦《くる》しく無《な》い程度《ていど》が一番宜《ばんよ》いのであつて、漸次練習《ぜんじれんしふ》するに從《したが》つて歩數《ほすう》を増《ま》せば宜《よ》い。

尙《な》ほ椅子《いす》に掛《か》けて靜座呼吸法《せいざこきうはふ》を行《おこな》ふのも皆大同小異《みなだいどうせうい》の方法《はうはふ》であるから、前《まへ》の數法《すうはふ》を會得《えとく》したものには誰《たれ》でも出來《でき》るが唯椅子《たゞいす》にかけた際《さい》はなるべく腰《こし》を淺《あさ》く掛《か》けて足《あし》を垂直《すゐちよく》にして足《あし》の裏《うら》がピタリと床《とこ》に着《つ》かなければならぬ。（之れは上腹へ息を止める時矢張り足の先にも輕く力を入れる爲である）

何《いつ》れの方法《はうはふ》に從《したが》ふも隨時隨所《ずいじずいしよ》に爲《な》し得《え》らるゝ修養法《しうやうはふ》であつて此《こ》の一法《はふ》と觀念法《くわんねんはふ》とのみにより

ても身心改善《しんしんかいぜん》、萬病救治《まんびやうきうち》の大効《たいかう》がある、唯々憂慮《たゞ〳〵いうりよ》に堪《た》へないのは初心者《しよしんしや》の倦《う》み易《やす》き事《こと》である、前《まへ》にも述《の》べた通《とほ》り靜座《せいざ》呼吸法《こきうはふ》は精神修養者《せいしんしうやうしや》並《ならび》に靈術研究者《れいじゆつけんきうしや》にとつては萬法《ばんほふ》の根元《こんげん》である、刀《かたな》の刄渡《はわた》りや、刺針術《ししんじゆつ》や火渡《ひわた》り術等《じゆつなど》の諸奇術類《しよきじゆつるゐ》の如《ごと》きは靈法《れいはふ》を修《しう》する者《もの》に取《と》つては一末伎《まつぎ》にも過《す》ぎぬのであつて、吾人《ごじん》の要《えう》は身心《しん〳〵》の鍛錬《たんれん》であらねばならぬ、心身鍛錬《しんしんたんれん》の要《えう》はあらゆる難行苦行《なんぎやうくぎやう》の體《たい》驗《けん》である、會員諸君《くわいゐんしよくん》と雖《いへど》も、徒《いたづら》に吾《わ》が講習錄《かうしゆうろく》の表面《へうめん》を讀《よ》み奇術《きじゆつ》の數々《かず〳〵》を覺《おぼ》へた位《くらゐ》では、更《さら》に何等《なんら》の修養《しうやう》にもならぬ、宜敷大死《よろしくたいし》一番《ばん》の覺悟《かくご》と努力《どりよく》を以《もつ》て修行《しうぎやう》せねばならぬ、五分座《ぶすは》れば五分《ふん》の徳《とく》があり、十分座《ぶんすは》れば十分《ぶん》の功徳《くどく》があり一日座《にちすは》れば一日《にち》の功徳《くどく》がある。如何《いか》に忙中《はうちう》の人《ひと》と雖《いど》も日《ひ》に數十分乃至《すうぶんないし》一二時間《じかん》の利用《りよう》すべき時間《じかん》がないとは云《い》へぬ、若《も》し又《また》それだけの時間《じかん》すらも無《な》いと云《い》ふ人《ひと》があるならばそれは卑怯《ひけふ》なる懦者《だしや》の云《い》ひ草《ぐさ》である、宜敷喰《よろしくく》らはするに百棒《ばう》を以《もつ》てせねばならぬ、更《さら》に問《と》ふ。人格《じんかく》ありての人生《じんせい》なりや、人生《じんせい》ありての人格《じんかく》なりや？　殊《こと》に之《こ》れ禪《ぜん》僧《そう》が五日五夜《かやく》喰《く》はず眠《ねむ》らずして石床《いしどこ》に座《ざ》して迄《まで》も尙自己《なほじこ》を磨《みが》かんとするに對《たい》して愧《は》づるなきを得《う》るか、况《いは》んや功徳《くどく》は目《ま》の前《あた》り即神即佛《そくしんそくぶつ》を現《げん》じ五蘊皆空《ごおんかいくう》を照見《しやうけん》して一切《さい》の苦厄《くやく》を度《ど》し、之《こ》れを世《よ》に處《しよ》する時《とき》は如何《いか》なる艱難危急《かんなんききふ》にも堪《た》へ百難《なん》を排《はい》し堅忍不抜《けんにんふはつ》牢乎《らつこ》として動《うご》かす可《べか》らざる金剛《こんがう》不壞《ふゑ》の大膽力《だんたんりよく》を有《いう》するに至《いた》り、盛夏炎熱《せいかねんねつ》にも暑《あつ》さを覺《おほ》へず三冬《さう》の沍寒《こうかん》に寒《さむ》さを知《し》らず、而《しか》も體《たい》力《りよく》は日《ひ》に月《つき》に進《すゝ》み、筋骨《きんこつ》は強健無比《きやうけんむひ》となるのである、これが故《ゆゑ》に、白隱禪師《はくいんぜんし》は『心氣《しんき》常《つね》に氣海《きかい》丹田《たんでん》の内《うち》に充實《じうじつ》して、心身《しん〳〵》常《つね》に平恒《へいこう》なるを得《ゑ》ば、世壽《せじゆ》百歳《さい》を超《こ》ゆと雖《いへど》も迷牙《めいが》動《うご》かず眼力《がんりき》轉《うた》た鮮《せん》明《めい》にして肌膚《きふ》次第《しだい》に光澤《くわうたく》を生《しやう》じ壽算限《じゆさんかぎ》りある可《べ》からず』と申《まを》されてある、古來《こらい》世《よ》に仙術《せんじゆつ》なるものがあつてよく昔《むかし》の仙人《せんにん》は『霞《かすみ》を喰《く》つて生《い》きて居《を》る』等《など》と云《い》ふ事《こと》が書《か》いてあるが、之《こ》れは荒唐《くわうとう》無稽《むけい》の事《こと》では無《な》い、即《すなは》ち『霞《かすみ》を喰《く》ふ』と云《い》ふ事《こと》は深山《しんざん》に於《おい》て修《しう》する靜座深呼吸《せいざしんこきう》の事《こと》である（仙《せん》術《じゆつ》では鼻《はな》から吸《す》つた息《いき》は之《こ》れを口《くち》で嚙《か》み碎《くだ》いて唾液《だゑき》と共《とも》に胃中《いちう》に送《おく》つてから後《のち》吐《は》き出《だ》す事《こと》になつて居《を》る、現代《げんだい》に於《おい》ても靈界《れいかい》の神人《しんじん》松本道別《まつもとだうべつ》氏《し》は此《こ》の方法《ほうはふ》を採《と》つて居《を》るが、初心者《しよしんしや》も修養《しうやう》するに隨《したが》つて此《こ》の法《ほふ》を行《ぎやう》ずるが宜《よ》い、然《しか》し仙術《せんじゆつ》の事《こと》は本講習《ほんかうしふ》の範圍外《はんいぐわい》であるから略筆《りやくひつ》して置《お》くが尚《な》ほ更《さら》に研究《けんきう》したい人々《ひと〴〵》には斯道研究《しだうけんきう》の第《だい》一人者《にんしや》として松本道別氏《まつもとだうべつし》を推奬《すゐしやう》して置《おく》く）

（五）胎息法

又是等《またこれら》諸々《もろ〳〵》の靜座《せいざ》呼吸法《こきうはふ》の外《ほか》に胎息法《たいそくはふ》なるものがあるが之《こ》れは普通《ふつう》の靜座《せいざ》呼吸法《こきうはふ》が稍妙境《やゝめうきやう》に入《い》つた頃《ころ》でなければ行《おこな》ひ惡《にく》いが、其姿勢《そのしせい》は普通《ふつう》の靜座《せいざ》呼吸法《こきうはふ》と同樣《どうやう》で宜《よ》い、此時《このとき》の呼吸法《こきうはふ》はかすかに只鼻腔內《たゞびこうない》の出入《しゆつにふ》に止《とゞ》めるだけである、所謂天台大師《いはゆるてんだいたいし》の止觀《しくわん》に『聲《こゑ》あらせず結《けつ》せず麁《そ》ならず出入綿々《しゆつにふめん〳〵》としてあるが如《ごと》く無《な》きが如《ごと》く』の程度《ていど》に呼吸《こきう》するのであつて、此《こ》の時《とき》の心《こゝろ》の持方《もちかた》は、『自己《じこ》は大宇宙《だいうちう》の中心《ちうしん》に座《ざ》し四海《かい》の靈氣《れいき》を吞吐《どんと》し遂《つひ》に宇宙《うちう》の大靈《たいれい》に冥合歸一《めいがうきいつ》する』と觀念《くわんねん》するのである、自然自然《しぜん〳〵》に呼吸《こきう》を細《ほそ》くして次第《しだい》に微息《びそく》に至《いた》らしめ微息《びそく》は遂《つひ》に無息《むそく》の如《ごと》くならし（他人《たにん》にも自分《じぶん》にも呼吸《こきう》をして居《ゐ》るか居《ゐ》ないか全然《ぜん〳〵》判《わか》らない位《くらゐ》）むる時《とき》は無息《むそく》は遂《つひ》に胎息《たいそく》に至《いた》るものである、昔或《むかしあ》る高僧《かうそう》が山中《さんちう》に座禪《ざぜん》を組《く》んで居《ゐ》た時數疋《ときすうひき》の狼《おほかみ》が現《あらは》れて各々《おの〳〵》獲物《もの》を詮索《せんさく》して其高《そのかう》僧《そう》の傍《かたはら》に寄《よ》つて來《き》たが、此高僧《このかうそう》は恰《あだか》も胎息法《たいそくはふ》を行《おこな》つて泰然《たいぜん》として居《ゐ》た爲《ため》に過敏《くわびん》な狼《おほかみ》も此《こ》の聖僧《せいそう》を木石同樣《ぼくせきどうやう》に思《おも》つて通《とほ》り過《す》ぎたと云《い》ふ話《はなし》がある、此境《このきやう》に至《いた》れば意識《いしき》は自然《しぜん》に恍惚朦朧《くわうこつもうろう》となつて遂《つひ》には心身《しんく》脱落《だつらく》して精神《せいしん》は肉體《にくたい》の束縛《そくばく》を解脱《げだつ》するに至《いた》るのである、所謂《いはゆる》禪《ぜん》の滅盡定《めつじんじやう》である(禪定《ぜんじやう》には無想定《むさうじやう》、滅盡定《めつじんじやう》の二種《しゆ》に區分《くぶん》してあるが無想定《むさうじやう》とは極《ご》く淺《あさ》い程度《ていど》の無我境《むがきやう》を云《い》ふのである)滅盡定《めつじんじやう》の境地《きやうち》に至《いた》る時《とき》は自然《しぜん》に胎息法《たいそくはふ》が行《おこな》はれる時《とき》であつて人體《じんたい》八萬《まん》四千の毛孔《もうこう》が呼《こ》吸作用《きうさよう》を司《つかさ》どり所謂身體中《いはゆるしんたいちう》から、雲蒸《くもむ》し霧起《きりおこ》ると云《い》ふ狀態《じやうたい》となるのである。

總《す》べて斯《か》う云《い》ふ修行《しうぎやう》(禪定、靜座法等《ぜんじやうせいざはふなど》)をして行《ぎやう》から覺《さ》める時《とき》の事《こと》を『定《じやう》から出《で》る』とか『定《じやう》から離《はな》れる』とか云《い》つて居《を》るが此《こ》の定《じやう》から出《で》る時《とき》には十分次《ぶんつぎ》の事《こと》を心得《こゝろゑ》て置《お》かぬと不意《ふい》に卒倒《そつこう》したり、精神《せいしん》に異常《いじやう》を來《き》たす事《こと》がある、先《ま》づ定《じやう》から出《で》やうと思《おも》へば『今定《いまじやう》から離《はな》れる』と云《い》ふ事《こと》と『定《じやう》から出《で》ると同時《どうじ》に身心《しんく》は全《まつた》く改造《かいざう》され病魔等《びやうまなど》は盡《こと〴〵》く退散《たいさん》した』と云《い》ふ風《ふう》に觀念《くわんねん》すると共《とも》に下腹《したはら》へ『ウム』と力《ちから》を入《い》れる事《こと》三度《たび》、次《つぎ》に靜《しづ》かに目《め》を開《ひら》いて立上《たちあ》がり更《さら》に腹《はら》や胸《むね》を撫《な》で乍《なが》ら深呼吸《しんこきう》する事《こと》三回《くわい》、兩手《りやうて》を高《たか》く廣《ひろ》く圓形《ゑんけい》を劃《ゑが》く樣《やう》にすると共《とも》に腹《はら》へ力《ちから》を入《い》れて前方《ぜんぽう》をにらんだ儘右足《まゝうそく》を前《まへ》に出《だ》して大喝《たいかつ》一聲《せい》『エイッ』と氣合《きあひ》一聲《せい》を出《だ》して兩手《りやうて》を握《にぎ》りしめるのである、之《こ》れは靈學修養者《れいがくしうやうしや》の出定方法《しゆつじやうはうはふ》であるが座禪《ざぜん》の方《はう》では『若《も》し定《じやう》より起《た》たむと欲《ほつ》せば、先《ま》づ兩手《りやうて》を兩膝《りやうひざ》の上《うへ》に仰安《げうあん》しながら身《み》を動《うご》かす事《こと》七八度《たび》、口《くち》を開《ひら》いて氣《き》を吐《は》き兩手《りやうて》を伸《の》べて地《ち》を捺《おさ》へ、輕々《かる〴〵》と座《ざ》を立《た》ち、除々《じよ〳〵》として歩行《ほかう》すべし』とある。

尚《な》ほ靜座中《せいざちう》に無意識《むいしき》の儘身體《まゝしんたい》が前後《ぜんご》に動搖《どうよう》したり、兩手《りやうて》がピン〳〵上下左右《じやうげさゆう》に動《うご》いたり頭《あたま》が動《うご》き出《だ》したり亦《また》は座《すは》つた儘兎《まゝうさぎ》の様《やう》にピョン〳〵飛《と》び出《だ》す人《ひと》も珍《めづ》らしくはないが、之《こ》れは一種《しゆ》の靈動《れいどう》が顯《あらは》れたので決《けつ》して心配《しんぱい》する事《こと》は要《い》らぬ、動《うご》く儘《まゝ》に任《まか》せて置《お》いても更《さら》に差支《さしつか》へは無《な》いが然《しか》し崖《がけ》の端《はじ》で靜座《せいざ》したり又《また》は梯子段《はしごだん》の上《うへ》で靜座《せいざ》したりする時《とき》は其儘下《そのまゝした》へ轉《ころ》がり落《お》ちて仕舞《しま》ふからそう云《い》ふ際《さい》は下腹《したはら》へ力《ちから》を入《い》れて觀念法《くわんねんはふ》に依《よ》り『餘《あま》り動《うご》かぬ』と極《き》めて靜座《せいざ》して居《お》れば餘《あま》り動《うご》かなくなる、又《また》これと反對《はんたい》に『盛《さか》んに動《うご》き出《だ》す』と觀念《くわんねん》すれば、盛《さか》んに動《うご》き出《だ》すものである元來《ぐわんらい》此《こ》の靜座《せいざ》に依《よ》る動搖《どうよう》は矢張《やは》り後章《こうしやう》に說《と》く靈動《れいどう》の初程《しよてい》であつて全身運動《ぜんしんうんどう》としては如何《いか》なる生理的《せいりてき》運動法《うんどうはふ》でも之《こ》れには及《およ》ばないのである、普通《ふつう》の運動法《うんどうはふ》では運動《うんどう》すればする程疲勞《ほどひろう》を覺《おぼ》へ精力《せいりよく》を消耗《せうもう》するけれ共靈動法《どもれいどうはふ》を行《おこな》ふ時《とき》は全身《ぜんしん》のプラスマは增殖《ぞうしよく》し、氣血《きけつ》を圓通《ゑんつう》して精神《せいしん》も肉體《にくたい》も一種《しゆ》の底强《そこぢよ》い不思議《ふしぎ》な活力《くわつりよく》を增《ま》し來《きた》るもので心身《しん〴〵》頓《にはか》に淸爽《せいさう》たるものである、殊《こと》に心身《しん〴〵》の疲勞《ひろう》を覺《おぼ》えて、倦怠《けんたい》に堪《た》へぬ時《とき》は靈動法《れいどうはふ》を行《おこな》ふ事《こと》數分乃至《すうふんないし》拾數分《すうふん》にして忽《たちまち》にして新《あら》たなる活力《くわつりよく》を增《ま》すものである、普通《ふつう》の運動法《うんどうはふ》では疲勞《ひらう》を覺《おぼ》ゆるに靈動法《れいどうはふ》では瞬間《しゆんかん》にして疲勞《ひろう》を恢復《くわいふく》し更《さら》に新《あら》たなる活力《くわつりよく》が湧《わ》いて來《く》るから至妙不可思議《しめうふかしぎ》である、到底生半解《たうていなまはんか》の生理學《せいりがく》では說明《せつめい》がつかぬのである彼《か》の田中守平君《たなかもりへいくん》が一期《き》の講習《かうしふ》に百圓餘《ゑんよ》を徵收《てうしう》した大靈道《たいれいだう》の靈子術《れいしじゆつ》も煎《せん》じ詰《つ》めれば其大部分《そのだいぶぶん》は此《こ》の靈動術《れいどうじゆつ》に外《ほか》ならぬのである、只顯動作用《たゞけんどうさよう》とか潜動作用《せんどうさよう》とか云《い》ふて素人《しろうと》に分《わか》らない樣《やう》な新熟語《しんじゆくご》を以《もつ》て解說《かいせつ》してあるのである、然《しか》し眞《しん》にこの靈動術《れいどうじゆつ》の妙味《みやうみ》を解《かい》する樣《やう》になれば其價《そのあたひ》は千萬金《せんまんきん》にも換《か》へ難《がた》きものがあるが、矢張《やは》りこれとても誰《たれ》にでも出來《でき》る事《こと》であつて敢《あへ》て至難《しなん》の事《こと》ではない精《くは》しい方法《はうはふ》は後章《こうしやう》を參照《さんしやう》すれば直《す》ぐ出來《でき》る事《こと》である、然《しか》し乍《なが》ら一物《ぶつ》に向《むか》つて思念《しねん》を專《もつぱ》らにする靜座《せいざ》の際《さい》には斷《だん》じて此《こ》の靈動《れいどう》を避《さ》けねばならぬから、そういふ際《さい》には靜座《せいざ》せんとするに當《あた》つて『斷《だん》じて靈動《れいどう》しない』と觀念《くわんねん》して靜座《せいざ》すれば決《けつ》して靈動《れいどう》は起《おこ》らない。『靈動《れいどう》しない』と觀念《くわんねん》し乍《なが》らも尙《な》ほ靈動《れいどう》の起《お》きる人《ひと》は必《かなら》ず憑靈《へうれい》のある人《ひと》である。

之《こ》れで**靜座呼吸法**《せいざこきうはふ》の全部《ぜんぶ》を詳述《しやうじゆつ》し盡《つく》したから次《つぎ》には靈動法《れいどうはふ》（靈子術《れいしじゆつ》）に移《うつ》る事《こと》にする。

靈動法

靈動法《れいどうはふ》とは何《なん》ぞ？と云《い》へば靈動《れいどう》とは自己《じこ》又《また》は憑依《へうい》した他《た》の靈《れい》（野狐《やこ》又《また》は神靈類《しんれいるゐ》）が發動《はつどう》して内部《ないぶ》から一種《しゆ》の衝動《しやうどう》を起《おこ》して身体《しんたい》の一部《ぶ》或《あるひ》は全部《ぜんぶ》を振動《しんどう》せしむる事《こと》である、然《しか》し今茲《いまこゝ》で詳述《しやうじゆつ》せんとするのは概《がい》して自己《じこ》の靈《れい》の發動《はつどう》である、大靈道《たいれいどう》では此《こ》の靈動《れいどう》の事《こと》を靈子《れいし》の顯動作用等《けんどうさようなど》と云《い》つて、自己獨創《じこどくさう》の如《ごと》く云《い》つて居《を》るが事實《じじつ》は決《けつ》して然《しか》らずで、吾國《わがくに》に於《お》いても、神傳《しんでん》の一種《しゆ》として太古《たいこ》から神道各派《しんどうかくは》に傳《つたは》つて居《を》る『布瑠部《ふるへ》、由良止布瑠部《ゆらとふるへ》』とは即《すなは》ち靈道法《れいだうはふ》を行《ぎやう》せよとの事《こと》である、禊祓《みそぎはらひ》の法《はふ》に於《おい》て振魂《ふるたま》、雄健等《をたけびなど》の諸法《しよはふ》も亦之《またこ》れである。

振魂　神道《しんどう》で行《おこな》ふ振魂《ふりたま》の事《こと》を一寸《つと》述《の》べて置《お》かう、此方法《このはうはふ》は先《ま》づ直立不動《ちよくりつふどう》の姿勢《しせい》を取《と》り前《まへ》に述《の》べた靜座呼吸法《せいざこきうはふ》の心持《こゝろもち》で兩方《れうはう》の前臂《ぜんぴ》を平《たひら》にして兩掌《れうせう》を胸《むね》の前《まへ》で組《く》み合《あは》せた儘《まゝ》之《こ》れを上下《ぜうげ》に動《うご》かして全身《ぜんしん》を振動《しんどう》させるのである、なるべく勢《いきほ》ひ込《こ》めて數《すう》十回反覆《くわいはんぷく》するのであるが此《こ》の時全身《ときぜんしん》の運動《うんどう》と共《とも》に大聲《たいせい》で『大道蕩々皇道森々靈々《だいどうとう〳〵こうどうしん〳〵れい〳〵》感應神人合一《かんおうしんじんがう》』と唱《とな》へながら頭《あたま》に敬神《けいしん》の念《ねん》（天御中主神《あめのみなかぬしのかみ》）を湧《わ》かしめつゝ行《や》るのである。

雄健 も矢張《やはり》前同様《まへどうよう》に直立靜座呼吸法《ちよくりつせいざこきうはふ》の姿勢《しせい》に構《かま》へながら、口《くち》に『生魂《いくたま》、足魂《たるたま》、玉留魂某《たまとまるたままう》（自分《じぶん》の姓名《せいめい》）常立命《とこたちのみこと》』と唱《とな》へつゝ天沼矛《あまのぬぼこ》を振《ふ》りかざして行《おこな》ふのであるが更《さら》に之《こ》れを詳《くわ》しく分解《ぶんかい》すると、

（イ）兩手《れうて》を以《もつ》て帶《おび》を確《かた》く握《にぎ》りしめ『生魂《いくたま》』と唱《とな》へながら腹《はら》を前《まへ》に突《つ》き出《だ》して後《うしろ》の方《はう》へ反《そ》り身《み》になる。

（ロ）『足魂《たるたま》』と唱《とな》へる時《とき》は全身《ぜんしん》に力《ちから》を入《い》れて兩肩《れうかた》を上《あ》げ然《しか》る後《のち》に腹《はら》と兩足《れうあし》に力《ちから》を入《い》れ乍《なが》ら兩方《れうほう》の肩《かた》を下《お》ろす。

（ハ）『玉留魂《たまとまるたま》』と唱《とな》へる時《とき》には更《さら》に力《ちから》を兩足《れうあし》に充《み》たして爪先《つまさ》きで直立《ちよくりつ》して然《しか》る後《のち》に兩足《れうあし》の踵《きびす》を下《お》ろし、

（ニ）次《つぎ》に右足《みぎあし》を一歩《ぽ》前《まへ》に踏《ふ》み出《だ》し左手《ひだりて》は帶《おび》を握《にぎ》りしめた儘《まゝ》にして右手《みぎて》の第《だい》二第《だい》三指《し》を並立直指《へいりつちよくし》し他《た》の三指《し》は之《こ》れを屈《くつ》し此《こ》の手《て》を腦天《のうてん》に構《かま》へ（此《こ》の直立《ちよくりつ》せしめた二本《ほん》の指《ゆび》は天沼矛《あまのぬぼこ》に象《かたど》つたのである）恰《あたか》も眞劍《しんけん》を振《ふ》りかざしたるが如《ごと》き氣勢《きせい》を以《もつ》て次《つぎ》の雄健《をたけび》を行《おこな》ふのである、即《すなは》ち今腦天《いまのうてん》に構《かま》へた天沼矛《あまのぬぼこ》『エィーッ』と云《い》ふ氣合《きあひ》の一聲《せい》と共《とも》に打下《うちおろ》すのであるが此時《このとき》は右足《みぎあし》を左足《ひだりあし》に引《ひ》きつけて直立《ちよくりつ》すると同時《どうじ》に天沼矛《あまのぬぼこ》を斜《なゝめ》に空《くう》を斬《き》つて左《ひだり》の腰《こし》の下《した》に打《う》ち下《お》ろすのである、共《そ》れより更《さら》に『エイッ』と云《い》ふ聲諸共天沼矛《こゑもろともあまのぬぼこ》を又腦天《またのうてん》に構《かま》へるのであるが此《こ》の法《はふ》を三回行《くわいおこな》つたならば最後《さいご》には所謂伊吹《いはゆるいぶき》の法《はふ》を行《おこな》ふのである。

伊吹の法 伊吹《いぶき》の法《はふ》とは右《みぎ》の雄健《をたけび》を終《をは》つたならば靜《しづか》に舊位《きうゐ》に復《ふく》して腹式深呼吸《ふくしきしんこきう》を數回行《すうくわいおこな》ひ最後《さいご》の息《いき》は仙術《せんじゆつ》にある如《ごと》く食道《しよくどう》に嚙《か》み込《こ》んで暫《しばら》く止《と》め置《お》き更《さら》に全身《ぜんしん》の力《ちから》を込《こ》めて『フーフッ』と口《くち》から吹《ふ》き出《だ》すのである元《ぐわん》來神道《らいしんどう》では此《こ》の伊吹《いぶき》の法《ほふ》を行《おこな》ふ時《とき》は如何《いか》なる陰鬼《いんき》陽魔《ようま》も惡靈邪神《あくれいじやしん》も吹《ふ》き飛《と》ばす大威力《だいいりよく》を備《そな》へて居《ゐ》ると云《い》はれ

て居《ゐ》る程《ほど》の大事《だいじ》な修法《しゆほふ》、祕事《ひじ》である（伊吹戸主神《いぶきどぬしのかみ》があらゆる枉事《まがこと》を根《ね》の國底《くにそこ》の國《くに》に吹《ふ》き掃《はら》ひ給《たま》へる神事《しんじ》より起《お》きた事《こと》である）以上《いぜう》の事《こと》が雄健《をたけび》の方法《はうはふ》であるが、之《こ》れ盡《ことごと》く神事《しんじ》の祕錄《ひろく》故《ゆゑ》輕々《かろがろ》に考《かんが》へてはならぬ。

近來《きんらい》諸種《しよしゆ》の靈動法《れいどうはふ》の事《こと》を『動物磁氣《どうぶつじき》』とか『神人感應運動《しんじんかんおううんどう》』とか『靈子術《れいしじゆつ》』とか『プラナ術《じゆつ》』とか『人靈發動法《じんれいはつどうはふ》』『圓通術《ゑんつうじゆつ》』『オーラ術《じゆつ》』『靈氣術《れいきじゆつ》』『靈明術《れいめいじゆつ》』『自動療法《じどうれうはふ》』『內觀術《ないくわんじゆつ》』『因果律解療法《いんぐわりつかいれうはふ》』『妙智法《めうちはふ》』とか勝手《かつて》各樣《かくやう》に名稱《めいしよう》を附《ふ》して何《い》れも自家《じか》獨創《どくさう》の如《ごと》く稱《とな》へて居《を》るけれ共《ども》盡《ことごと》く同一《どういつ》のものであるから、會員諸君《くわいゐんしよくん》は決《けつ》して迷《まよ》つては不可《いか》ぬ。

（但《たゞ》し又《また》之《こ》れを最《もつと》も化學的《くわがくてき》に實驗證明《じつけんしようめい》して立《た》つ人《ひと》は、獨《ひと》り人體《じんたい》ラジウム學會長《がくくわいちやう》松本道別《まつもとだうべつ》氏《し》のみである事《こと》も附記《ふき》して置《お》く）

靈動自發法　此法《このはふ》は矢張《やは》り後章《こうしやう》に說《と》く觀念法《くわんねんはふ》と共《とも》に併讀《へいどく》されたいが兎《と》に角《かく》順序《じゆんじよ》として先《さき》に掲《かゝ》げる事《こと》にする。

座式靈動法《ざしきれいどうはふ》　此法《このはふ》が最《もつと》も普通《ふつう》の方法《はうはふ》である、先《ま》づ靜《しづ》かな一室《しつ》に靜座《せいざ》して例《れい》の深息呼吸《しんそくこきう》を行《おこな》ふ事《こと》數分《すうふん》又《また》は十數分《すうふん》にして靜《しづ》かに兩手《りやうて》を前方《ぜんぽう》に肩《かた》と平衡《へいかう》に突《つ》き出《だ》し（指《ゆび》と指《ゆび》の間《あひだ》はクッヽケて置《お》

〵全身《ぜんしん》の力《ちから》を兩手《りやうて》の先《さき》にそゝぐのである、斯《こ》うすれば直《たゞち》に靈動《れいどう》の起《お》きる人《ひと》もあるが然《しか》し普《ふ》通《つう》は仲々《なか〳〵》起《お》きぬものである、斯《かく》して約《やく》二三分間《ぶんかん》すると手先《てさき》が段々《だん〳〵》疲《つか》れてくるから次《つぎ》には腹《はら》の中《なか》で『確《かた》く兩方《りやうはう》の掌《てのひら》と掌《てのひら》とクッヽイて仕舞《しま》ふ』と觀念《くわんねん》する、斯《か》く觀念《くわんねん》する時《とき》は自《し》然《ぜん》に兩《りやう》方《はう》の手《て》は段々《だん〳〵》寄《よ》つて來《き》てクッヽイて仕舞《しまふ》から次《つぎ》には又腹《またはら》の中《なか》で『クッヽイた掌《てのひら》と掌《てのひら》とは力《ちから》を入《い》れゝば入《い》れる程離《ほどはな》れなくなる』と觀念《くわんねん》するのであるが、最初馴《さいしよな》れないうちは稍《やゝ》もすれば手《て》は觀念通《くわんねんどほ》りにならぬ時《とき》があるから、其時《そのとき》は手《て》を段々觀念通《だん〳〵くわんねんどほ》りに動《うご》かさせて行《ゆ》けば宜《よ》い多少《たせう》の無理《むり》があつても觀念法《くわんねんはふ》の練《な》れるに連《つ》れて無理《むり》が除《と》れて仕舞《しま》ふものであるから決《けつ》して心配《しんぱい》は要《い》らぬ、『掌《てのひら》と掌《てのひら》と離《はな》れなくなる』と觀念《くわんねん》して兩掌《りやうて》に力《ちから》を入《い》れゝば入《い》れる程離《ほどはな》れなくなるから斯《か》くする事《こと》一二分間《ふんかん》の後《のち》に今度《こんど》は、又腹《またはら》の中《なか》で『クッツイた掌《てのひら》が離《はな》れて兩方《りやうはう》へ開《ひら》いて行《ゆ》く』と觀念《くわんねん》しながら兩方《りやうはう》の手先《てさき》へ力《ちから》を入《い》れて居《ゐ》ると段々《だん〳〵》手《て》と手《て》が開《ひら》いて來《く》るから開《ひら》けるだけ平《たひ》らに半圓形《はんゑんけい》に後方《こうはう》に開《ひら》いてモウ之《こ》れより手《て》が後方《うしろ》へは行《ゆ》かないと思《おも》ふ所《ところ》で止《とゞ》めるのである、次《つぎ》には又《また》『此《こ》の手《て》が眞直《まつす》ぐに頭《あたま》の上《うへ》で合掌《がつしやう》する』と觀念《くわんねん》しながら別圖の如《ごと》く頭《あたま》の上《うへ》で確《しか》と合掌《がつしやう》し、次《つぎ》に『此《こ》の手《て》は段々《だん〳〵》下《した》へ下《さ》がつて肩《かた》と平《たひ》らに合掌《がつしやう》の儘眼《まゝまなこ》の眞前《ままへ》で止《と》まる』と觀念《くわんねん》して掌《てのひら》や指先《ゆびさき》に力《ちから》を入《い》れながら別圖《べつづ》の如《ごと》く顏《かほ》の前《まへ》で合掌《がつしやう》しながら落付《おちつ》いて腹式呼吸《ふくしきこきう》をやるのである、斯《こ》の樣《やう》にして指先《ゆびさ》きや掌《てのひら》に力《ちから》を入《い》れて顏《かほ》の前《まへ》で合掌《がつしやう》して居《を》ると數分若《すうふんもし》くは十數《すう》分後《ふんご》には必《かなら》ず手《て》の先《さき》又《また》は腕《うで》が少《すこ》しづゝ上下《じやうげ》或《ある》は左右《さゆう》に動《うご》き出《だ》して來《く》るものである。

之《こ》れが即《すなは》ち靈動法《れいどうはふ》であつて馴《な》れゝば何人《なんびと》にも出來得《できう》る事《こと》である、殊《こと》に前述《ぜんじゆつ》の靜座法《せいざはふ》で身體《しんたい》の動搖《どうよう》を覺《おぼ》えた人等《ひとなど》は、右《みぎ》の方法《はうはふ》を以《もつ》てやれば直《たゞち》に靈《れい》が發動《はつどう》してくる、斯《か》くして漸次《ぜんじ》馴《な》れ行《ゆ》くに從《したが》び最初《さいしよ》靜《しづか》に息《いき》を吸《す》ふ時《とき》に兩手《りやうて》を開《ひら》ける丈《だけ》開《ひら》き、息《いき》を吐《は》く時《とき》手《て》を合《あは》せると云《い》ふ風《ふう》にやれば自然《しぜん》に腹式深呼吸《ふくしきしんこきう》をも兼《か》ぬる事《こと》になつて一擧兩得《きよりやうとく》である。

斯《こ》の方法《はうほふ》を採《と》つても何《ど》うしても靈動《れいどう》の起《お》きない人《ひと》は顏前《がんぜん》で合掌《がつしやう》して數分《すうふん》の後《のち》『手《て》が動《うご》く』と觀念《くわんねん》してブルブル手先《てさき》を振《ふ》つて居《を》れば必《かなら》ず靈動《れいどう》が伴《とも》なつて來《く》るから仕舞《しまひ》には何等《なんら》の觀念無《くわんねんな》しに合掌《がつしやう》すれば直《たゞ》ちに靈動《れいどう》が起《お》きる樣《やう》になるものである、靈動《れいどう》が激《はげ》しく起《お》きる樣《やう》になると合掌《がつしやう》の兩《りやう》手《て》が解《と》けて兩手《りやうて》がブン〳〵と前後左右《ぜんごさいう》に動《うご》いたり、或《ある》は合掌《がつしやう》の儘身體《まゝしんたい》が前《まへ》にグイ〳〵ゐざり出《だ》

第四圖

第五圖

したり頭《あたま》が動《うご》いたり坐體《ざたい》の儘《まゝ》ヒヨイ〳〵一尺《しやく》も二尺《しやく》も飛《と》び出《だ》すこともあるが之《こ》れも決《けつ》して心配《しんぱい》は要《い》らぬから、成行《なりゆ》きに任《まか》せても宜《よ》いが轉《ころ》がり落《お》ちたり他物《たぶつ》に衝突《しようとつ》しない様《やう》に氣《き》を附《つ》けなければば危険《きけん》である、靈動《れいごう》が自然的《しぜんてき》に起《おき》る樣《やう》になればこの間意識《かんいしき》は略々《ほゞ》明瞭《めいれう》ではあるものゝ雜念妄想《ざつねんもうまう》の働《はたら》く隙《すき》なく表面意識《へうめんいしき》（五官作用《くわんさくよう》）の大半《たいはん》は消失《せうしつ》して、自然的《しぜんてき》に無我《むが》の境《きやう》に入《い》り其《そ》の快味妙味《くわいみみやうみ》は到底筆《たうていふで》には書けぬ、之《こ》れは體驗《たいけん》したものでなければ分《わか》らない、寒中《かんちう》と雖《いへど》も大低《たいてい》は發汗《はつかん》する、此《こ》の發汗《はつかん》が邪氣《じやき》を拂《はら》ふに最《もつと》も効顯《かうけん》のあるもので輕《かる》い胃腸病《いちやうびやう》や不眠症《ふみんしやう》、神經衰弱《しんけいすゐじやく》、風邪《ふうじや》の如《ごと》きは大低《たいてい》一度《ご》で全快《ぜんくわい》して仕舞《しま》ふものである、斯《か》くの如《ごと》く靈動《れいごう》して十分乃至《ぶんないし》十五分内外《ふんないぐわい》になると幾分《いくぶん》肉體《にくたい》に疲勞《ひろう》を覺《おぼ》ゆる故《から》其《そ》れを程度《ていど》として止《や》めるのであるが止《や》め樣《やう》と思《おも》ふ時《とき》は矢張《やは》り『靈動《れいごう》を止《や》める』と觀念《くわんねん》して靈動《れいごう》を止《や》め次《つぎ》に靜《しづか》に呼吸《こきう》の數《すう》を數《かぞ》ふる事《こと》三度《たび》、恰《あだか》も靜座《せいざ》の『定《じやう》』から出《で》ると同樣《どうやう》の式法《しきはふ》によりて眼《め》を開《ひら》くのである、靈動《れいごう》から離《はな》れて元《もと》に歸《かへ》つた時《とき》の爽快《さうくわい》さも亦言語《またごんご》に絕《ぜつ》し頭腦《づのう》は清新明瞭《せいしんめいれう》となり、疲勞《ひろう》は盡《こと〲》く恢復《くわいふく》し全《まつた》く生《うま》れ更《かは》つた樣《やう》に活力《くわつりよく》に滿《み》ちて來《く》る、宜敷諸《よろしくしよ》君《くん》は此《こ》の法《はふ》を一日《にち》三回宛《くわいづゝ》（朝晝晩何時《あさひるばんいつ》でも宜《よ》い）實行《じつかう》するが宜《よ》い、心身《しん〲》の改造《かいざう》は期《き》せずして得《ゑ》られる事《こと》を明言《めいげん》して置《お》く、殊《こと》に肉體精神《にくたいせいしん》に及《およ》ぼす大効《たいかう》は如何《いか》なる藥物《やくぶつ》と雖《いへど》も、靈動法《れいごうはふ》に及《およ》ぶものは無《な》く肉體精神《にくたいせいしん》一切《さい》の違和不調《いわふてう》は盡《こと〲》く統一調和《とういつてうわ》されて行《ゆ》くものである。

靈動他發法

之《こ》れは自分自身《じぶんじしん》で靈動《れいごう》を起《おこ》すので無《な》く他《た》の人《ひと》に對《たい》し靈動《れいごう》を誘發《ゆうはつ》せしむる方法《はうはふ》を云《い》ふのである、既《すで》に諸君《しよくん》は呼吸法《こきうはふ》、靜座法《せいざはふ》、靈動自發法《れいごうじはつはふ》を體驗《たいけん》せられた事《こと》であるから、之等《これら》の諸法《しよはふ》に習熟《しうじゆく》せられた諸君《しよくん》が、今度《こんど》は他人《たにん》に靈動《れいごう》を起《おこ》させて見樣《みやう》と思《おも》ふ時《とき》にやつて見《み》るが宜《よ》い、其方法《そのはうはふ》は自分《じぶん》が初步《しよほ》の頃《ころ》採つた方法《はうはふ》と同樣《どうやう》に矢張《やは》り靜《しづか》な一室中《しつちう》に他《た》の人《ひと》を靜座《せいざ》、呼吸《こきう》せしめ自《みづか》ら手本《てほん》を示《しめ》して兩手《りやうて》を前方《ぜんぽう》に突《つき》き出《だ》さしめ之《こ》れを又前《またまへ》の方法《はうはふ》に從《したが》ひ左右《さゆう》に開《ひら》かしめたり頭上《つじやう》に合掌《がつしやう》せしめたりして最後《さいご》に顏《かほ》の前《まへ》で臂《ひぢ》を張《は》つて合掌《がつしやう》せしむるのである、靈動自發法《れいごうじはつはう》の時《とき》は目《め》を閉《と》ぢて居《ゐ》ても宜《よ》いが靈動他發法《れいごうたはつはふ》の時《とき》は先方《せんぽふ》の潜在意識《せんざいいしき》の觀念《くわんねん》を利用《りよう》するのであるから、自分《じぶん》も目《め》を開《ひら》いて居《ゐ》る、先方《せんぽう》の人《ひと》にも眼《め》を開《ひら》かしめて置《お》き、絕《た》えず當方《こうはう》の手先《てさき》に力《ちから》を入《い》れながら（勿論《ちろん》先方《せんぽう》の手先《てさき》にも力《ちから》を入《い》れさせながら、其《そ》の手先《てさき》を一生懸命《しやうけんめい》に注視《ちうし》させるのである）顏《かほ》の前《まへ》で合掌《がつしやう》しつゝ、こちらの手先《てさき》に靈動《れいごう》を起《おこ》して居《ゐ》ると自然《しぜん》の間《あひだ》に被術者《ひじゆつしや》の手先《てさき》にも靈動《れいごう》が發顯《はつげん》して來《く》るから相當《さうとう》に發顯《はつげん》した頃《ころ》を見計《みはか》つて充分《じゆつぷん》な腹力《ふくりよく》と共《とも》に一聲《せい》『エイッ、エイッ』と先方《せんぽう》の眉間《みけん》の處《ところ》へ氣合《きあひ》を掛《か》けてやると共《とも》に『眼《め》を閉《と》ぢよ』と命令《めいれい》し尙《な》ほ次《つぎ》の如《ごと》く暗示《あんじ》を與《あた》へてやるのである、即《すなはち》『いよ〳〵君《きみ》の靈《れい》が發顯《はつげん》した盛《さかん》に靈動《れいごう》する』と云《い》ひながら自分《じぶん》も一生懸命自已《しやうけんめいじこ》の靈動《れいごう》を先方《せんぽう》の手先《てさき》に振《ふ》り掛《か》けてやるのである、斯《か》うすれば百人《にん》が百人必《にんかなら》ず靈動《れいごう》を起《おこ》させる事《こと》が出來《でき》るものであるが其《そ》れでも尙《な》ほ靈動《れいごう》の起《お》きぬ人《ひと》に對《たい》しては『立式靈動法《りつしきれいごうはふ》』を行《おこな》ひ自分《じぶん》の合掌《がつしやう》と被術者《ひじゆつしや》の合掌《がつしやう》と突《つ》き合《あは》せて施術《しじゆつ》すれば更《さら》に易々《いい》と發顯《はつげん》せしむる事《こと》が出來《でき》る、尙《な》ほ其《そ》れでも起《お》きぬ人《ひと》に對《たい》しては己《おの》れは其背後《そのはいご》に廻《まは》つて脇《わき》の下又《したまた》は腰帶《こしおび》に手《て》を加《くは》えて手《て》の上下動搖《じやうげごうねう》に連《つ》れて、先方《せんぽう》の人《ひと》を爪先《つまさ》きでトン〳〵跳《と》ばさせる樣《やう》にすると自然《しぜん》に當方《こうはう》の靈動《れいごう》が先方《せんぽう》に傳《つた》はつて次第次《しだいし》第《だい》に眞實《しんじつ》の靈動《れいごう》が發揚《はつやう》して來《く》るから、更《さら》に『エイッ、エイッ』と二三聲《せい》の氣合《きあひ》を掛《か》けながら、當方《こうはう》の靈動力《れいごうりよく》をそゝげば、靈動《れいごう》は一層猛烈《そうまうれつ》になる、斯《か》う云《い》ふ風《ふう》に半《なか》ば無我《むが》で靈動《れいごう》を起《おこ》して居《ゐ》る人《ひと》に對《たい》して數尺《すうしやく》を隔《へだ》てながら當方《たうはう》の靈動《れいごう》の手《て》で彈《はぢ》く樣《やう》に押《お》せば其人《そのひと》はグン〳〵押《お》された樣《やう》に後《あと》へ下《さ》がり、招《まね》く樣《やう》に引煽《ひきあほ》ればグン〳〵前《まへ》に出《で》て來《く》るもので或《あ》る程度迄《ていどまで》は施術者《しじゆつしや》の暗示通《あんじごほ》りになるものである、或《あ》る靈術家《れいじゆつか》の法螺廣告《ほらかうこく》に『一人《にん》の力《ちから》を以《もつ》て數十人《すうにん》の人《ひと》を引《ひ》き寄《よ》せ又《また》は之《こ》れを一喝《かつ》にして倒《たを》す法《はふ》』とあるのは此《こ》の事《こと》である、習《なら》へば誰《たれ》でも出來《でき》る暗示靈動法《あんじれいごうはふ》の事《こと》であつて敢《あへ》て驚《おどろ》くには足《た》らぬ、此《こ》の靈動術他發法《れいどうじゅつたはつほう》を施術《しじゅつ》した際之《さいこ》れを止《と》めるには被術者《ひじゅつしゃ》の肩《かた》に手《て》を當《あ》てゝグツと押《おさ》えながら強《つよ》く『サア靈動《れいどう》を止《と》めろ』と云《い》ひながら『エイッ』と一聲《せい》の氣合《きあひ》を掛《か》けてやれば直《ただ》ちに止《と》まるから止《と》まる頃《ころ》を見計《みはか》らつて『目《め》を開《ひら》くと君《きみ》のすべての病氣《びやうき》は全治《ぜんち》して居《ゐ》る』とか『目《め》を開《ひら》くと同時《どうじ》に君《きみ》の胃腸病《ゐちやうびやう》は全快《ぜんくわい》して居《ゐ》る』と云《い》ふ風《ふう》に巧《たくみ》な暗示《あんじ》を與《あた》へて（後卷病氣治療《こうくわんびやうきちりやう》秘訣參照《ひけつさんしやう》）ポンと肩《かた》を叩《たた》くと一所《しよ》にパット眼《め》を開《ひら》かしむるのである、何んな靈動《れいどう》の自發《じはつ》せぬ人《ひと》でも他發法《たはつほう》を數回施術《すうくわいしじゅつ》すれば必《かなら》ず靈動《れいどう》が自發《じはつ》する樣《やう》になるものである。

諸種靈動法

靈動法中《れいどうはうちう》には此《こ》の坐式靈動法《ざしきれいどうはう》の外《ほか》に立式靈動法《りつしきれいどうはう》、臥式靈動法《ぐわしきれいどうはう》、倚式靈動法《ゐしきれいどうはふ》等《とう》があるけれ共《ども》皆《みな》座式《ざしき》の靈動法《れいどうはう》に則《のつと》つた方法《はうはふ》であるから一旦《たん》坐式靈動法《ざしきれいどうはう》の發顯《はつけん》しだ人《ひと》には誰《た》れでも出來《でき》る事《こと》であるから應用《おうよう》して見《み》るが宜《よ》い、又觀念法《またくわんねんはう》と共《とも》に靈動法《れいどうはふ》を行《おこな》ふ時《とき》には大低《たいてい》な難病《なんびやう》や固疾《こしつ》は必《かなら》ず燒石《やけいし》に水《みづ》をそゝぐが如《ごと》くに治癒《ちゆ》する事《こと》疑《うたがひ》無《な》しである。

大靈道《たいれいだう》の靈子術《れいしじゆつ》に潜動法《せんどうはう》なるものがあるが之《こ》れは前述《ぜんじゆつ》の靈動《れいどう》を顯動作用《けんどうさよう》とか何《なん》とか命名《めいめい》したのに對《たい》して並稱《へいしやう》した言葉《ことば》で有《あ》らうけれ共言葉《どもことば》と辭句《じく》が突飛《とつぴ》な爲《ため》に初學者《しよがくしや》は何《ご》んな難《む》づかしい事《こと》だ

らうと思《おも》ふのである、之《こ》れは相當《さうたう》の間靈動法《あひだれいごうはふ》に練《な》れて來《き》た人《ひと》の手先《てさき》には一種《しゆ》の靈能力《れいのうりよく》が潜在《せんざい》して居《ゐ》るから、自分《じぶん》の觀念《くわんねん》一つで別《べつ》に靈動的《れいごうてき》に手足《てあし》を動《うご》かさずとも一種《しゆ》の靈力《れいりよく》(松本道別氏《まつもとだうべつし》の人體《じんたい》ラヂウムと命名《めいめい》せるもの)が發顯《はつげん》し、其《そ》の靈力《れいりよく》を應用《おうよう》すれば何《ど》んな病氣《びやうき》でも治《なほ》ると云《い》ふ意味《いみ》の事《こと》である、大靈道《たいれいだう》では靈子板《れいしはん》と云《い》ふ巾《はば》七寸長《すんなが》さ八寸厚《すんあつ》さ二三分《ぶ》の板《いた》の下《した》へ本《ほん》二三冊《さつ》を入《いれ》て、此《こ》の板《いた》に掌《てのひら》を掛《か》けて板《いた》を滑《すべ》らせると別《べつ》に押《おさ》えて押《お》すと云《い》ふ程《ほど》の力《ちから》を加《くは》えずとも板《いた》の直下《ちよくか》にある本《ほん》は板《いた》と一所《しよ》にすべり出《だ》すと云《い》ふ方法《ほうはふ》もあるが之《こ》れは此方法《このやりかた》に物理的意味《ぶつりてきいみ》が含《ふく》まれて居《ゐ》るから完全《くわんぜん》な靈力試驗法《れいりよくしけんはふ》とは云《い》へぬ、斯《こ》んな物理的方法《ぶつりてきはうはふ》を以《もつ》て靈力《れいりよく》の發動法《はつごうはふ》を試驗《しけん》する時《とき》は何《ど》んな靈力未發《れいりよくみはつ》な人《ひと》でも馴《な》れるに從《したが》つて靈子板下《れいしばんした》に二三十冊位《さつぐらひ》の本《ほん》は動《うご》かせる樣《やう》になるもので餘《あま》り的《あて》になる試驗法《しけんはふ》では無《な》い、而《しか》も此法《このはふ》を『一冊《さつ》の本《ほん》に手《て》を觸《ふ》れる時《とき》は數十冊《すうさつ》の本《ほん》が獨《ひと》りで動《うご》き出《だ》す』等《など》と廣告《かうこく》されたでは堪《たま》つたものではない。

其《そ》んな素人驚《しろうとおど》かしの方法《ほうはふ》によらずとも自己《じこ》の手先《てさき》に何《ど》れだけの靈氣能力《れいきのうりよく》が潜在《せんざい》して居《ゐ》る樣《やう》になつたかを試驗《しけん》するには簡單《かんたん》な方法《はうはふ》で直《す》ぐ分《わか》る。

靈氣能力試驗法

會員諸君《くわいゐんしよくん》が、眞面目《まじめ》に靜座《せいざ》呼吸法《こきうはふ》や靈動法《れいどうはふ》を十四五日《にち》も修養《しうやう》すれば掌《てのひら》や指《ゆ》先《さき》からは盛《さかん》に目《め》に見《み》えぬけれ共《ども》一種《しゆ》の靈氣《れいき》能力《のうりよく》が發顯《はつげん》するものである、之《こ》れを試驗《しけん》するには靈動《れいどう》後《ご》先《ま》つ他人《たにん》に兩手《りやうて》の掌《たなごころ》を相竝《あひなら》べ前《まへ》へ伸《の》ばさしめて、自己《じこ》の右手《みぎて》を以《もつ》て相手《あひて》の左手《ひだりて》の胛《こう》を捉《とら》へて輕《かろ》く握《にぎ》るか握《にぎ》らぬか分《わか》らぬ位《ぐらゐ》に接《せつ》せしむる時《とき》は、相手《あひて》の左手《ひだりて》の胛《こう》にスー〳〵と糸《いと》の樣《やう》な涼《すゞ》しさを感《かん》ずるものである、之《こ》れ即《すなはち》自分《じぶん》の手《て》から發動《はつどう》する靈氣《れいき》能力《のうりよく》が第三者《だいしや》に傳《つた》はる證《せう》據《こ》である、又更《またさら》に盛《さかん》に靈氣《れいき》能力《のうりよく》の發動《はつどう》する時《とき》には相手《あひて》の掌《てのひら》の中心《ちうしん》から二三分《ぶ》離《はな》れて自分《じぶん》の食《しよく》指《し》と中指《なかゆび》を向《む》けて思念《しねん》しても明《あきら》かに輕《かる》い電氣《でんき》の樣《やう》な蟻走感覺《ありごのはしるごこちかん》を覺《おぼ》えしむる事《こと》が出來《でき》る、次《つぎ》には相手《あひて》の掌《てのひら》を上向《うはむ》きにして無念無想《むねんむさう》ならしめ、掌上《しやうじやう》を當方《たうはう》の靈氣《れいき》能力《のうりよく》で抑《おさ》えつける樣《やう》な心持《こゝろもち》で思念《しねん》する時《とき》は相手《あひて》は壓力《あつりよく》を感《かん》じて自然《しぜん》に手《て》が下《さ》がつて行《ゆ》く、又更《またさら》に此上《このうへ》靈氣《れいき》能力《のうりよく》を發顯《はつげん》せしめて、相手《あひて》を閉目《へいもく》無念無想《むねんむさう》ならしめて直立《ちよくりつ》せしめた所《ところ》へ、胸《むね》より肩《かた》の邊《へん》を狙《ねら》つて兩手《りようて》に力《ちから》を籠《こ》めて、押《お》し倒《たな》すが如《ごと》く行氣《ぎやつき》思念《しねん》する時《とき》は相手《あいて》を立木《たちき》を倒《たを》す樣《やう》にドット後《うしろ》へ倒《たを》す事《こと》も出來《でき》る、相手《あひて》が靈動法《れいどうはふ》の出來《でき》る人《ひと》（即《すなはち》靈能《れいのう》の發揚《はつやう》し得《う》る人《ひと》）ならば一層《そう》鋭敏《えいびん》に感《かん》ずるものである、兎《と》に角此《かくこ》の靈氣《れいき》能力《のうりよく》の發顯《はつげん》する人《ひと》なれば必《かなら》ず自己《じこ》又《また》は他人《たにん》の疾病《しつぺい》を治《なほ》す事《こと》が出來《でき》得《う》るものであるから（後卷《こうくわん》病氣治療法《やうきちりようはふ》參照《さんせう》）宜敷《よろしく》盛《さかん》に應用《おうよう》して救世濟民《きうせいさいみん》の功《こう》を積《つ》むが宜《よ》い、

觀念法

世《よ》に觀念《くわんねん》の力程《ちからほど》強《つよ》いものはない、之《こ》れを世俗《せぞく》の言葉《ことは》に徵《ちやう》しても『一心《しん》は巖《いは》をも徹《とう》す』と云《い》ふ事《こと》がある、交靈歸神法《こうれいきしんはふ》をやれば明《あきら》かに證明《しやうめい》の出來《でき》る事《こと》であるけれ共《ども》人《ひと》でも生物《いきもの》でも死際《しにぎわ》の一念《ねん》は必《かなら》ず後《あと》に殘《のこ》るものである、生物《いきもの》の中《なか》でも殊《こと》に長物《ながもの》（鰻《うなぎ》、蛇《へび》）の執念《しうねん》には恐《おそ》ろしいものがあると云《い》われて居《ゐ》る、鰻《うなぎ》を殺《ころ》す商賣《しやうばい》や、蛇《へび》を取《と》る商賣《しやうばい》の人《ひと》の家《うち》には不具者《ふぐしや》や變事《へんじ》の多《おほ》い等《など》と云《い》ふ事《こと》も爭《あらそ》はれぬ事實《じじつ》であるが、併《しか》し茲《こゝ》に述《の》べる觀念法《くわんねんはふ》とは他《た》の動物《どうぶつ》や生物《いきもの》の執念《しうねん》の事《こと》では無《な》く、吾《ご》人《じん》人間《にんげん》の觀念力《くわんねんりよく》を養成集中《やうせいしうちう》して之《これ》を心身《しんしん》の改造又《かいざうまた》は他人《たにん》の治病矯癖《ちびやうきやうへき》に應用《おうよう》せんとするのである

元來人間《ぐわんらいにんげん》には表面意識《へうめんいしき》（五官《くわん》――視覺《しかく》、聽覺《てうかく》、味覺《みかく》、嗅覺《しうかく》、觸覺《しよくかく》）を司《つかさ》どる爲《ため》に佛敎《ぶつけう》で云《い》ふ眼《がん》耳《に》、鼻、舌《ぜつ》、身意《しんい》があつて色《いろ》を見《み》音《おと》を聽《き》き味《あぢ》を知《し》り臭《にほひ》を嗅《か》ぎ物體《ぶつたい》を知《し》り、意思《いし》が之《こ》れを統《とう》一し

命令《めいれい》して居《ゐ》るのである、之《こ》れは誰《たれ》でも知《し》つて居《を》る事《こと》であるけれ共《ども》尚《な》ほ此《こ》の外《ほか》に吾々《われ〳〵》には隱《かく》れたる意識《いしき》があつて屢々《しば〳〵》我々《われ〳〵》の身體《しんたい》や行爲《かうゐ》に變化《へんくわ》を與《あた》へる事《こと》がある、此《こ》の意識《いしき》の事《こと》を江間式《ゑましき》では第《だい》六識《しき》第《だい》七識《しき》と云《い》つて居《を》る、松本道別氏《まつとだうべつし》は心理學的《しんりがくてき》に第《だい》二自我《じが》第《だい》三自我《じが》と云《い》つて居《を》るが要《えう》するに潜在意識《せんざいいしき》の別名《べつめい》に外《ほか》ならぬのである。まあ名前《なまへ》は何《なん》でも宜《よ》いが此《こ》の潜在意識《せんざいいしき》なるものを巧《たく》みに利用《りよう》すれば何《ど》んな難病《なんびやう》でも救《すく》ふ事《こと》が出來《でき》又思《またおも》ふ通《とほ》りに心身《しん〳〵》の改造《かいざう》が行《おこな》はれるが、萬《まん》一誤《あやま》つて此《こ》の潜在意識《せんざいいしき》を不法《ふほふ》に惡用《あくよう》する時《とき》は人《ひと》を病《や》ませる事《こと》も出來《でき》れば自己《じこ》の心身《しん〳〵》を惡劣《あくれつ》にする事《こと》にもなるのである、其《そ》れ程此《ほどこの》潜在意識《せんざいいしき》なるものは恐《おそ》ろしい力《ちから》を持《も》つて居《を》るものであるから決《けつ》して輕々《けい〳〵》に扱《あつか》ふ事《こと》は出來《でき》ぬ、殊《こと》に諸靈術法研究目的《しよれいじゆつほふけんきうもくてき》の大半《たいはん》は如何《いか》にすれば潜在意識《せんざいいしき》を巧《たく》みに誘導《いうだう》するを得《う》るや?の一言《げん》に盡《つ》きて居《ゐ》る位《くらゐ》のものである。

元來我々日常《ぐわんらいわれ〳〵にちじやう》の起居動作《ききよどうさ》は盡《ことごと》く表面意識《へうめんいしき》の作用《さよう》即《すなはち》五官《くわん》の作用《さよう》であるけれ共時《どもとき》により不《ふ》意《い》の出來事《できごと》や隱《かく》れたる過去《くわこ》の習慣性《しふくわんせい》の爲《ため》には全《まつた》く五官《くわん》を超越《てうゑつ》した肉體變化《にくたいへんくわ》や精神變化《せいしんへんくわ》の起《お》きる事《こと》がある、即《すなはち》普通《ふつう》の精神作用《せいしんさよう》や生理作用《せいりさよう》を超越《てうゑつ》した事《こと》が起《おこ》るのである、一例《れい》を云《い》へば未《ま》だ世《よ》馴《な》れない若《わか》い人《ひと》が衆人《しうじん》調座《てうざ》の中《なか》で何《なに》か思《おも》はぬ失策《しつさく》をしたり又《また》は貴人《きじん》の面前《めんぜん》に出《で》て演説《ゑんぜつ》でも仕様《しやう》と思《おも》ふ際《さい》は、自然《しぜん》に心臓《しんざう》の鼓動《こどう》が激《はげ》しくなつて動悸《どうき》が増《ま》し又《また》は顔《かほ》が赤《あか》くなつたり蒼《あを》くなつたりする事《こと》がある、此《こ》の場合《ばあひ》自分《じぶん》の表面意識《へうめんいしき》は明《あきら》かに『動悸《どうき》をしづめたい、赤《あか》い顔《かほ》や蒼《あを》い顔《かほ》をしたく無《な》い』と思《おも》つて無理《むり》に動悸《どうき》をしづめ様《やう》と努力《どりよく》すればするだけ更《さら》に動悸《どうき》は増《ま》し鼓動《こどう》は激《はげ》しくなるもので餘分《よぶん》にも赤《あか》い顔《かほ》になつたり蒼《あを》い顔《かほ》になつたりするものである、此《こ》の場合《ばあひ》を見《み》るに何《なに》も急《きふ》に心臓《しんざう》が悪《わ》るくなつたのでもなければ肉體《にくたい》に故障《こしやう》のあつたのでもないに拘《かゝは》らず、實際《じつさい》は心臓《しんざう》が踊《をど》り血液《けつえき》が逆流《ぎやくりう》して何《ど》うしても肉體《にくたい》が自分《じぶん》の思《おも》ふ通《とほ》り（表面意識《へうめんいしき》の）にはなり兼《か》ねるが、之《こ》れ即《すなは》ち隠《かく》れたる意識《いしき》があつてする作用《さよう》である、表面意識《へうめんいしき》は心臓《しんざう》をしづめ様《やう》とするにも、拘《かゝは》らず腹《はら》の中《なか》の蟲《むし》（潜在意識《せんざいいしき》）の方《はう》では逆《ぎやく》に心臓《しんざう》を動《うご》かし血液《けつえき》を逆流《ぎやくりう》せしめるのである、即《すなは》ち表面意《へうめんい》識《しき》の力《ちから》は到底潜在意識《たうていせんざいいしき》の力《ちから》に及《およ》ばないのである。

潜在意識《せんざいいしき》を巧《たく》みに利用《りよう》し誘導《いうだう》する時《とき》は治病矯癖《ちびやうきやうへき》、心身《しんしん》の改造《かいざう》は期《き》せずして行《おこな》はれ得《う》るものであつて熱湯《ねつとう》に手《て》を入《い》れても火傷《やけど》もしなければ、炎々《えんえん》と燃《も》ゆる火中《くわちう》を渡《わた》るも熱《あつ》くない程《ほど》で、況《いは》んや刀《かたな》の刄《は》渡《わた》りや刺《し》針術《しんじゆつ》の如《ごと》きは何等《なんら》奇《き》とするに足《た》らぬのである。

いでや吾人《ごじん》は本講習秘錄《ほんかうしふひろく》の『中卷《ちうくわん》』『後卷《こうくわん》』に於《おい》て餘《あま》す處《ところ》なく現代《げんだい》百般《はん》の諸靈術《しよれいじゆつ》を初《はじ》め心身《しんしん》改造《かいぞう》、治病矯癖法《ちやうきやうへきほふ》を解剖《かいはう》詳述《しようじゆつ》して會員諸君《くわいゐんしよくん》に會得《ゑとく》せしめよう、其《そ》れに就《つ》いても切《せつ》に切《せつ》に會員諸君《くわいゐんしよくん》の修養《しうやう》（靜座《せいざ》呼《こ》吸法《きうほふ》、諸靈動法《しよれいどうほふ》、觀念法《くわんねんほふ》）を望《のぞ》み置《お》く次第《しだい》である、何《ど》うか深息呼《しんそくこ》吸《きう》の二百位迄《ぐらゐまで》は數《かぞ》へられる樣《やう》になつて居《ゐ》て貰《もら》いたい。

氣合術講習秘錄　上卷終

天玄洞本院講述

交靈感應

氣合術講習秘錄

中下卷

附記（古往今來百般諸靈術）

交靈感應 氣合術講習秘録目次（中巻之部）

交靈感應 氣合術講習秘錄目次（下卷之部）

交霊 感應 氣合術講習秘錄（中巻之部）

（本講習錄は本院の許諾を得ずしてみだりに他人に讓渡し又は他見せしむる事を許さず）

（附現代百般諸靈術）

天玄洞本院主元　石川素禪講述

既《すで》に前巻《ぜんくわん》に於《おい》ては諸靈術研究《しよれいじゆつけんきう》の基礎《きそ》とすべき靜座《せいざ》呼吸法《こきうほふ》を始《はじ》めとし、諸種《しよしゆ》の靈動術《れいどうじゆつ》並《ならびに》觀《くわん》念法等《ねんはふとう》を詳解《しやっかい》して置《お》いたから定《さだ》めし會員諸君《くわいゐんしよくん》には夫々《それ〴〵》會得《ゑとく》の上實行體驗《うへじつかうたいけん》せられた事《こと》と思《おも》ふ、如何《いか》に講習錄《こうしふろく》に於《おい》て其秘《そのひ》を盡《つく》すと云《い》へ共《ども》、之《こ》れを讀破《どくは》せらるゝ會員諸彦《くわいゐんしよけん》の頭《あたま》が次《つぎ》の頁《ぺーじ》〳〵と進《すゝ》んで行《い》つては何《なん》にもならぬ、一章《しやう》を終《おわ》らば一章《しよう》を終《おわ》る毎《ごと》に自《みづか》ら修業《しふぎやう》し自《みづか》ら體驗實行《たいけんじつかう》しなければ何《なん》にもならぬ、讀《よ》むだけならば誰《たれ》にでも讀《よ》めるが修業《しふげふ》と體得《たいとく》には努力《どりよく》を要《よう》し苦行《くぎやう》を要《よう》するのは止《や》むを得《え》ぬ事《こと》である、併《しか》し又其《またそ》れだけの努力《どりよく》と苦行《くぎやう》さに對《たい》しては當然報《たうぜんむく》はるべき無量《むりやう》の功徳《くどく》があるでは無《な》いか、願《ねが》はくば倦《う》む無《な》く疑《うたが》ふなく、専心一意《せんしんいちい》、反覆讀破《はんぷくどくは》勤行《ごんぎやう》を怠《おこた》る事無《ことな》く努《つと》められよ。

觀念法の養成

潜在意識《せんざいいしき》を巧《たく》みに利用誘導《りようゆうどう》する時《とき》は、心身《しんしん》の改造《かいぞう》、治病《ちべう》、矯癖等《けふへきなど》に絶對的《ぜつたいてき》の効力《こうりよく》ある事《こと》は前述《ぜんじゆつ》の通《とほり》であるが、元來潜在意識《がんらいせんざいいしき》（江間式其他等《えましきそのたとう》にて云《い》ふ第《だい》六識《しき》、第《だい》七識《しき》、摩那識《まなしき》、第《だい》八識《しき》、阿羅耶識《あらやしき》、第《だい》九識《しき》、庵摩羅識《あんまらしき》）とは讀《よ》んで字《じ》の如《ごと》く表面《へうめん》に現《あら》はれない、意識《いしき》の事《こと》であるから今假《いまかり》に自己《じこ》の心身改造《しんしんかいぞう》、治病矯癖等《ちべうけふへきとう》に應用《おうよう》しやうと思《おも》つて、腹《はら》の中《なか》で『食慾《しよくよく》が増進《ぞうしん》する』と觀念《くわんねん》したり、又《また》は『痛《いた》みが除《と》れた』と觀念《くわんねん》しても何《なん》にもならぬ、其時《そのとき》の觀念《くわんねん》は自己《じこ》の表面意識《へうめんいしき》が觀念《くわんねん》した事《こと》であつて潜在意識《せんざいいしき》の毫《がう》も知《し》つた事《こと》では無《な》いのである從《したが》つて自己《じこ》の意志《いし》を持《も》つて自己《じこ》の肉體《にくたい》を改造變化《かいぞうへんくわ》せしむる事《こと》は出來《でき》ぬのである、其《そ》れには何《ど》うしても腹《はら》の中《なか》の蟲《むし》、即《すなはち》自分《じぶん》にはチットモ分《わか》らない潜在意識《せんざいいしき》を招《まね》き出《だ》して其潜在意識《そのせんざいいしき》に對《たい》して命令《めいれい》（表面意識《へうめんいしき》――即《すなはち》自己《じこ》の心《こころ》）を下《くだ》さねばならぬ、然《しか》らば如何《いか》にして潜在意識《せんざいいしき》を誘《さそ》ひ出《だ》す事《こと》が出來《でき》るかと云《い》ふに、其處《そこ》に觀念養成法《くわんねんやうせいほう》と云《い》ふ便宜《べんぎ》の方法《はうはふ》があるが、恐《おそ》らく多《おほ》くの靈術大家連《れいじゆつたいかれん》も此《こ》の方法《はうはふ》を知《し》らぬが爲《ため》、他人《たにん》の病氣《びやうき》を治《なを》す事《こと》は得意《とくい》であつても、自己《じこ》の心身改善《しんしんかいぜん》を爲《な》し得《え》ぬ人《ひこ》が多《おほ》いのは馬鹿氣《ばかげ》た事《こと》で、自《みづか》らが自《みづか》らの修養足《しゆやうた》らざるを現《あらは》した様《やう》なものではあるまいか。

觀念養成法《くわんねんやうせいはふ》？方法《はうはふ》は至《いた》つて簡單極《かんたんきは》まるもので、何等《なんら》の秘《ひ》も無《な》ければ奇《き》も無《な》い事《こと》であつて、上卷靈動自發法中《ぜうかんれいどうじはつはうちゆう》に解《と》いた座式靈動法《ざしきれいどうはふ》にある觀念《くわんねん》の練習《れんしう》である、既《すで》に靜座法《せいざはふ》や靈動術《れいどうじゆつ》によつて靈《れい》の發動《はつどう》しつゝある際《さい》は其《そ》の發動《はつどう》した靈其《れいその》ものが自己《じこ》の意識《いしき》せざる——潜在意識《せんざいいしき》の大部分《だいぶぶん》であるから、其潜在意識《そのせんざいいしき》に對《たい》して表面意識《へうめんいしき》（自己《じこ》の心《こゝろ》）が命令《めいれい》を下《くだ》すのである、命令《めいれい》を受《うけ》た潜在意識《せんざいいしき》は不思議《ふしぎ》にも必《かなら》ず肉體《にくたい》を變化改造《へんくわかいぞう》せしむるものである。

觀念法養成《くわんねんはふやうせい》の第《だい》一歩《ぽ》は矢張上卷靈動自發法中《やはりぜうくわんれいどうじはつはふちう》に詳述《せうじゆつ》せるが如《ごと》く、靜座法《せいざはふ》と共《とも》に深息呼吸法《しんそこきうはふ》を行《おこな》ひ、やがて完全《くわんぜん》に精神《せいしん》の統《とう》一された頃《ころ》（他物《たぶつ》に心《こゝろ》を奪《うば》はれざるに到《いた》る時《とき》）適宜《てきぎ》の姿勢《しせい》の下《もと》に『力《ちから》を入《いれ》れば入《い》れる程《ほど》掌《てのひら》と掌《てのひら》とクツツイて仕舞《しま》ふ』とか『クツツイた掌《てのひら》と掌《てのひら》とは離《はな》れさせやうとして力《ちから》を入《い》れても入《い》れる程却《ほどかへつ》て離《はな》れ無《な》くなる』と云《い》つた風《ふう》に觀念《くわんねん》するのである（上卷靈動法乞參照《ぜうくわんれいどうはうさんせうこう》）斯《こ》う云《い》ふ形式《けいしき》を取《と》りながら、段々形式《だんだんけいしき》に變化《へんくわ》を與《あた》へつつ——例《たと》へば『クツツイて居《ゐ》た掌《てのひら》が離《はな》れて頭《あたま》の兩側《れうがは》のコメカミえクツツイて仕舞《しま》ふ』『コメカミえクツツイた兩手《れうて》は細《こま》かく靈動《れいどう》して頭腦《づのう》を按撫《あんぶ》する』とか『足《あし》と足《あし》とをクツツケれば離《はな》れない』『兩足《れうあし》を投出《なげだ》して力《ちから》を入《い》れて居《ゐ》ると足自身《あしじしん》が靈動《れいどう》を起《おこ》してバタ〲叩《たゝ》く』とか『兩手《れうて》の指《ゆび》を交叉《こうさ》して握《にぎ》り合《あは》せて、エイッと力《ちから》を入《い》れれば、自分《じぶん》がいくら力《ちから》を入《い》れて左右《さゆう》へ引張《ひつぱ》つても離《えな》れない』又《また》は『一旦《たんと》閉ぢた眼《め》は眼瞼《まぶた》と眼瞼《まぶた》とがクツツイて、手《て》を持《も》つて開《ひら》く迄《まで》は開《あ》かなくなる』とか『前方《ぜんぽう》へ伸《の》ばした手《て》は段々上《だん〴〵うへ》にあがる』――と云《い》ふ様《よう》な風《ふう》に觀《くわん》念《ねん》の力《ちから》で肉體《にくたい》を自由《じゆう》にする様《よう》に練習《れんしう》するのであるが、此《こ》の練習《れんしう》を積《つ》むに從《したが》つて自分《じぶん》でも驚《おどろ》くべき程上達《ほどぜうたつ》して、最後《さいご》には『眼《め》が開《あ》かない』と觀念《くわんねん》すれば、全《まつた》く手《て》を持《も》つて眼瞼《まぶた》を開《ひら》く迄《まで》は眼《め》が開《ひら》かなくなつたり、或《ある》ひは兩手《れうて》の指《ゆび》を交叉《こうさ》して『離《はな》れない』と觀念《くわんねん》すれば自分自身《じぶんじしん》で如何《いか》に離《はな》さうと思《おも》つて引張《ひつぱ》つても離《はな》れなくなるのみならず、自分《じぶん》より三四倍力《ばいちから》のある人《ひと》が離《はな》さうと思《おも》つて引張《ひつぱ》つても、ビクとも離《はな》れなくなるものである。だから最初《さいしよ》に觀念《くわんねん》する時《とき》『此手《このて》は例《たと》へ如何《いか》に萬人《まんにん》の力《ちから》を加《くは》へても離《はな》れないが然《しか》し自分《じぶん》じヱイツと一喝《かつ》すれば難《なん》なく離《はな》れる』と定《き》めて置《お》かなければならぬ、現《げん》に我《わ》が會員中《くわいゐんちう》の某君《ぼうくん》が曾《かつ》て叉手觀念法《さしゆくわんねんはふ》を行《おこな》ふ時兩方《ときれうはう》の手《て》の指《ゆび》と指《ゆび》とがシツカリ喰込《くひこ》んだ様《よう》にクツツイた儘《まゝ》、自分《じぶん》では勿論《もちろん》、誰《たれ》が力《ちから》を加《くは》へても引離《ひきはな》す事《こと》が出來《でき》なくなつて、泣《なく》〳〵出京《しゆつけう》して本院《ほんゐん》に至《いた》り講師《こうし》から解いて貰《もら》つた事《こと》がある（寧《むし》ろ觀念法《くわんねんはふ》の練習《れんしう》も茲迄《こゝまで》になれば甘《うま》いもので、精神《せいしん》の力《ちから》一つで肉《にく》體《たい》を自由自在《じゆうじざい》に改造《かいぞう》する事《こと》が出來《でき》る）――之《こ》れは最初觀念《さいしよくわんねん》を定《さだ》める時《とき》に手《て》を解《と》く事《こと》の觀念《くわんねん》を忘《わす》れて仕舞《しま》つたので『離《はな》れない』と云《い》ふ觀念許《くわんねんはか》りの時不意《ときふい》に思《おも》ひついて急《きう》に離《はな》さうとしたから離《はな》れなかつたので『これは大變《たいへん》だ』と思《おも》ふと同時《どうじ》に強迫觀念《けうはくくわんねん》（潛在意識中《せんざいいしきちう》の一種《しゆ》）が湧《わ》いて來《き》て自分《じぶん》の知《し》らぬ腹《はら》の中《なか》の蟲《むし》が動《うご》かさなくして仕舞《しま》つ、たのである。

之等《これら》は一つの滑稽《こつけい》な一小例《せうれい》ではあるけれ共《ども》、併《しか》し又《また》一面《めん》に於《おい》て觀念法《くわんねんはふ》の養成練習《やうせいれんしう》も玆迄至《こゝまでいた》らなければならぬが、仲々容易《なかなかようい》の事《こと》では無《な》い、始《はじ》めの内《うち》は誰《たれ》でも馬鹿《ばか》らしい様《やう》にしか思《おも》はれぬが、誰《たれ》でも練習《れんしう》さへすれば出來《でき》る自己心身改善法《じこしんしんかいぜんはふ》の第《だい》一歩《ぽ》である、何《ど》うか屁理窟《へりくつ》は後《のち》にして苦心《くしん》の修業《しふげふ》を積《つ》んで貰《もら》ひたい、前《まへ》の小例《せうれい》でも分《わか》るけれ共《ども》、觀念《くわんねん》を定《さだ》むる時《とき》は必《かなら》ず精神《せいしん》の統《とう》一された時《とき》で無《な》くてはならぬ、同時《どうじ》に觀念《くわんねん》の順序《じゆんじよ》を正《たゞ》しくすべき事《こと》が肝《かん》要《よう》である、假《かり》に上巻座式靈動法《ぜうくわんざしきれいどうはふ》の部《ぶ》の如《ごと》きを引例《いんれい》して云《い》ふならば、觀念《くわんねん》の順序《じゆんじよ》をゴタ〱混亂《こんらん》させて『合掌《がつせう》が眼《め》の直前《すぐまへ》で止《と》まる……イヤ忘《わす》れた手《て》を急《きふ》に下《さ》げただけではいけなかつたんだ……段々下《だんだんさ》がらなければいけないんだ……イヤ靈動《れいどう》を先《さき》にしなければならぬ……イヤ靈動《れいどう》は其後《そののち》だつたかしらん』と云《い》つた風《ふう》に順序《じゆんじよ》が混亂《こんらん》しては何《なん》にもならぬから、最初觀念法《さいしよくわんねんはふ》を行《おこな》はんとする時《とき》にキチンと順序《じゆんじよ》を定《さだ》め其《そ》の順序《じゆんじよ》に從《したが》つてやらねばならぬ。

（上巻座式靈動法の部乙參照）頭《あたま》の中《なか》の順序《じゆんじよ》が一の次《つぎ》に三に移《うつ》たり三から五に移《うつ》つて又《また》二に戻《もど》つたりしてはならぬ、必《かなら》ず迷《まよ》ふ事《こと》なく順序《じゆんじよ》を第《だい》一、第《だい》二、第《だい》三、第《だい》四、第《だい》五と云《い》ふが如《ごと》く正《たゞ》しく踏《ふ》まなければならぬ。

之《こ》れが即《すなは》ち潜在意識《せんざいいしき》の誘導法《ゆうどうはふ》即《すなは》ち觀念法《くわんねんはふ》の練習《れんしう》である、練《ね》るに連《つ》れ摩訶不思議《まかふしぎ》の力《ちから》を生《せう》じ肉體改造《にくたいかいぞう》の變化《へんくわ》、例《たと》へば安眠《あんみん》を得《え》ぬ不《ふ》眠病者《みんびやうしや》も就寢《しうしん》に際《さい》し『深呼吸數《しんこきつすう》二十の終《をは》る時快《ときこゝろ》よき熟睡《じゆくすい》に入《い》る』と觀念《くわんねん》すれば、知《し》らずして自分《じぶん》は安眠《あんみん》の境地《けうち》に入《い》り、消化不良者《せうくわふれうしや》が『胃《い》が活動《くわつどう》して消化力旺盛《せうくわりよくおうせい》になる』と觀念《くわんねん》すれば知《し》らずして胃《い》は活《くわつ》動《さう》を始《はじ》めて食慾増進《しよくよくぞうしん》し、半身不隨《はんしんふずい》の中風《ちうふう》が『觀念法《くわんねんはふ》を行《おこな》ふ毎《ごと》に手足《てあし》の血行《けつこう》が盛《さか》んになつて死《し》んだ神經《じんけい》が生《い》きて來《き》て少《すこ》しづつ手足《てあし》が動《うご》き出《だ》す』と觀念《くわんねん》すれば、やがて肉體《にくたい》も觀念通《くわんねんどほ》り改造《かいぞう》されて行《ゆ》くのである、或《あ》る禪宗《ぜんしう》の傑《けつ》僧《そう》が癩病《らいべう》の爲《た》めくづれかけた自分《じぶん》の肉體《にくたい》を經文《けうもん》の力《ちから》を以《もつ》て防《ふせ》ぎ止《と》めて見《み》せると豪語《ごうご》して、遂《つひ》に完全《くわんぜん》な肉體《にくたい》に復《ふく》した等《など》の例《れい》は決《けつ》して經文《けふもん》の功徳《くどく》のみによるものでは無《な》く平常《へいぜう》の座禪《ざぜん》の爲《た》めに知《し》らずして養成《やうせい》された（經文《けふもん》の功《く》徳《とく》で治《なほ》ると云《い》ふ潜在確信《せんざいかくしん》）觀念力《くわんねんりよく》に外《ほか》ならぬのである、織田信長《おだのぶなが》の暴擧《ばうきよ》の爲《た》めに燒拂《やきはら》はれんとする山門《さんもん》の樓《ろう》に立《たち》て莞爾《くわんじ》として「心頭《しんとう》を滅却《めつきやく》すれば火《ひ》も亦涼《またすゞ》し」と豪語《ごうご》しながら從容火中《せうようくわちう》に入《い》りたる國川僧《こくせんそう》の如《ごと》き或《ある》ひはさる日蓮宗《にちれんしう》の高僧《かうそう》が燒鍋《やけなべ》をかぶせられ平然自若《へいぜんじじやく》たりしが如《ごと》きは皆好個《みたこうこ》の例《れい》である、斯《か》くの如《ごと》く觀念《くわんねん》を善用《ぜんよう》すれば何うでも肉體《にくたい》を改造《かいぞう》し得《う》ると共《とも》に之《これ》を惡用《あくよう》すれば矢張《やは》り反對《はんたい》に肉體《にくたい》を破壞改惡《はくわいかいあく》する事《こと》もある、一代《だい》の名醫《めいい》と稱《せう》せられた青山博士《あをやまはかせ》が晩年病氣《ばんねんべうき》になつた時《とき》に自分《じぶん》で自分《じぶん》の身體《からだ》を檢診《けんしん》して病勢《べうせい》を計《はか》り脈《みやく》を檢《けん》して『此病氣《このべうき》で此《こ》の食慾《しよくよく》で此熱《このねつ》と脈《みやく》ならば自分《じぶん》の命《いのち》はモウアト何日《なんにち》と何時間《なんじかん》しか保《たも》たぬ』と見極《みきは》めて自分《じぶん》で自分《じぶん》の運命《うんめい》を定《き》めて仕《し》舞《ま》つた爲《た》めに、名醫《めいい》だけに確信《かくしん》があればある程《ほど》自分《じぶん》で治《なほ》らぬと極《き》めた表面意識《へうめんいしき》と自己《じこ》の意識《いしき》せざる確信《かくしん》（潜在《せんざい》意識《いしき》）とが双方相合《さうはうあひあ》つて果《はた》せるかな博士《はかせ》は自分《じぶん》で豫言《よげん》した日時《にちじ》に逝去《せいきよ》されたのである、當時新聞《たうじしんぶん》などでは『流石《さすが》は名博士《めいはかせ》だ、エライものだ』と賞《ほめ》たてたものである、之等《これら》は馬鹿氣《ばかげ》切《き》つた觀念《くわんねん》の惡用《あくよう》である、又神經衰弱《またしんけいすいじやく》に惱《なや》む不眠病者等《ふみんびやうしやなど》が就眠《しうみん》の際表面意識《さいへうめんいしき》では『眠《ねむ》る』と極《き》めて寢《しん》についても無意識《むいしき》の間《あひだ》に腹《はら》の中《なか》の蟲《むし》が『眠《ねむ》れない』と定《き》めて居《ゐ》るから其強迫觀念《そのけうはくくわんねん》の爲《た》め『眠《ねむ》らう』とあせればあせる程眠《ほどめ》は冴《さ》え心《こゝろ》は澄《す》んで眠《ねむ》れなくなる等《など》の例《れい》もある、或《ある》ひは多《おほ》くの胃腸病者《いてうべうしや》が『自分《じぶん》の病氣《べうき》は慢性《まんせい》だ』と勝手《かつて》に定《き》めて仕舞《しま》ふが爲《た》めに初期《しよき》の輕《かろ》い胃腸病者《いてうべうしや》が自分自身《じぶんじしん》の慢性胃腸病《まんせいいてうべう》を作《つく》りあげて仕舞《しま》ふ事等《ことなど》は澤山《たくさん》の事例《じれい》がある（胃腸病《いてうべう》、心臟病《しんぞうべう》、肺結核《はいけつかく》の患者等《くわんじやなど》の大部《だいぶ》分即《ぶんすなは》ち十中《ちう》の八九迄《まで》は自《みづか》ら作《つく》つて重症《じうせう》に陷《おちい》つて居《ゐ》る）殊《こと》に「打身《うちみ》」や等《など》で一度痛《いた》い目《め》に會《あ》つた人《ひと》の潜在意識《せんざいいしき》は妙《めう》に覺《おぼえ》て居《ゐ》て時候《じこう》の變《かは》り目毎《めごと》に知《し》らずして再發《さいはつ》する事《こと》があるが之等《これら》も最初局處《さいしよきよくしよ》には何等《なんら》の變化發熱《へんくわはつねつ》なきに拘《かゝ》はらずやがて潜在意識《せんざいいしき》が發熱《はつねつ》を誘導《ゆうどう》し血行《けつこう》を妨《さまた》げて局部《きよくぶ》に惡症狀《あくせうぜう》を呈《てい》さしむる事《こと》が多《おほ》い。

肉體上《にくたいぜう》に及《およ》ぼす觀念力《くわんねんりよく》は右《みぎ》の如《ごと》くであるけれ共精神上《どもせいしんぜう》に及《およ》ぼす觀念力《くわんねんりよく》も矢張《やは》り同一《どう》である、好《す》きなものを嫌《きらひ》にし、嫌《きらひ》なものを好《す》きにするのも薄志弱行《はくしじやくこう》を勤行努力《こんぎやうどりよく》に變《か》へたり、輕卒《けいそつ》を愼重《しんてう》に、小膽《せうたん》を大膽《だいたん》に、倦怠《けんたい》を勤勉《きんべん》に向上《かうぜう》せしむる等《など》は觀念法《くわんねんはふ》の練習《れんしう》を積《つ》んだ人《ひと》には朝飯前《あさめしまへ》の仕事《しごと》である、殊《こと》に過去《くわこ》に於《お》けるすべての『習慣《しうくわん》性《せい》』と云《い》ふものなどは盡《ことごと》く自分《じぶん》には分《わか》らぬ腹《はら》の中《なか》の蟲《むし》（潜在意識《せんざいいしき》）の記憶的仕事《きおくてきしごと》であるから日常《にちぜう》の惡習慣《あくしうくわん》に惱《なや》ませらるゝ人々《ひとびと》は宜《よろ》しく觀念法《くわんねんはふ》を以《もつ》て根本《こんぽん》より腹《はら》の中《なか》の蟲《むし》を一掃《そう》して更《さら》に新《あら》たな善《よ》い蟲《むし》を繁殖《はんしよく》させねばならぬ精神陶冶《せいしんたうや》の良方法《れうはうはふ》としては先《ま》づ第《だい》一に確《しか》と矯正《けうせい》すべき惡癖《あくへき》又《また》は向上《かうぜう》せしむべき目的《もくてき》を胸《むね》に刻《きざ》みつけ「斯《か》うすれ

ば治《なほ》る」「斯《か》うすれば向上《かうぜう》する」との觀念《くわんねん》の下《もと》に靜座《せいざ》腹式呼吸《ふくしきこきふ》を行《おこな》ひながら靈動《れいどう》を起《おこ》して目的《もくてき》を順序《じゆんじよ》よく意識《いしき》（半無我《はんむが》の境《けう》に於《おい》て）して居《を》れば宜《よ》い、殊《こと》に初學《しよがく》の士《し》は、床《とこ》の間《ま》又《また》は自分《じぶん》の前《まへ》に目的《もくてき》の要項《えうこう》を明瞭《めいれう》に書《か》き付《つ》けて之《これ》に對《たい》して觀念法《くわんねんはふ》を行《おこな》ひながら一切《さい》の邪氣《じやき》を拂《はら》つて靜座《せいざ》靈動《れいどう》して居《を》つても宜《よ》い、又《また》は心中《しんちう》の觀念《くわんねん》を定《さだ》むると共《とも》に自《みづか》ら言葉《ことば》を發《はつ》して行《おこな》ふのも宜《よ》いものである、例《たと》へば胃腸病者《いてうべうしや》が胃《い》を丈夫《ぜうぶ》にしやうと思《おも》ふならば『胃《い》の內壁《ないへき》が強靱《けうじん》になつて、消化力《せうくわりよく》が旺盛《おうせい》に、食慾《しよくよく》が增進《ぞうしん》する』と云《い》ふ樣《やう》な意味《いみ》の言葉《ことば》を繰返《くりかへ》しながら、靈動《れいどう》しつつある兩手《れうて》を以《もつ》て局部局所《きよくぶきよくしよ》を按撫《あんぶ》又《また》は叩《たゝ》くのも妙《めう》である。殊《こと》に頭重《づおも》、頭痛《づつう》の人《ひと》、肩《かた》のこる人《ひと》、胸《むね》の重苦《おもく》るしき人《ひと》、全身倦怠疲勞《ぜんしんけんたいひろう》の人等《ひとなど》は觀念法《くわんねんはふ》と共《とも》に盛《さか》んに靈動《れいどう》を起《おこ》しながら靈動《れいどう》の手《て》を以《もつ》て局所局所《きよくしよきよくしよ》を按撫叩打《あんぶこうだ》すれば痛《いた》みは忽《たちま》ちにして消散《せうさん》する事霧《ことぎり》の晴《は》るるが如《ごと》くである、論《ろん》より證據御實驗《せうここじつけん》あれ。**但し不攝生は斷じて戒めなければ何にもならない。**

觀念法應用

養成《やうせい》せられたる自己《じこ》が一點《てん》に集中《しうちう》する時《とき》は獨《ひと》り自己《じこ》の身心《しんしん》を改善《かいぜん》するのみならず無機《むき》の他物《たぶつ》（生命《せいめい》なきものをも）動《うご》かし得《う》るのである、殊《こと》に初學者《しよがくしや》の驚異《けうい》する諸靈術上《しよれいじゆつぜう》の奇術的《きじゆつてき》な實驗《じつけん》も多少《たせう》は觀念法《くわんねんはふ》に基《もと》づくものであると云《い》ふ事《こと》も云《い》へぬでも無《な》い、いでや諸君《しよくん》が駭目《がいもく》する――諸大家《しよたいか》連中《れんちう》がコケ威《おど》しに實驗《じつけん》する否《いな》彼等《かれら》が之《これ》を以《もつ》て金科玉狀《きんくわぎよくぜう》と心得會員募集《こゝろえくわいゐんぼしう》の客呼大看板《きやくよびおほかんばん》にする――靈術奇法類《れいじゆつきはふるい》の秘傳《ひでん》を詳解《せうかい》しやう。

(但何處の講習も敎へるのは多くは此中の數種に限られて居る)

唯茲《たゞこゝ》に初學《しよがく》の人《ひと》に御斷《おことわ》りして置《お》きたい事《こと》は以下《いか》左《さ》に掲《かゝ》ぐる奇法《きはふ》の如《ごと》きは一度《ど》やつて見《み》れば何人《なんぴと》(女《をんな》でも子供《こども》でも)出來得《できう》ることであるから有志《ゆうし》の人《ひと》は決《けつ》して疑《うたが》ふ事無《ことな》く怪《あや》しむ事無《ことな》く躊躇《ちうちよ》なくして御實驗《ごじつけん》を願《ねが》ひたい、本講《ほんこう》習錄《しうろく》に於《おい》て詳述《せうじゆつ》してある通《とほ》りに實行《じつこう》すれば如何《いか》なる初心《しよしん》のものと云《い》へ共易々《どもやすく》として實行《じつこう》し得《う》るものであつて、斷《だん》じて怪我《けが》もしなければ血《ち》も出《で》ない事《こと》を茲《こゝ》に確《しか》と明言《めいげん》して置《お》く、但《たゞ》し斯《か》かる下《くだ》らぬ諸法《しよはふ》は何等精神修養《なんらせいしんしうやう》には資《し》するに足《た》らぬ事故《ことゆゑ》――強《し》いて云《い》へば觀念《くわんねん》の力《ちから》が肉體《にくたい》を支配《しはい》すると云《い》ふことの小證明位《せうせうめいぐらい》のものである――強《し》いて御勸《おすゝ》めはせぬ、諸靈法《しよれいはふ》の研究《けんきう》はこんな馬鹿氣《ばかげ》た事《こと》を以《もつ》て目的《もくてき》としては居《を》らぬ。

(イ)口中焰火法 『燃《も》え立《た》つて居《ゐ》る火《ひ》を口中《こうちう》に入《い》れる』と云《い》へば知《し》らぬ人《ひと》は驚《ちどつ》くかも知《し》らぬが、行《や》つて見《み》れば何《なん》でもない、先《ま》づ蠟燭《らうそく》に火《ひ》をつけて(又《また》はマッチ棒《ぼう》)口《くち》をウント大《おほ》きく開《ひら》いて其中《そのなか》へ右《みぎ》の火《ひ》を入《い》れて熱《あつ》くなる迄《まで》置《お》いて出《だ》せば宜《よ》い、コンナ事《こと》は殆《ほとん》ど『熱《あつ》くない』と云《い》ふ觀念《くわんねん》すら要《い》らない事《こと》で三歳《さい》の子供《こども》にも出來《でき》るもので誰《たれ》がやつても熱《あつ》くも無《な》ければ火傷《やけど》もしないのである、却《かへつ》て觀《み》て居《ゐ》る人《ひと》の方《はう》が驚《おどろ》くかも知《し》れぬが大概《たいがい》の靈術《れいじゆつ》の奇法《きはふ》は皆此《みなこ》の類《るい》であるから、物好《ものず》きな人《ひと》は安心《あくしん》して以下《いか》の諸法《しよはふ》を行《や》つて見《み》るが宜《よ》い。

(ロ)掌中焔火術　自分《じぶん》の掌《てのひら》又《また》は腕《うで》に『ウム』と力《ちから》を入《い》れ腹《はら》の中《なか》で『熱《あつ》く無《な》い、火傷《やけど》しない』と觀念《くわんねん》しながら蠟燭《らうそく》の火先《ひさき》を掌《てのひら》又《また》は腕《うで》にかざすのである、訓練《くんれん》された觀念《くわんねん》の力《ちから》によれば不思議《ふしぎ》に熱《あつ》くない、火傷《やけど》もしない、但《たゞ》し堪《た》え切《き》れなくなれば止《や》めて下腹《したはら》と腕《うで》に力《ちから》を入《い》れながら『エイツ』と一喝《かつ》の氣合《きあひ》を掛《か》けるのである。

(ハ)火喰術　火《ひ》を喰《く》ふには杉《すぎ》の木《き》の火《ひ》が一番《ばん》熱《あつ》くない、此《こ》の法《はふ》も矢張《やは》り『熱《あつ》くない』との觀念《くわんねん》の下《もと》に歯《は》に力《ちから》を入《い》れて支《さゝ》へて居《を》れば熱《あつ》いものでは無《な》い、其《その》うちに口中《こうちう》から唾液《だえき》が出《で》て來《く》るから見物人《けんぶつにん》には分《わか》らないが唾液《だえき》の爲《た》めに火《ひ》は段々《だん〴〵》消《き》えて仕舞《しま》ふから其頃《そのころ》を見計《みはか》らつて喰《た》べるのである、細長《ほそなが》い紙《かみ》に火《ひ》をつけて段々《だん〴〵》端《はじ》の方《はう》から喰《た》べる様《やう》に見《み》せる事等《ことなど》は更《さら》に易《やす》い事《こと》である、何《いづ》れにせよ觀念《くわんねん》の力《ちから》を必要《ひつえう》とするのは勿論《もちろん》であるけれ共《ども》、熟練《じゆくれん》すれば改《あらた》まつて觀念《くわんねん》を定《さだ》めずとも習慣《しうくわん》又《また》は經驗《けいけん》と云《い》ふ潜在意識《せんざいいしき》が「火傷《やけど》せぬ、熱《あつ》く無《な》い」と云《い》ふ事《こと》を知《し》つて居《を》るから宜《よ》い、殊《こと》に火《ひ》を扱《あつか》ふ時《とき》は觀念《くわんねん》の力《ちから》が強《つよ》ければ強《つよ》い程手際《ほどてぎは》よく行れるものである、これは何故《なぜ》かと云《い》ふのに元來火傷《がんらいやけど》と云《い》ふ現象《げんぜう》は潜在心理《せんざいしんり》から起《おこ》る事《こと》が屢々《しば〳〵》でハツと驚《おどろ》いた刹那《せつな》に神經《しんけい》が働《はたら》いて細胞《さいはう》に變化《へんくわ》を起《おこ》して火傷《やけど》と云《い》ふ生理作川《せいりさよう》を生《せう》ずる事《こと》か多《おほ》い（死《し》者《しや》又《また》氣《き》絶者《ぜつしや》に灼火《たいまつ》を觸《ふ》れても焦《こ》げるには焦《こ》げても火傷《やけど》を生《せう》ぜぬ場合《ばあひ》が多《おほ》いのを見《み》ても分《わか》る）からすべて火《ひ》を扱《あつか》ふ實驗《じつけん》には火傷《やけど》の第《だい》一原因《げんいん》たる恐怖心《けうふしん》を去《さ》つて「鐵火《てつくわ》を摑《つか》んでも熱《ねつ》湯《とう》を注《そゝ》いでも火傷《やけど》しない」と云《い》ふ觀念《くわんねん》が無《な》ければならぬ、幾分《いくぶん》でも其觀念《そのくわんねん》があれば熱湯術《ねつとうじゆつ》、鐵火術《てつくわじゆつ》の如《ごと》き平凡《へいぼん》な事《こと》に火傷《やけど》等《など》するわけが無《な》い、決《けつ》して人間《にんげん》の身體《しんたい》に二通《とほ》りは無《な》いから人《ひと》のする事《こと》ならば方法《はうはふ》さえ分《わか》れば誰《たれ》にでも出來《でき》るのである。

(ニ)鐵火術　長《なが》さ二三尺《じやく》、直經《ちよくけい》五分《ぶ》乃至《ないし》一寸位《すんぐらゐ》の鐵棒《てつぼう》の先端《せんたん》七八寸《すん》を炭火《すみび》又《また》は石炭《せきたん》の火《ひ》で眞赤《まつか》に灼熱《しやくねつ》させ、左《さ》方《はう》の手《て》に熱《あつ》くない根元《ねもと》の方《はう》を握《にぎ》り、腹力《ふくりよく》を充實《じうじつ》させながら『エイツ』の一喝《かつ》と共《とも》に右方《うはう》の手《て》で輕《かろ》くスーツト手早《てばや》く扱《こ》くのである、二三回《くわい》は繰返《くりかへ》してやつても決《けつ》して火傷《やけど》はしないものである(表皮《へうひ》だけは多少《たせう》焦《こが》るが決《けつ》して熱《あつ》くは無《な》い)十數年前《すうねんぜん》に蟇仙人《がませんにん》の片田《かただ》源《げん》七が本郷座《ほんがうざ》で滿都《まんと》の人《ひと》を駭目《がいもく》させたのも之《こ》れである。(ホンの瞬間《しゆんかん》に扱《こ》くのである)

(ホ　熱湯術　鐵瓶《てつびん》でも土瓶《どびん》でも宜《よ》い、湯《ゆ》をグラ〳〵煮《に》え立《た》たせ一方《ぱう》の手《て》に之《これ》を持《も》ち一方《ぱう》の掌《てのひら》に凹《くぼ》みを作《つく》つて緊張《きんちやう》せる腹《はら》に力《ちから》を充《み》たしエイツの一聲《せい》と共《とも》に熱湯《ねつたう》をこぼして手早《てばや》く飲《の》むのである、行《や》れば誰《たれ》でも出來《でき》るが萬《まん》一初學《しよがく》にて疑問《ぎもん》の士《し》は最初《さいしよ》百度以下《どいか》の熱湯《ねつとう》で練習《れんしう》して見《み》るが宜《よ》い思《おも》ひ半《なかば》に過《す》ぎるものがあるだろふ、奇《き》も無《な》ければ不思議《ふしぎ》も無《な》い、誰《たれ》にでも出來《でき》る事《こと》であるから恐怖心《けいふしん》も去《さ》るで有《あ》らう、但《たゞ》し中途《ちうと》で熱《あつ》いと思《おも》つて手《て》の力《ちから》を拔《ぬ》いては不可《いか》ぬ。

(ヘ)火渡術　古來《こらい》行者《ぎやうじや》が神前《しんぜん》で行《おこな》ふた方法《はうはふ》であつて、神《かみ》の力《ちから》を借《かり》て火《ひ》を縮《しめ》て火傷《やけど》させぬと云《い》ふのであるが、文明《ぶんめい》の今日敢《こんにちあへ》て神《かみ》の力《ちから》を借用申《しやくようまう》す迄《まで》も無《な》い前述《ぜんじゆつ》の熱湯術《ねつとうじゆつ》よりも易々《いゝ》たる事《こと》である、然《しか》るに今日相當大家《こんにちさうとうたいか》と云《い》はるゝ靈術家《れいじゆつか》も未《いま》だ此法《このはふ》のみは餘《あま》り實行吹聽《じつこうふいちやう》せぬ樣《やう》であるが、之《こ》れとても行《や》つて見《み》れば何《なん》でも無《な》い、方法《はうはふ》は先《ま》づ火《ひ》渡《わた》りの長《なが》さに應《おう》じて一二寸《すん》の厚《あつ》さに藁《わら》を敷《し》き、其《そ》の上《うへ》に長《なが》さ一丈内外《ぜうないぐわい》の木《き》を二本平行《ほんへいこう》に横《よこ》たへ更《さら》に其《そ》の上《うへ》に薪《まき》（初心者《しよしんしや》は杉又《すぎまた》は松《まつ》が宜《よ》い）一本並《ぽんなら》べに並《なら》べて相當火勢《さうとうくわせい》を強《つよ》める爲《ため》に上《うへ》から石油《せきゆ》を打《う》ちかける（石油《せきゆ》は多《おほ》く下敷《したじき》の藁《わら》に）斯《か》うしたものへ點火《てんくわ》して炎々《えん〳〵》と燃《も》え立《た》つ頃《ころ》を見計《みはか》らつて跣《はだし》の儒尻《きしり》をからげて渡《わた》るのである、此際《このさい》薪《まき》が角張《かくば》つて居《ゐ》ると其《そ》の爲《ため》に足《あし》が痛《いた》んで渡《わた》りにくい事《こと》があるから薪《まき》はなるべく圓《まる》いものを撰《えら》んで點火前《てんくわぜん》に一度《ど》渡《わた》つて見《み》て足《あし》の痛《いた》むのがあつたならば取《と》り換《かへ》た方《はう》が宜《よ》い、之《こ》れは全《まつた》く自分《じぶん》で何回《なんくわい》も火渡《ひわた》りを行《おこな》つたものでなければ知《し》らない事《こと》で且《か》つ行者等《ぎやうじやら》が容易《ようい》に話《はな》さない秘傳《ひでん》である、右《みぎ》の通《とほ》りにしてグン〳〵と渡《わた》れば誰《だれ》でも出來《でき》るが行者等《ぎやうじやら》は「淸《きよ》め」と稱《せう》して火《ひ》の炎《ほのほ》の上《うへ》から盛《さかん》に鹽《しほ》を撒《ま》いて火熱《くわねつ》を弱《よわ》めるが其《そ》んな事《こと》をすれば子供《こども》でも渡《わた》れる道理《どうり》である、仲々巧《なか〳〵うま》い事《こと》を考《かんが》へたものである。

（ト）探湯術　グラ〳〵煮《に》え立《た》つ釜《かま》の中《なか》に茶椀《ちやわん》の樣《やう》なものを落《おと》して置《お》いて之《こ》れを拾《ひろ》ひあげるのである、此場合《このばあひ》釜《かま》の中《なか》の湯《ゆ》が餘《あま》り深過《ふかす》ぎて中《なか》の茶椀《ちやわん》を探《さぐ》るのに見當《けんとう》の附《つ》かぬ樣《やう》な事《こと》をしてはいけぬ、初心者《しよしんしや》は湯《ゆ》の深《ふか》さを三寸《ずん》内外《ないぐわい》に止《と》めて置《お》くが宜《よ》い、例《れい》の觀念《くわんねん》と共《とも》に腹力《ふくりよく》を充實《じうじつ》させて「エイッ」の一聲《こゑ》と共《とも》に手早《てばや》く取《と》り出《い》だすのだか

ら譯《わけ》の無《な》い事《こと》である、行者等《げうじやら》は一旦《たんに》煮え立《た》たせた湯《ゆ》を『淸《きよ》め』と稱《せう》しながら笹《さゝ》の葉《は》で何遍《なんべん》も〳〵搔《か》きまぜてからに行《や》るのである。

（チ）刺針術　是《こ》れが矢張《やはり》一種《しゆ》のコケ威《おど》し靈術《れいじゆつ》であるが行《おこな》ふ人自《ひとじ》身《しん》は痛《いた》くも痒《かゆ》くも何共《なんとも》ない、例《れい》によつて『痛《いた》くない血《ち》も出《で》ない』といふ觀念《くわんねん》と共《とも》に腹力《ふくりよく》を充實《じうじつ》させながら、右《みぎ》の方《はう》の手《て》に長《なが》さ五寸位《すんぐらゐ》の帽子《ぼうし》ピンを持《も》つて左手《ひだりて》を伸《の》ばし腕《うで》の眞中《まんなか》へ思《おも》ひ切《き》つて迅速《じんそく》に刺《さ》し通《とほ》して尖端《せんたん》を腕《うで》の反對《はんたい》の方迄突出《はうまでつきだ》すのである、最初皮《さいしよかは》を突《つ》く時《とき》だけが一寸痛《つといた》い様《よう》な感《かん》じがするけれ共中《どもなか》へ通《とほ》つてからは決《けつ》して痛《いた》く無《な》い、殊《こと》に素早《すばや》くグッと刺《さ》すのだから『痛《いた》い』と思《おも》ふ間《ま》もない位《くらゐ》であつて刺《さ》し通《とほ》して仕舞《しま》へばピンの兩端《れうたん》へ糸《いと》を吊《つる》して藥鑵位《やくわんぐらゐ》の重量《じうれう》のものを掛《か》けてブンブン振《ふ》り廻《まは》しても其《そ》れ程痛《ほどいた》くは無《な》い、又血管《またけつくわん》は觀念《くわんねん》と刺戟《しげき》とによつて收縮《しうしゆく》されるから血《ち》も出《で》ない、之《こ》れが所謂不《いはゆるふ》死身《じみ》（不壞身）とか『切《き》られても刺《さ》されても血《ち》の出《で》ぬ法《はふ》』等《など》と大法螺《おほぼら》を吹《ふ》き立《た》てる無《む》痛刺《つうし》針術《しんじゆつ》の種明《たねあか》しである、モシ又此《またこ》の外《ほか》に全《まつた》く切《き》られて血《ち》の出《で》ぬ様《よう》な重寶《てうはう》な靈術《れいじゆつ》があるならば、本院主元自《ほんいんしゆげんみづか》ら進《すゝ》んで鋭刀《えいとう》一閃《せん》御《お》見《み》舞《まひ》申《まう》して眞僞《しんぎ》を試《ため》して見《み》やうと思《おも》ふ呵々《かゝ》、刺針術《ししんじゆつ》も段々觀念《だん〴〵くわんねん》が強《つよ》くなれば疊針位《たゝみはりぐらゐ》刺《さ》されても平氣《へいき》である又頬《またほゝ》でも鼻《はな》でも耳《みゝ》でも急所以外《きうしよいぐわい》の部分《ぶぶん》ならば何處《どこ》へ刺《さ》しても同《おな》じ事《こと》である、何《ど》うしても恐《こわ》い様《よう》な氣《き》がして實行出來《じつこうでき》ぬ人《ひと》は練習《れんしう》として或《ある》一物《ぶつ》に眼《め》を注《そゝ》いで注意《ちうい》を凝集《ぎうしう》してウンと他人《たにん》に腕《うで》でも足《あし》でも抓《つね》らせていくら抓《つね》られても左程《さほど》に痛《いた》くない迄《まで》になつたら行《や》つて見《み》るが宜《よ》い、出血《しゆつけつ》を心配《しんぱい》する人《ひと》もあるが醫者《いしや》から皮下《ひか》注射《ちうしや》をして貰《もう》つても決《けつ》して出血《しゆつけつ》せぬと同様《どうよう》であるから決《けつ》して恐怖《けうふ》しては不可《いか》ぬ、もし出血《しゆつけつ》したと云《い》ふ人《ひと》があれば恐怖《けうふ》の爲《ため》に潜在意識《せんざいいしき》が生理《せいり》作用《さよう》を起《おこ》さしめて出血《しゆつけつ》させるのである、兎《と》に角思《かくおも》ひ切《き》つてグツト刺《さ》し通《とほ》す事《こと》が秘傳《ひでん》である

(リ)金剛力法

静座腹式呼吸法《せいざふくしきこきうはふ》、靈動術《れいどうじゆつ》、觀念法《くわんねんはふ》により養成《やうせい》すれば握力《あくりよく》を倍《ばい》に、腹力《ふくりよく》を數倍《すうばい》ならしめ從《したが》つて腕力《わんりよく》の増進《ぞうしん》する事《こと》は驚《おどろ》くべきものがある、之《こ》れは經驗《けいけん》した者《もの》は一様《よう》に口《くち》を揃《そろ》へて云《い》ふ所《ところ》であるが、普通心身《ふつうしんしん》の鍛錬《たんれん》を看板《かんばん》に掲《かゝ》ぐる「靈術家《れいじゆつか》」の云《い》ふ金剛力《こんごうりき》と云《い》ふものは前述《ぜんじゆつ》の如《ごと》き根本的《こんぽんてき》に養成《やうせい》された「力《ちから》」では無《な》く誰《た》れにでも――全然靈術《ぜん〴〵れいじゆつ》の本《ほん》一頁《ぺいじ》讀《よ》まぬ人《ひと》にも出來得《できう》る事《こと》であるにも拘《かゝは》らず、コケ威《おど》しの客呼《きやくよ》びに『金剛力《こんごうりき》を得《え》せしむ』等《など》と云《い》ひながら、腹《はら》の上《うへ》に二三人《にん》を乘《の》せて見《み》せたり、二本指《ほんゆび》で人《ひと》を持上《もちあ》げたりして見《み》せるのである、眞《しん》の金剛力《こんごうりき》とは其《そ》んな馬鹿氣《ばかげ》たものではない、又《また》五日《か》や十日《か》の講習《こうしう》で眞《しん》の金剛力《こんごうりき》が得《え》らるゝならば――手品《てじな》の種《たね》無《な》しに二本指《ほんゆび》で大《だい》の男《をとこ》を持上《もちあ》げられる様《よう》になるならば誰《たれ》でも講習《こうしう》さへ受《う》ければ天下《てんか》の横綱位《よこづなぐらゐ》にはなれそうなも

のだが悲《かな》しい事《こと》に誰《たれ》一人《り》未《いま》だ其《そ》れは出來《でき》ぬ、然《しか》るに講習《こうしう》を受《う》けて二本指《ほんゆび》で人《ひと》を持《も》ち上《あ》げた？講習生自身《こうしうせいじしん》も全《まつた》く『自分《じぶん》は二本《ほん》の指《ゆび》で人《ひと》を持上《もちあ》げる事《こと》が出來《でき》る樣《よう》になつた』と思《おも》ひ又觀《またみ》て居《を》る第《だい》三者《しや》も『アノ人《ひと》は大變力《たいへんちから》が出《で》た二本指《ほんゆび》で人《ひと》を差《さ》し上《あ》げる』と云《い》つて驚《おどろ》くから滑稽《こつけい》では無《な》いか、其《そ》う云《い》へば我《わ》が會員諸君《くわいゐんしよくん》にして斯《か》かる實驗《じつけん》を見《み》た事《こと》のある者《もの》に『だつて二本指《ほんゆび》で人《ひと》を持上《もちあ》げる處《ところ》を見《み》た』と云《い》ふ人《ひと》もある事《こと》と思《おも》ふが諸君《しよくん》、アレは指《ゆび》の力《ちから》では無《な》い指《ゆび》と腕《うで》と肩《かた》との合計力《ごうけいりよく》である――御判《おわか》りになりましたか？、論《ろん》より證據《せうこ》ホントに指《ゆび》で人《ひと》を持上《もちあ》げる力《ちから》があるならば自分《じぶん》は臥《ね》て居《ゐ》て肩《かた》も腕《うで》も借《か》りずにホントの指先《ゆびさき》だけでやつて見《み》れば分《わか》る、然《しか》らば靈術大家諸君《れいじゆつたいかしよくん》が大聲《たいせい》叱呼《しつこ》する「金剛力《こんごうりき》」とは如何《いか》なるものかと云《い》ふに一例《れい》を云《い》ふならば前述《ぜんじゆつ》の「二本指《ほんゆび》で人《ひと》を差《さ》し上《あ》げる力《ちから》」である、持上《もちあげ》んとする甲《かう》は兩手《れうて》の第《だい》二指第《しだい》三指《し》を前方《ぜんぱう》に揃《そろ》へ第《だい》四指第《しだい》五指第《しだい》一指《し》は內側《うちがは》に屈《くつ》し込《こ》み、前述兩手《ぜんじゆつれうて》の第《だい》二指第《しだい》三指《し》を揃《そつ》へて被術者《ひじゆつしや》の踵《きびす》の下《した》に入《い》れる（被術者は踵を持上げ膝に力を入れて眞直ぐに立つて、持上げられても膝がグラツカぬ樣にする、膝がグラツケば持上げ樣としても被術者の身體が折疊まる樣に屈るから駄目である）それから又被術者《またひじゆつしや》を持上《もちあげ》た時被術者《ときひじゆつしや》が前《まへ》へ倒《たふ》れぬ用心《ようじん》の爲《ため》に第《だい》三者即《しやすなは》ち他《た》の人《ひと》から支《さゝ》へて貰《もら》ふべく被術者《ひじゆつしや》の兩手《れうて》の掌《てのひら》を第《だい》三者《しや》の兩手《れうて》の掌《てのひら》で支《さゝ》へしむる樣《よう》に掌《てのひら》と掌《てのひら》を双方《そうはう》で差出《さしだ》して居《ゐ》る、即《すなは》ち被術者《ひじゆつしや》が持上《もちあ》げられ前屈《まへかゞ》みに倒《たふ》れんとするを防《ふせ》ぐ爲《ため》である、斯《か》くして被術者《ひじゆつしや》に踵《きびす》を一寸位上《ちよつとぐらゐあげ》させて其《そ》の下《した》へ兩手《れうて》の第《だい》二指《し》と第《だい》三指《し》を奥深《おくふか》く差《さ》し入れて――右足《みぎあし》の下《した》へ右《みぎ》の手《て》の指《ゆび》を、左足《ひだりあし》の下《した》へ左《ひだり》の手《て》の指《ゆび》を――エイツの一聲《せい》と共《とも》に下腹《したはら》へ力《ちから》を入《い》れて持上《もちあげ》れば樂々《らく〳〵》ズーッと持上《もちあげ》られるものである、被術者《ひじゆつしや》が膝《ひざ》さへ曲《かゞ》めなければ十四五歳《さい》の子《こ》供《ども》にも出來《でき》る事《こと》である、又別圖《またべつづ》の如《ごと》き力《ちから》業《わざ》も何《なん》でも無《な》い事《こと》で上向《うへむ》きに仰臥《あふむけ》して圖《づ》の如《ごと》く膝《ひざ》を曲《ま》げ下腹《したはら》へウムと息《いき》と力《ちから》を充《じう》實《じつ》させれば十一二歳《さい》の子供《こども》でも十三四貫《くわん》のものを載《の》せられるのだから、普通《ふつう》の大《おと》人《な》ならば人間《にんげん》の二人《り》や三人《にん》載《の》せても何《なん》じも無《な》い、論《ろん》より證據《せうこ》疑《うたが》ふものあらば先《ま》づ最初《さいしよ》に練習《れんしふ》の爲《た》め、右《みぎ》の如《ごと》き心得《こゝろえ》を以《もつ》て目方《めかた》の輕《かる》い子供《こども》を載《の》せて試《ため》して漸次《ぜんじ》重《おも》い人《ひと》を載《の》せて習《なら》ふが宜《よ》い、此《こ》の法《はふ》で一番注意《ばんちうい》する事《こと》は恰《あたか》も熱湯術《ねつとうじゆつ》や探湯術《たんとうじゆつ》の際《さい》『熱《あつ》いッ』と思《おも》ふと同時《どうじ》に中途《ちうと》で手《て》の力《ちから》や觀念《くわんねん》の力《ちから》を拔《ぬ》いては不可《いけ》ないと同樣《どうやう》に、『重《おも》い』と思《おも》つて腹《はら》の力《ちから》を拔《ぬ》いては不可《いか》ぬ、決《けつ》して重《おも》いもの

では無《な》いから『ウム』と堪《た》えられるだけ堪《た》えて居《ゐ》なければ、萬《まん》一中途《ちうと》で腹《はら》の力《ちから》を拔《ぬ》くと腹《はら》がグダ〳〵と柔《やはら》かになつて支障《しせう》を來《き》たす事《こと》がある、又兩手《またりうて》で人《ひと》を指上《さしあげ》るには圖《づ》の如《ごと》く腕《うで》を眞直《まつすぐ》に上方《ぜうはう》へのばして、双方《そうはう》の第《だい》一指《し》第《だい》二指《し》を握《にぎ》り合《あは》せて力《ちから》を入《い》れて居《を》れば一人《り》や二人《り》の人《ひと》は平氣《へいき》に載《の》せられるものである、唯此際《たゞこのさい》載《の》せられる方《はう》の人《ひと》が足《あし》をグラツカせてはいけないから誰《たれ》か側《そば》に人《ひと》を置《お》いて其人《そのひと》の肩《かた》につかまりながら乘《の》るか又《また》は壁《かべ》に掌《て》をあてゝ乘《の》る様《やう》にするのである。

（又）各種金剛力法　と稱《せう》するもの丶うちには練習《れんしう》された觀念《くわんねん》の力《ちから》を必要《ひつよう》とするものもあるが、之《これ》とても其れ程《ほど》のものでもない、又手金剛力法《しゆこんごうりきはふ》と云《い》ふのがある、之《こ》れは胸《むね》の前《まへ》で兩方《れうはう》の肘《ひぢ》を曲《ま》げて左右《さゆう》の指《ゆび》と指《ゆび》とを全部《ぜんぶ》深《ふか》く組合《くみあは》せ、肘《ひぢ》と指《ゆび》とに力《ちから》を入《い》れながら『指《ゆび》と指《ゆび》とは緊《かた》くクッツイテ離《はな》れなくなつた、肩《かた》と肘《ひぢ》とは鐵《てつ》の棒《ぼう》になつた』との觀念法《くわんねんはふ》を行《おこな》ひながら左右《さゆう》へ引張《ひつぱ》つて見《み》て――（卽《すなは》ち離《はな》れぬ様《やう》に力《ちから》を入《い》れて引張《ひつぱ》る）――指《ゆび》と指《ゆび》とが密《みつ》着《ちやく》して仕舞《しま》つた様《やう》な氣持《きも》ちになつた時誰《ときたれ》か力《ちから》の弱《よわ》い様《やう》な人《ひと》に『此《こ》の手《て》を兩方《れうはう》へ引張《ひつぱ》つて離《はな》して呉《く》れ』と賴《たの》んで引張《ひつぱ》らせるのであるが容易《ようい》に離《はな》れるものでない、次《つぎ》には相當力《さうとうちから》のある者《もの》にやらせても大丈夫《だいぜうぶ》離《はな》れないものである、方法《はうほふ》の練習《れんしう》が積《つ》めば肉體《にくたい》の方《はう》は潛在意識《せんざいいしき》が働《はたら》いて知《し》らずして力《ちから》が這入《ばい》つて居《ゐ》るから、敢《あへ》て自分《じぶん》が力《りき》んで力《ちから》を入《い》れなくも離《はな》れなくなるもので練習《れんしう》すれば自分《じぶん》より數倍《すうばい》の力《ちから》の人《ひと》がいくら離《はな》さうとして引張《ひつぱ》つても、引張《ひつぱ》らる丶程《ほど》離《はな》れなくなるものである、外《ほか》に又《また》第《だい》一指《し》の先《さき》と第《だい》二指《し》の先《さき》で圓《まる》を作《つく》り『指《ゆび》と指《ゆび》とはクッツイて離《はな》れない』との観念《くわんねん》で其《そ》の圓《まる》を解《と》かせぬ事《こと》を指圓金剛力等《しゑんこんごうりきなど》と稱《せう》して居《ゐ》る力法《はうはふ》もあるが何《いつ》れも同《おな》じ事《こと》である、是等《これら》の事《こと》を『指《ゆび》に金剛力《こんごうりき》を出《だ》す法《はふ》』等《など》と云《い》つて教《おし》える處《ところ》もあるが片腹痛《かたはらいた》い事《こと》であつて決《けつ》して指許《ゆびはか》りの力《ちから》では無《な》い、皆指《みなゆび》と腕《うで》と肩《かた》との合計《ごうけい》された力《ちから》である、中《なか》には『故意《こい》に力《ちから》を入《い》れなくも離《はな》れないのは何《ど》う云《い》ふわけか？』等《など》と愚問《ぐもん》を發《はつ》する人《ひと》もあるが、是等《これら》は観念法《くわんねんはふ》の一歩《ぽ》を知《し》らぬ人《ひと》の云《い》ふ事《こと》であつて、自分《じぶん》「表面意識《へうめんいしき》」は知《し》らないで居《ゐ》ても潜在意識《せんざいいしき》がチヤンと急所《きうしよ》に力《ちから》を入《い》れて居《ゐ》るのである、眞實生理的《しんじつせいりてき》に力《ちから》が這入《はい》つて居《ゐ》ないならば指《ゆび》を交叉《こつさ》して居《ゐ》る事《こと》すら出來《でき》ぬでは無《な》いか、又別《またべつ》に此《こ》の道理《どうり》を反對《はんたい》に應用《おうよう》して輕《かろ》いものを重《おも》く思《おも》はせる事《こと》も出來《でき》るが之等《これら》は各《かく》自《じ》の自發的研究《じはつてきけんきう》に待《ま》つ事《こと》とする。

（ル）鐵曲術　左《ひだり》の手《て》で火《ひ》箸又《はしまた》は小鐵棒《せうてつぼう》の下端《かたん》を確《かた》く握《にぎ》り『動《うご》かぬ』と観念《くわんねん》し右《みぎ》の小指《こゆび》に力《ちから》を入《い》れながら鐵棒《てつぼう》のなるべく先端《せんたん》に引《ひ》つ掛《か》け左手《ひだりて》の第《だい》一指《し》の折《を》り目《め》を見《み》つめながらグーッと曲《ま》げれば苦《く》も無《な》くまがるものである試《こゝろ》みに細《ほそ》いものから練習《れんしう》すれば段々物理的《だん〴〵ぶつりてき》の秘傳《ひでん》にも馴《なれ》て來《く》る、喉頸《のどくび》の部《ぶ》に観念力《くわんねんりよく》を充實《じうじつ》させて之《こ》れに鐵棒《てつぼう》をあてながら『ウム』と後《うし》ろへ折《を》り曲《ま》げるのも同《おな》じ理窟《りくつ》である、唯《たゞ》一言注意《ごんちうい》して置《お》く事《こと》は多《おほ》く靈術《れいじゆつ》を商賣《せうばい》にする人々中《ひと〴〵ちう》には「太《ふと》くて曲《まが》り易《やす》い」様《やう》に何遍《なんべん》も熱《ねつ》を加《くは》えた鐵棒《てつぼう》を磨《みが》いて衆人調座《しうじんてうざ》中《ちう》に實演《じつえん》する人《ひと》もある事《こと》である

ウマイ事《こと》を考《かんが》へたものである呵《か》々、尚是等《なほこれら》に大同小異《だいどうせうい》の種々《しゆ〴〵》な手品《てじな》があるが何《い》づれも下《くだ》らぬ事《こと》であつて實地《じつち》の鍛練《たんれん》には何等《なんら》の効用《こうよう》を爲《な》さぬものである。

(オ)頭上碎瓦碎瓶術　なるべく質《しつ》の惡《わる》い瓦《かはら》を擇《えら》び最初《さいしよ》は半枚程《はんまいほど》の細長《ほそなが》い瓦《かはら》を頭《あたま》に載《の》せて置《お》いて別《べつ》に兩手《れうて》に一枚《まい》の瓦《かはら》の兩端《れうたん》の角《かど》を持《も》ちて『瓦《かはら》は碎《くだ》けるが頭《あたま》は痛《いた》くない』との觀念《くわんねん》（觀念《くわんねん》と云《い》ふ程《ほど》の觀念《くわんねん》で無《な》くも宜《よ》ろしい）を定《さだ》め上方《ぜうはう》七八寸《すん》の處《ところ》から『エイ』の一聲《こゑ》と共《とも》に頭《あたま》と手《て》とに力《ちから》を入《い》れながら、持《も》つて居《を》る瓦《かはら》を引《ひ》き折《を》る樣《やう》に頭《あたま》の瓦《かはら》に打《う》ちあてるのである—（此時頭《このときあたま》をグイと持上《もちあが》る）—瓦《かはら》は譯《わけ》なく碎《くだ》けるものであるが萬《まん》一初心《しよしん》の人《ひと》で『恐《こは》い』と思《おも》ふものは地厚《ぢあつ》な片《きれ》で頭《あたま》を包《つゝ》んで置《お》いてやつて見《み》るが宜《よ》い、熟練《にゆくれん》すれば片《きれ》を除《と》り、頭《あたま》の上《うへ》の瓦《かはら》を除《と》り最後《さいご》に兩手《れうて》に持《も》つて居《を》る瓦《かはら》と頭《あたま》とだけで、見事《みごと》に碎《くだ》ける樣《やう》になるものである煉瓦《れんぐわ》を碎《くだ》くも同《どう》一方法《はうはふ》であるが必《かなら》ず惡質不良《あくしつふれう》のものを擇《えら》ばなければ出《で》來《き》ぬ、眞《しん》に良質《れうしつ》の煉瓦等《れんぐわなど》は到底碎《たうていくだ》くべきものでは無《な》い其所《そこ》が手品《てじな》の種《たね》である。

碎瓶法《さいびんはふ》と稱《せう》して頭上《づぜう》で四合瓶《がふびん》一升瓶《せうびん》を碎《くだ》く法《はふ》があるが最初《さいしよ》は二合德利《がふどくり》位《くらゐ》から始《はじ》めるが宜《よ》い、即《すなは》ち頭《あたま》を手拭《てぬぐひ》の樣《やう》な布《ぬの》で卷《ま》いて右手《みぎて》に德利《とくり》を振《ふ》り上《あげ》て『エイ』の一聲《こゑ》と共《とも》に打碎《うちくだ》くのであるが、玆《こゝ》に一つの手品《てじな》がある、其《そ》れは何《ど》んな堅《かた》い頭《あたま》でも瓶《びん》の底部《ていぶ》を打《うち》つけられたでは堪《た》まつたものでは無《な》い、必《かなら》ず瓶《びん》や德利《とくり》の半分《はんぶん》より上《うへ》の部分《ぶぶん》を打《う》ち當《あ》てるのである、之《こ》れは何故《なぜ》かと云《い》へば何《ど》んな瓶《びん》でも底部《ていぶ》は厚《あつ》いが上部《ぜうぶ》即《すなは》ち眞中《まんなか》より一寸上部《つとぜうぶ》の廣《ひろ》がり切《き》つた邊《へん》が一番薄《ばんうす》いからである。觀念《くわんねん》を定《さだ》めて思《おも》ひ切《き》つてやれば誰《どれ》にでも出來《でき》るが禿頭《はげあたま》の人《ひと》は手拭《てぬぐひ》で頭《あたま》を卷《ま》いて置《お》かないとヒヨツトして負傷《ふせう》する事《こと》がある。數多《かずおほ》い靈術家《れいじゆつか》のうちには、誰《たれ》も氣附《きづ》かぬ程度《ていど》に熱湯《ねつとう》で瓶《びん》にヒヾを入《いれ》て置《お》いて、衆人《しうじん》にはヒヾの見《み》えぬ方《はう》を向《む》けて振下《ふりお》ろす拍子《へうし》にヒヾの方《はう》を頭《あたま》に打《う》ちつける大家《たいか》もあるそうである。其觀念力《そのくわんねんりよく》が養成《やうせい》されて居《を》れば不意《ふい》に瓶《びん》の上部《ぜうぶ》でなぐられた場合《ばあひ》には多少《たせう》の護身術《ごしんじゆつ》にはなるが餘《あま》り大《たい》した事《こと》でも無《な》い、寧《むし》ろなぐられぬ樣《やう》に處《しよ》するのが修養《しうやう》と護身術《ごしんじゆつ》の最上《さいぜう》である。

(ワ)踏刄貫　愈々刀《いよ〳〵かたな》の刄渡《はわた》り法《はう》の傳授《でんじゆ》であるが、驚《おどろ》いては不可《いか》ぬ是《こ》れこそ全《まつた》く觀念《くわんわん》の力《ちから》も何《なん》にも要《い》らぬ子供《こども》の手品《てじな》も同樣《どうよう》な事《こと》で猫《ねこ》にも出來《でき》る奇術《きじゆつ》である、然《しか》るにもし此理《このり》を知《し》らぬ人《ひと》の見《み》て居《ゐ》る前《まへ》で、水《みづ》もしたゝる樣《やう》な氷《こほり》の刄《やいは》を二本並《ほんなら》べて其上《そのうへ》に平氣《へいき》で大《だい》の男《をとこ》や女《をんな》が立《た》つたならばヒヤリと驚《おどろ》くも無理《むり》は無《な》い。其《そ》れのみか刄《やいは》の上《うへ》に立《た》ちながら更《さら》に兩手《れうて》では濡紙《ぬれがみ》も切《き》れる眞劍《しんけん》をグツと堅《かた》く摑《つか》んで而《しか》も其《そ》の刀《かたな》を人《ひと》に引張《ひつぱ》らせて白刄《しらは》の引張《ひつぱ》り合《あひ》をやる、觀《み》て居《ゐ》る者《もの》は到底人間業《たうていにんげんわざ》とは思《おも》へない、神樣《かみさま》か天狗《てんぐ》が乘《の》り移《うつ》つたと思《おも》ふのも無理《むり》は無《な》い、まして氣《き》の弱《よは》い人《ひと》や女子供《をんなこども》は正視《せいし》するに堪《た》へぬものがあろふ、大底《たいてい》は觀《み》て居《ゐ》る人《ひと》の方《はう》がガタ〳〵震《ふる》へ出《だ》して『若《も》しもア丿足《あし》がザクリと二つに切《き》れたなら』『刀《かたな》の刄《は》を引張《ひつぱ》り合《あ》ふ指《ゆび》がボロ〳〵落《お》ちたなら』と思《おも》ふに相違《さうい》ない、無理《むり》も無《な》い事《こと》で神武天皇《じんむてんのう》以來《いらい》刄《ば》は切《き》れるに極《きま》つて居《ゐ》るものだ……が御安心《ごあんしん》あれ、刀《かたな》は濡《ぬ》れ紙《がみ》を切《き》る程《ほど》でも足《あし》や指《ゆび》は切《き》れぬのである。昔本鄕座《むかしほんごうざ》で蟇仙人《がまぜんにん》の片田源《かただげん》七が滿都《まんと》の人《ひと》を駭目《がいもく》させたのも之《こ》れである、足《あし》が切《き》れるものならば其時片田《そのときかただ》の源《げん》七は足《あし》が眞《ま》つ二つになつて仕舞《しま》つたわけだが更《さら》に何共無《なんこもな》かつたのである。化物《ばけもの》で無《な》い限《かぎ》り人間《にんげん》の身體《からだ》に二つは無《な》い、片田源《かただげん》七の足《あし》が切《き》れぬならば諸君《しよくん》の足《あし》も切《き》れぬ道理《どうり》である、何《ど》うか此《こ》の道理《どうり》を聽《き》き分《わ》けて我《わ》が天玄洞《てんげんどう》の言《げん》を疑《うたが》はないでやつて貰《もら》ひたい、僞《いつは》り多《おほ》き今日《こんにち》、世渡《よわた》りの上手《ぜうず》な方法《はうほう》から云《い》へば『心身鍛練《しんしんたんれん》の結《けつ》果刀《くわかたな》を踏《ふ》んでも切《き》れぬ』『我《わ》が講義錄《こうぎろく》によつて修業《しゆげう》したから出來《でき》るのだ』と云《い》つたなら重味《おもみ》も着《つ》くかは知《し》らぬが、吾人《ごじん》に取《と》つては餘《あま》りに牽强附會《けんけうふくわい》な理窟《りくつ》であつて馬鹿氣《はかげ》て其《そ》れは云《い》へぬ。

何《ど》んな切《き》れる刀《かたな》でも宜《よ》いから二本並《ほんなら》べて乘《の》つても刀《かたな》がビクとも動《うご》かぬ樣《よう》に板《いた》の上《うへ》に二三寸角《すんかく》の木《き》で造《つく》つた四個《こ》の楔《くさび》をすへ━(此《こ》の楔《くさび》には丁度《てうど》刀《かたな》の脊《せ》が這入《はい》つても一パイになつて左右《さゆう》にグラツカぬ樣《よう》に溝《みぞ》を造《つく》つて置《お》く)━

其《そ》の上《うへ》に刀《かたな》を置《お》くのである。即《すなは》ち一本《ぽん》の刀《かたな》の背《せ》に二個《こ》づゝの楔《くさび》を適宜《てきぎ》に置《お》くのである。楔《くさび》は刀《かたな》が左右《さいう》にグラグラ動《うご》かぬ樣《やう》にさへ出來《でき》て居《を》れば何《ど》んな風《ふう》に造《つく》つても宜《よ》いのである。其《そ》れだけの用意《ようい》が整《とゝの》へば其《そ》れで片足《かたあし》づゝ眞《ま》つ直《す》ぐに踏下《ふみおろ》す樣《やう》にしてさへ乘《の》れば其《そ》れで宜《よ》いのであつて秘傳《ひでん》も何《なに》もない、決《けつ》して切《き》れるものでは無《な》い……こ云《い》つても初心《しよしん》の人《ひと》には恐怖心《きようふしん》が手傳《てつだ》つて却々《なか〳〵》乘《の》れるものでは無《な》いから兩側《りやうがは》に二人《ふたり》の人《ひと》を置《お》いて兩手《りやうて》を其《そ》の人々《ひと〳〵》の肩《かた》に掛《か》けて身《み》を支《さゝ》へながら段々《だん〳〵》眞直《まつすぐ》に足《あし》を刄《やいば》の上《うへ》に下《お》ろして、下《おろ》し切《き》つた時《とき》直立《ちよくりつ》の儘《まゝ》手《て》を放《はな》せば自分《じぶん》は刀《かたな》の上《うへ》に立《た》つて居《ゐ》る事《こと》になる、其方法《そのはうはふ》でも尙《な》ほ『痛《いた》い、足《あし》がザクリこ二つに切《き》れれば困《こま》る』こ思《おも》ふ人《ひと》は刀《かたな》に日本紙《にほんし》の濡《ぬ》れ紙數枚《かみすうまい》を置《お》いて刄止《はど》めの上乘《うへの》つて習《なら》へば大丈夫《だいぢやうぶ》である。唯茲《たゞこゝ》に注意《ちうい》すべき事《こと》は刀《かたな》は上《うへ》から眞直《まつすぐ》に乘《の》れば斷《だん》じて切《き》れるものではないが萬《まん》一足《あし》を滑《すべ》らせたり又《また》は恐怖《きようふ》の餘《あま》り中途《ちうと》で狼狽《らうばい》したりブル〳〵震《ふる》へては不可《いけ》ぬ、(多少《たせう》震《ふる》える位《くらゐ》は差支《さしつかへ》ない)必《かなら》ず沈着《ちんちやく》に(腹《はら》の中《なか》ではビク〳〵しても)=從容《ゆつたり》こして、右《みぎ》の方法《はうはふ》に從《したが》つて乘《の》れば切《き》りたくも切《き》れぬ、之《こ》れは物理學上《ぶつりがくじやう》より見《み》ても摩擦《まさつ》(スベル)さえしなければ切《き》れべき道理《だうり》のものでは無《な》い。降《お》りる時《とき》には矢張《やは》り人《ひと》の肩又《かたまた》は傍《かたはら》にあるものに身《み》を支《さゝ》えて降《お》りれば宜《よ》いのである、熟練《じゆくれん》した人《ひと》になればトン〳〵こ飛《と》びのる人《ひと》さえある程《ほど》である。

(カ)擦刄術　之《こ》れも素人《しらうと》が見《み》れば驚《おどろ》く眞劍《しんけん》白刄《しらは》取《と》りで講談師《かうだんし》がよく話《はな》す荒木《あらき》又衛門《またゑもん》得意《とくい》の一手《て》である……。

切《き》り込《こ》んで來《く》る白刃《はくじん》を兩手《りやうて》で押《おさ》へる等《など》と云《い》ふ事《こと》は到底難《たうていむ》づかしい事《こと》であるが、今日《こんにち》靈術家《れいじゆつか》が實演《じつえん》する撥刄術《さつじんじゆつ》や片田《かただ》の源《げん》七が本郷座《ほんがうざ》で刄《やいば》を摑《つか》んで振《ふ》り廻《まは》した事位《ことぐらゐ》は少《すこ》し練習《れんしふ》すれば誰《だれ》にでも出來《でき》る。先《ま》づ練習《れんしふ》の第《だい》一歩《ぽ》としてズーと差《さ》し出《だ》した刀《かたな》の背《せ》を左右兩手《さいうりやうて》の四本《ほん》の指《ゆび》の第《だい》二屈折部《くつせつぶ》の筋《すぢ》の上《うへ》に受《う》けて指《ゆび》を折曲《をりま》げる、折曲《をりま》げた四本《ほん》

の指先《ゆびさき》で刀《かたな》の腹《はら》をウント掌《てのひら》へ押附《おしつ》けるのであるが此《こ》の時《とき》は掌《てのひら》の根元即ち《あとすなは》ち手首《てくび》から下《した》の方《はう》へかけて四本《ほん》の指《ゆび》の第《だい》二關節《くわんせつ》の先迄《さきまで》は曲《まが》らない樣《やう》に眞直《まつすぐ》に垂直《すゐちよく》にして、掌《てのひら》の先《さき》の肉《にく》の盛上《もりあ》がつた部分《ぶぶん》で刀《かたな》の腹《はら》を受《う》けるのである。言葉《ことば》を換《か》へて云《い》へば兩手《りやうて》の四本《ほん》の指《ゆび》の第《だい》二關節《くわんせつ》の中《なか》へ刀身《たうしん》の背《せ》を入《い》れて四本《ほん》の指先《ゆびさき》を折《を》り曲《ま》げて指先《ゆびさ》きの力《ちから》で刀《かたな》の腹《はら》を掌《てのひら》の先《さき》の肉《にく》の盛《も》り上《あ》がつた部分《ぶぶん》え押《お》しつけるのである其《そ》うすれば刀《かたな》の刄《は》は掌《てのひら》の肉《にく》の無《な》い部分《ぶぶん》に上向《うはむ》きに這入《はい》つて仕舞《しま》ふから此《こ》の時左右兩手《ときさいうりやうて》の母指《ぼし》を眞直《まつすぐ》に下《さ》げて掩《おほ》ひかぶせる樣《やう》に第《だい》二指《い》の爪《つめ》の上《うへ》を押《おさ》へる樣《やう》にするのである、斯《か》うした所《ところ》を局外《きよくぐわい》の第《だい》三者《しや》から見《み》れば白刃《はくじん》の眞中《まんなか》を取《と》つてギユーツと握《にぎ》つて居《ゐ》る樣《やう》に見《み》えるのだからビツクリして震《ふる》え出《だ》すのも無理《むり》は無《な》い。何《いつ》くんぞ知《し》らん刀《かたな》の腹《はら》は掌《てのひら》の先《さき》(肉《にく》の

盛《も》り上《あ》がつた部《ぶ》）と指《ゆび》の先端《せんたん》とで握《にぎ》られて居《ゐ》るが刄先《はさき》は毫《がう》も握《にぎ》られては居《ゐ》ないのである。此《こ》の時《とき》他人《たにん》をして力《ちから》任《まか》せに而《しか》も靜《しづ》かにスーツと引張《ひつぱ》らせるのであるが仲々《なか〳〵》スツとは引《ひ》けぬ、引《ひ》けぬも道理《だうり》刀《かたな》は堅《かた》く指先《ゆびさき》と掌《てのひら》との間《あひだ》で握《にぎ》られて居《ゐ》るから勢《いきほ》ひ双方《さうはう》の引張《ひつぱ》り合《あひ》になる（刀《かたな》を引《ひ》く人《ひと》は柄《つか》を持《も》つて力《ちから》を入《い》れて引《ひ》くのである）即《すなは》ち一方《ぱう》は刀《かたな》の柄《つか》を持《も》ち一方《ぱう》は白刄《はくじん》を摑《つか》んでの引張《ひつぱ》り合《あひ》であるから、指《ゆび》がボロ〳〵落《お》ちはせぬかと思《おも》はせるのであるが其《そ》處《こ》が靈術家《れいじゆつか》の手品《てじな》のうまい所《ところ》で刄先《はさき》は毫《がう》も肉《にく》に觸《ふ》れては居《ゐ》ないのであるから誰《だれ》にでも出來《でき》る事《こと》である、初心《しよしん》の諸君《しよくん》は右《みぎ》の方法《はうはふ》に從《したが》つて試《こゝろ》みに左手《ひだりて》に刀身《たうしん》を握《にぎ》り右手《みぎて》で柄《つか》を持《も》つて自分《じぶん》で練習《れんしふ》して見《み》るが宜《よ》い、斯《か》くの如《ごと》く手《て》品《じな》の種《たね》を明《あ》かせば贋仙人《にせせんにん》が左《さ》右兩手《ゆうりやうて》に白刄《はくじん》の眞中《まんなか》を摑《つか》んでリユー〳〵振《ふ》り廻《まは》した位《くらゐ》は何《なん》でも無《な》い事《こと》では無《な》いか

尙《な》ほ此《こ》の方法《はうはふ》で刀《かたな》を身體《からだ》の前《まへ》に垂直《すゐちよく》に下《さ》げて自分《じぶん》の方《はう》に向《む》け刀《かたな》の背《せ》を指《ゆび》の第《だい》二關節《くわんせつ》の中《なか》へ入《い》れて指先《ゆびさき》と掌《てのひら》とで刀《かたな》の腹《はら》を握《にぎ》り母指《ぼし》を刄先《はさき》にあてゝ刀《かたな》を下《した》へスーツと滑《すべ》らし落《おと》す素人《しろうと》オドシの擦刄術《さつじんじゆつ》もある。之《こ》れと觀《み》て居《ゐ》るものは『何故《なぜ》母指《をやゆび》が切《き》れないだらう』と思《おも》ふが理窟《りくつ》は前記《ぜんき》同樣《どうやう》で刀《かたな》の腹《はら》は掌《てのひら》と四指《し》の先《さき》で堅《かた》く握《にぎ》られて居《ゐ》て母指《ぼし》は唯單《たゞたん》に刀《かたな》にあてゝ調子《てうし》を取《と》るだけの事《こと》であるからである。尙《な》ほ外《ほか》に鋭刀《えいたう》を頰《ほゝ》にあてて輕《かる》くスーツと引《ひ》く擦刄術《さつじんじゆつ》もあるが之《こ》れとて物理的《ぶつりてき》に說明《せつめい》し得《う》る事《こと》であつて敢《あへ》て精《くは》しく說明《せつめい》する迄《まで》も無《な》い。論《ろん》より證據《しようこ》自分《じぶん》で自分《じぶん》の頰《ほゝ》に刀《かたな》の刄先《はさき》をあてゝ徐々《じよ〳〵》にスーツと引《ひ》いて見《み》るが宜《よ》い、決《けつ》して切《き》れべきものでない、練習《れんしふ》するに從《したが》つて

手加減《てかげん》が分《わか》つて來《く》るから仕舞《しま》ひには可成《かなり》強《つよ》く力《ちから》を入《い》れて引《ひ》いても刀《かたな》は肉深《にくふか》く這入《はい》つて居《ゐ》ながら血《ち》も出《で》なければ切《き》れもせぬ樣《やう》になる。

(ヨ)据切術　是《こ》れも素人《しろうと》の驚《おどろ》く方法《はうはふ》である、先《ま》づ大根《だいこん》とか人參《にんじん》とか瓜《うり》とか云《い》ふ野菜物《やさいもの》の細長《ほそなが》いものを選《えら》んで他人《たにん》の背首又《せくびまた》は腕《うで》の上《うへ》に横《よこ》たへ『ヤツ』と云《い》ふ掛聲諸共《かけごゑもろとも》利刀《たう》一閃《せん》ザクリツと切《き》り下《おろ》すのであるが大根《だいこん》や人參《にんじん》や瓜《うり》は切《き》れても肝甚《かんじん》な首《くび》や腕《うで》は切《き》れぬと云《い》ふ方法《はうはふ》である。

馴《な》れない人《ひと》は一寸恐《ちよつとこわ》い『首《くび》は落《お》ちはせぬか』『腕《うで》は落《お》ちはせぬか』と思《おも》はれるのであるが決《けつ》して首《くび》も落《お》ちなければ腕《うで》も切《き》れぬ、然《しか》し此《こ》の方法《はうはふ》は十二三回《くわい》の實驗《じつけん》を經《へ》てやらぬと過《あやま》つて首《くび》の皮《かは》や、腕《うで》の皮《かは》へ切《き》りつける事《こと》がある十二三回《くわい》の練習《れんしふ》を經《へ》れば大丈夫《だいぢやうぶ》である。練習《れんしふ》の方法《はうはふ》としては左《ひだり》の掌《てのひら》の上《うへ》に大根又《だいこんまた》は人參《にんじん》を置《お》いて、右《みぎ》の手《て》に刀《かたな》を振《ふ》り下《おろ》して切《き》るのであるが最初《さいしよ》の間《あひだ》は仲々《なか〳〵》怖《こわ》くて人參《にんじん》や大根《だいこん》の半分《はんぶん》にも切《き》り込《こ》めぬものであるから可成《かな》り思《おも》ひ切《き》つて切《き》り下《おろ》しても大丈夫《だいぢやうぶ》だ、唯注意《たゞちうい》する事《こと》は刀《かたな》は必《かなら》ず眞直《まつす》ぐに切《き》り下《お》ろして掌《てのひら》を滑《すべ》らせては不可《いか》ぬ、滑《すべ》らせると手《て》の皮《かは》を切《き》るから滑《すべ》らせぬ樣《やう》に『ヤツ』と切《き》り下《おろ》すのである。幾分手《いくぶんて》で刀《かたな》を受《う》け止《と》める心持《こゝろもち》でやれば宜《よ》い、斯《か》くして十二三回《くわい》も練習《れんしふ》すれば今度《こんど》は腕《うで》の上《うへ》に据《すゑ》て練習《れんしふ》し最後《さいご》に首《くび》や足《あし》の上《うへ》で實驗《じつけん》するが宜《よ》い、萬《まん》一間《ま》違《ちが》つた所《ところ》が大《たい》した傷《きず》にもならぬ許《ばかり》で無《な》く其《そ》の位《くらゐ》の度胸《どけう》が無《な》くてはやれぬ。但《たゞ》し大根《だいこん》や葱《ねぎ》を据《す》えるには必《かなら》ず幾分《いくぶん》肉《にく》のある所《ところ》で無《な》くてはならぬ、誤《あやま》つて皮下《ひか》に直《す》ぐ骨《ほね》の出《で》て居《ゐ》る上《うへ》に置《お》いて切《き》り下《お》ろすと傷《きず》つく事《こと》がある。

以上述《いじやうの》べた拾數種《すうしゆ》の所謂諸靈術《いはゆるしよれいじゆつ》と稱《しよう》するもののうちには多少或《たせうあ》る程度《ていど》は觀念《くわんねん》の力《ちから》を必要《ひつえう》とするものも有《あ》るけれ共多《どもおほ》くは數囘《すうくわい》の練習《れんしふ》さえすれば誰《た》れにでも出來《でき》る物理的《ぶつりてき》の奇術《きじゆつ》であつて毫《ごう》も不思議《ふしぎ》とするには足《た》らぬのである、是等《これら》の物《もの》を以《もつ》て『精神修養《せいしんしふやう》が出來《でき》た』とか『心身《しんしん》の鍛練《たんれん》が出來《でき》た』等《など》と思《おも》ふは大《だい》なる誤《あやまり》であると云《い》はねばならぬ、殊《こと》に七日《か》や十日《か》の直接講習《ちよくせつかうしふ》に於《おい》て刀《かたな》の刄《は》渡《わた》りや鐵火術《てつくわじゆつ》や刺針術位出來《ししんじゆつくらゐでき》たからとて天狗《てんぐ》になつては困《こま》る、然《しか》るに多《おほ》くの靈術大家《れいじゆつたいか》なるものの教《をし》ゆるは、盡《ことごと》く前述《ぜんじゆつ》の諸術《しよじゆつ》の一半《はん》(右諸奇術中《みぎしよきじゆつちう》の數種位《すうしゆぐらゐ》しか教《をし》え得《え》ぬ所《ところ》が多《おほ》い)であつて、之《こ》れを以《もつ》て會員《くわいゐん》に『既《すで》に君《きみ》はこれだけの術《じゆつ》が出來《でき》る樣《やう》になつたのだから立派《りつぱ》に卒業出來《そつげふでき》たのだ』と云《い》ひ講習《かうしふ》を受《う》けた會員《くわいゐん》も亦《また》『之《こ》れで修業《しうげふ》は濟《す》んだのだ』と思《おも》つてゐるのは笑止千萬《せうしばん》の至《いた》りである。前《まへ》にも述《の》べた如《ごと》く人《ひと》の一生涯《しやうがい》はすべてが盡《ことごと》く修養《しうやう》である。修養《しうやう》しては悟《さと》り、悟《さと》つては改《あらた》め、改《あらた》めては又更《またさら》に修養《しうやう》し向上《かうじやう》し而《しか》して悟《さと》り行《ゆ》く所《ところ》に悟道《ごだう》の眞意《しんい》があるので、悟《さと》り卽《すなは》ち修養《しうやう》、修養《しうやう》即《すなはち》悟《さと》りである。佛語《ぶつご》の一例《れい》を云《い》へば『色即是空《いろすなはちこれくう》、空即是色《くうすなはちたゞいろ》』である。況《いは》んや靈界《れいかい》の事《こと》は深遠《しんゑん》無極《むきよく》のものであるにも拘《かゝは》らず、行《くだ》らぬ諸奇術數《しよきじゆつすう》の四五種《しゆ》覺《おぼ》えたからとて『修養《しうやう》して仕舞《しま》つた』等《など》と思《おも》つてはならぬ、其《そ》れだから本院《ほんゐん》の宣言《せんげん》するが如《ごと》く、つまらない大家《たいか》連中《れんちう》の大法螺《おほぼら》を聴《き》くよりは、失禮《しつれい》ながら粗《そ》文不《ぶんふ》筆《ひつ》到底《たうてい》諸彦《しよげん》の期待《きたい》には添《そ》ふまいが本院《ほんゐん》の講習錄《かうしふろく》によつて心靜《こゝろしづ》かに靜《せい》座《ざ》深息《しんそく》しながら修養《しうやう》せられた方《はう》が遥《はるか》に增《ま》しである事《こと》を確信《かくしん》して疑《うたが》はぬ。況《いは》んや靈界《れいかい》百鬼夜行《きやかう》の感《かん》ある今日《こんにち》に於《おい》てをや、定《さだ》めて我《わ》が天玄洞《てんげんどう》の通信講習生諸君中《つうしんかうしふせいしよくんちう》には諸々方々《しよ〳〵はう〴〵》の大家《たいか》の門《もん》をくぐられた諸君《しよくん》も多《おほ》い事《こと》と思《おも》ふ、元《もと》より惡《わ》るい事《こと》とは云《い》はぬ誠《まこと》に結構《けつこう》な事《こと》であるが然《しか》し、諸君《しよくん》は諸《しよ》々の直接講習《ちよくせつかうしふ》に於《おい》て何《なに》を覺《おぼ》えられ何《なに》を修養《しうよふ》し給《たま》ひしや、失禮《しつれい》ながら我《わ》が講習錄《かうしふろく》を眞面目《まじめ》に靜座《せいざ》深息《しんそく》しながら行《ぎやう》ずると其價値如何《そのかちいか》にや、若《も》し其《そ》れ諸般《しよはん》の法術《はふじゆつ》(假《か》りに法術《はふじゆつ》と稱《しよう》し置《お》かん)に至《いた》りては天玄洞講習錄中《てんげんどうかうしふろくちう》に説《と》く何分《なんぶん》の一にも如《し》かざるに非《あら》ずや、……(但松本道別氏《たゞしまつもとだうべつし》の人體《じんたい》ラヂウム講習會《かうしふくわい》の如《ごと》く眞《しん》に推奬《すゐしやう》するに足《た》る深遠廣大《しんゑんくわうだい》なるものは別《べつ》として)…若《も》し幸《さいはひ》にして會員諸君《くわいゐんしよくん》が我《わ》が天玄洞《てんげんどう》の言《げん》を信《しん》じて、眞面目《まじめ》に靜座《せいざ》し深息《しんそく》し胎息《たいそく》して倦《う》む事無《ことな》く怠《おこた》る事無《ことな》くば其《そ》の價値《かち》は凡《ぼん》所《しよ》の諸直接講習《しよちよくせつかうしふ》に優《まさ》る事數倍《ことすうばい》なるを斷言《だんげん》して憚《はゞか》らぬ。但修養《たゞししうやう》せずして其境《そのきやう》に至《いた》らんとしても其《そ》れは無理《むり》であるから豫《あらか》じめ御斷《おことわ》りして置《お》く、吾人《ごじん》は猥《みだ》りに筆《ふで》を弄《らう》して他派《たは》を攻撃《こうげき》したいのでは無《な》いが、唯殘念《たゞざんねん》ながら吾人《ごじん》は寡聞《くわぶん》にして聞智《もんち》足《た》らざる爲《た》めか未《いま》だ松本道別氏《まつもとだうべつし》外《ほか》一、二を除《のぞ》いては他《た》に眞面目《まじめ》なる學究《がくきう》の人格者《じんかくしや》を知《し》らぬのである、若《も》しや又他《またた》に敬服《けいふく》すべき眞《しん》の人格具備《じんかくぐび》の大《たい》家《か》あらば謹《つゝし》んで後塵《こうぢん》を拜《はい》するに吝《やぶさか》ならぬものである。近來我《きんらいわ》が天玄洞《てんげんどう》の通信講習開始《つうしんかうしふかいし》に對《たい》し惡《あく》罵《ば》を交《まじ》へ妨害《ばうがい》を試《こゝろ》むるものゝ三四ある由《よし》を聽《き》く事屢々《ことしば〳〵》であるから一言手《ごんて》前味噌《まへみそ》を竝《なら》べ置《お》く次第《しだい》である。願《ねが》はくば不遜《ふそん》を省《かへり》みざる吾人《ごじん》の罪《つみ》は其諒《そのれう》を乞《こ》ふと共《とも》に切《せつ》に切《せつ》に會員諸彦《くわいゐんしよげん》の御修行《ごしうぎやう》を祈《いの》つて止《や》まぬのである。論語《ろんご》でも講習錄《かうしふろく》でも讀《よ》むだけは誰《だ》れでも讀《よ》む、讀《よ》んでも行《ぎやう》じなければ何《なん》にもならぬ、繰《く》り返《かへ》して云《い》ふが眞《しん》に我《わ》が天玄洞《てんげんどう》の言《げん》を信《しん》じて、本講習錄《ほんかうしふろく》を靜座《せいざ》深息《しんそく》、胎息《たいそく》して行《ぎやう》ずるならば其所其處《そんじよそこら》等の凡講習《ぼんかうしふ》に優《まさ》る事數倍《ことすうばい》であるを疑《うたが》はないで、修行《しうぎやう》して貰《もら》ひたい。

前《まへ》にも述《の》べてあるが觀念《くわんねん》の力《ちから》……潜在意識《せんざいいしき》を巧《たく》みに誘導《いうだう》すれば肉體《にくたい》を改造變化《かいざうへんくわ》し得《う》べき事《こと》を述《の》べて置《お》いたが次《つぎ》の諸法《しよはふ》が其《そ》れの類《るゐ》である、但此《たゞしこ》の中《うち》には餘《よ》程迄《ほどまで》に觀念力《くわんねんりよく》が練習《れんしふ》されて居《ゐ》ないと出來《でき》ない事《こと》もあるのみならず、如何《いか》に觀念《くわんねん》の力《ちから》が練習《れんしふ》されても靈的天分《れいてきてんぶん》の如何《いか》によつて永久《えいきう》出來《でき》ぬ人《ひと》もある。併《しか》し自分《じぶん》の肉體改造《にくたいかいざう》には玆迄《こゝまで》に至《いた》らずとも靈動《れいどう》に伴《ともな》ふ觀念法《くわんねんはふ》だけで十分《ぶん》であるから、之等《これら》の諸法《しよはふ》が出來《でき》ないからとて毫《がう》も心配《しんぱい》は要《い》らぬから安心《あんしん》して居《ゐ》て宜《よ》い。

(Ａ)觀念靈動法　之《こ》れは既《すで》に他《た》の章《しやう》に於《おい》て詳述《しやうじゆつ》してある觀念練習法《くわんねんれんしふはふ》を見《み》れば分《わか》る、即《すなは》ち自《みづか》ら強《し》いて『動《うご》く』とか『クッツイて仕舞《しま》ふ』とか『靈動《れいどう》が起《お》きる』とか云《い》ふ觀念《くわんねん》で肉體《にくたい》を定《さだ》め、觀念通《くわんねんどほ》り動《うご》かせば、遂《つひ》には別《べつ》に改《あらた》まつて意識《いしき》せずとも一寸思《ちよつとおも》つた位《くらゐ》で肉體《にくたい》が思《おも》つた通《とほ》りになる事《こと》を云《い》ふ（必《かなら》ず倦《あ》かず屈《くつ》せずして繰返《くりかへ》し練習《れんしふ》せられよ）

棒寄觀念自動法《ばうよせくわんねんじどうはふ》と云《い》ふ法等《はふなど》も其《そ》の一種《しゆ》であつて二本《ほん》の細長《ほそなが》い棒《ばう》の眞中《まんなか》を堅《かた》くシッカリ握《にぎ》つて兩側《りやうがは》に垂《た》れ『棒《ばう》の先端《せんたん》と先端《せんたん》とがカチンと寄《よ》り合《あ》ふ』と觀念《くわんねん》して居《ゐ》ると段々《だん〳〵》棒《ばう》の先《さき》が寄《よ》り合《あ》つてカチンと合《あ》ふ、次《つぎ》には『開《ひら》く』と觀念《くわんねん》するとヂリ〳〵先《さき》が開《ひら》いて來《く》る、今度《こんど》は兩方《りやうはう》の棒《ばう》が頭《あたま》の左右《さいう》へ上《あ》がると觀念《くわんねん》すると段々手《だん〳〵て》が上《あ》がつて來《く》る、斯《か》くして漸次練習《ぜんじれんしふ》して度《ど》を重《かさ》ねると仕舞《しま》ひには兩手《りやうて》に棒《ばう》を持《も》つただけで自然《しぜん》に棒先《ばうさき》が合《あ》つたり、上《あが》つたりする、次《つぎ》に其棒《そのばう》が手《て》にクッツイて離《はな》れないと觀念《くわんねん》すればいくら強力《がうりき》の人《ひと》が引張《ひつぱ》つても仲々離《なか〳〵はな》れない樣《やう》になるものである。

（B）觀念硬直法 觀念《くわんねん》の力《ちから》で身體《からだ》を硬直《かうちよく》にして鋼鐵《かうてつ》の棒《ばう》の樣《やう》にする方法《はうほふ》である、所謂金剛不懷身《いはゆるこんがうふじゐ》とか云《い》はるるものの一種《しゆ》である、此法《このはふ》は先《ま》づ靜《しづ》かに仰臥《げうぐわ》して數回《すうくわい》の深息呼吸《しんそくこきふ》と共《とも》に下腹丹田《したはらたんでん》に氣《き》を充實《じうじつ》せしめ『今《いま》や身體《しんたい》は剛直《がうちよく》して鐵棒《てつぼう》の如《ごと》くなる』と觀念《くわんねん》し、次《つぎ》に兩方《りやうはう》の指《ゆび》が曲《まが》つて來《き》て固《かた》く握《にぎ》ると觀念《くわんねん》し、其《そ》れからは『首《くび》の骨《ほね》が棒《ばう》になつた』『背骨《せぼね》が鐵《てつ》になつた』『腰《こし》から足《あし》の踵《かゝと》が剛直《がうちよく》した』と云《い》ふ風《ふう》にだん〱全身《ぜんしん》を一種《しゆ》の鋼鐵《こうてつ》の樣《やう》にして仕舞《しま》つて腹力《ふくりよく》を充實《じうじつ》させるのである、斯《か》うなれば人間《にんげん》の二人《ふたり》や三人《にん》は腹《はら》へ載《の》せても、足《あし》へ載《の》せても、首《くび》の上《うへ》へ載《の》せても平氣《へいき》である、勿論其《もちろんそ》う云《い》ふ際《さい》には觀念《くわんねん》を『今腹《いまはら》の上《うへ》へ乘《の》つて居《ゐ》るのは小猫《こねこ》だ』位《ぐらゐ》に定《さだ》めて置《お》くのである。斯《か》うした身體《からだ》を二個《こ》の椅子《いす》に橋掛《はしかけ》て、頸部《けいぶ》と足部《そくぶ》だけをもつて橋渡《はしわた》しにして其《そ》の上《うへ》に三四人位腰掛《にんぐらゐこしか》けても何共無《なんともな》いものである、此《こ》の觀念《くわんねん》が少《すこ》し養成《やうせい》されて居《を》れば不意《ふい》に敵《てき》に咽喉《のど》を手拭《てぬぐひ》で締《しめ》られても何共《なんとも》ない、其《そ》う云《い》ふ時《とき》には直《す》ぐ樣咽喉《さまのど》を剛直狀態《がうちよくじやうたい》にすれば宜《よ》いのである、故《ゆゑ》に平常硬直法《へいぜいかうちよくはふ》の練習《れんしふ》も必要《ひつえう》な事《こと》である、咽喉《のど》へ細《ほそ》い鐵棒《てつぼう》を押《お》しあてて曲《ま》げる等《など》も同《どう》一の理由《りいう》である。

（C）觀念柔軟法 之《こ》れは硬直法《かうちよくはふ》の次《つぎ》に練習《れんしふ》するが宜《よ》い、前《まへ》とは反對《はんたい》に、一旦硬直法《たんかうちよくはふ》で鐵石《てつせき》の如《ごと》く硬《かた》まつて居《ゐ》る身體《からだ》から骨《ほね》が除《のぞ》かれてグニャ〱になる樣《やう》に觀念《くわんねん》する、即《すなは》ち『手《て》の骨《ほね》が拔《ぬ》けた』『首《くび》の骨《ほね》が除《と》れた』『足《あし》の骨《ほね》が拔《ぬ》けた』と云《い》ふ樣《やう》な風《ふう》に全身《ぜんしん》の局所々々《きよくしよ〱》を觀念《くわんねん》するに從《したが》つて仕舞《しま》ひには海月《くらげ》の樣《やう》にベト〱に柔軟《じうなん》される、此《こ》の時《とき》他人《たにん》が身體《からだ》の眞中《まんなか》を持《も》つて吊《つ》ればダラリと長蟲《ながむし》でも下《さ》げた樣《やう》になる、立直《たちなほ》る時《とき》は以前《いぜん》の硬直法《かうちよくはふ》に從《したが》つて手《て》を活《い》かし、頭《あたま》を活《い》かし、腹《はら》を活《い》かし、足《あし》を活《い》かして行《ゆ》けば宜《よ》い靈的奇術天分《れいてききじゆつてんぶん》の豐富《ほうふ》な人《ひと》になれば手《て》の指《ゆび》から全《まつた》く骨《ほね》を拔《ぬ》き取《と》つた樣《やう》になつて指《ゆび》を掌《てのひら》の背部《はいぶ》にペチヤリ密着《みつちやく》させる人《ひと》もある。

(D)觀念止脈法　觀念《くわんねん》の力《ちから》で脈膊《みやくはく》を停止《ていし》して仕舞《しま》ふ方法《はうはふ》である。靜《しづか》に精神《せいしん》を落《お》ち附《つ》け靜座《せいざ》又《また》は深息數回充分《しんそくすうくわいじうぶん》精神《せいしん》を統《とう》一してから左手《さしゆ》の拇指《ぼし》で右手《みぎて》の動脈《どうみやく》を抑《おさ》へながら段々呼《だんだんこ》吸《きふ》を短縮《たんしゆく》して、遂《つひ》に之《こ》れを下腹《かふく》に止《とど》め『サア右手《みぎて》の血行《けつかう》が停止《ていし》した』と深《ふか》く觀念《くわんねん》すると、其觀念《そのくわんねん》に從《したが》つて潜在意識《せんざいいしき》か働《はたら》くから段々右手《だんだんみぎて》の脈《みやく》が細《ほそ》くなつて遂《つひ》には何《ど》んな名醫《めいい》が檢《み》ても脈《みやく》が分《わか》らなくなつて『此人《このひと》には脈《みやく》が無《な》い』と云《い》ふ事《こと》になる、但《たゞ》し此際《このさい》呼吸《こきふ》は極《きは》めて靜《しづ》かに殆《ほとん》ど胎息《たいそく》に近《ちか》い呼吸《こきふ》を以《もつ》て吐《は》く度《たび》に腹《はら》の中《なか》で『停《と》まつた、停《と》まつた』と觀念《くわんねん》するのである、此《こ》の法《はふ》に練《な》れた人《ひと》が笑《わら》い話《ばなし》に醫者《いしや》に向《むか》つて『先生僕《せんせいぼく》は苦《くる》しくて困《こま》る、脈《みやく》が停《とま》つた』と云《い》つて手《て》を出《だ》せば醫者《いしや》はあわてゝ脈《みやく》を檢《けん》し、必《かなら》ず驚《おどろ》いて注射器《ちうしやき》を取《と》り出《だ》すに相違《さうゐ》ない、其《そ》の位《くらゐ》のものであるが然《しか》し、此《こ》れは全然脈《ぜんぜんみやく》が止《と》まつたのではない、誰《だれ》が見《み》ても分《わか》らないだけに細《ほそ》くなつたのである、世《よ》の靈術家《れいじゆつか》がよく『脈《みやく》を止《と》め心臟《しんざう》を停止《ていし》して見《み》せる』等《など》と大言壯語《たいげんさうご》するが之《これ》は生理學《せいりがく》の一歩《ぽ》を知《し》らぬ無學者《むがくしや》の云《い》ふ事《こと》である。

(E)觀念火傷術　靈的天分《れいてきてんぶん》の豐《ゆたか》である人《ひと》は種々《しゆじゆ》に肉體《にくたい》を變化《へんくわ》させる事《こと》の出來《でき》るものである、觀念火傷術《くわんねんくわしやうじゆつ》と稱《しやう》して火《ひ》の無《な》い卷煙草《まきたばこ》の吸口《すゐくち》の方《はう》を腕《うで》にあて『熱《あつ》い、火傷《やけど》した』と觀念《くわんねん》すれば見《み》る〱うちに吸口《すゐくち》のあたつた部《ぶ》が水腫《みづぶく》れに張《は》れ上《あが》つて來《き》て立派《りつぱ》に火傷《やけど》を生《しやう》ずる人《ひと》がある、之《こ》れは誰《たれ》にでも出來《でき》ると云《い》ふ譯《わけ》には行《ゆ》かないが心《しん》身《しん》の修養《しうやう》には其程關係《それほどくわんけい》の無《な》い事《こと》であるから取立《とりた》てゝ云《い》ふ程《ほど》の事《こと》もない。

尙觀念《なほくわんねん》の力《ちから》が極度《きよくど》に練習《れんしふ》されゝば次《つぎ》の如《ごと》き事《こと》の出來《でき》る人《ひと》もある、先《ま》づ白刄《はくじん》を腕《うで》の上部《じやうぶ》一二寸《すん》を離《はな》れて翳《かざ》しながら『引斬《ひつき》る』と云《い》ふ觀念《くわんわん》と共《とも》に『エイツ』と引《ひ》いた眞似《まね》だけで腕《うで》に一條《でう》の血線《けつせん》を出《だ》す法《はふ》である、即《すなは》ち刀《かたな》を引《ひ》いた丈《だけ》で潜在意識《せんざいいしき》は『斬《き》られた』と思《おも》ふから血《ち》がにぢみ出《だ》すのであつて、之等《これら》の方法《はうはふ》は容易《ようい》には會得出來《ゑとくでき》ぬ事《こと》である、且《か》つ又其《またそ》れ程必要《ほどひつえう》でもあるまい、併《しか》し此《こ》の實例《じつれい》を見《み》ても火傷《やけど》、出血等《しゆつけつとう》には餘程迄神經作用《よほどまでしんけいさよう》が手傳《てつだ》ふと云《い》ふ事《こと》を證明《しようめい》して餘《あまり》あるものである。況《いは》んや刺針術《ししんじゆつ》や熱湯術位《ねつたうじゆつぐらゐ》では觀念《くわんねん》と云《い》ふ程《ほど》の觀念《くわんねん》を用《もち》ひずとも出血《しゆつけつ》や火《やけ》傷《ど》すべきものでは無《な》い。

(F)觀念温冷自在法 之《これ》は觀念《くわんねん》の力《ちから》によつて血液《けつえき》の流《なが》れを自由自在《じいうじざい》にして身體《しんたい》の温冷《をんれい》を自己《じこ》の思《おも》ふ通《とほ》りにすると云《い》ふ方法《はうはふ》で、此《こ》の方法《はうはふ》だけは熱心《ねつしん》に練習《れんしふ》し應用《おうよう》するの必要《ひつえう》がある、例《たと》へば過勞《くわらう》の結果血液《けつくわけつえき》の循還《じゆんくわん》に支障《ししやう》を生《しやう》じたり、貧血《ひんけつ》の人《ひと》が手足《てあし》の厥冷《けつれい》を覺《おぼ》ゆる時乃至局所《ときないしきよくしよ》に血行《けつかう》の惡《あし》き時等《ときとう》に應用《おうよう》すれば忽《たちま》ちにして爽然《さうぜん》として快《くわい》氣《き》に向《む》かうものである、此練習《このれんしふ》としては矢張《やは》り前項《ぜんこう》の觀念止脈法《くわんねんしみやくはふ》より歩《ほ》を進《すゝ》むるが順序《じゆんじよ》である、止脈法《しみやくはふ》が稍出《やゝで》來《き》得《う》る様《やう》になつたならば、靜《しづ》かに心《こゝろ》を鎭《しづ》めて胎息《たいそく》し、先《ま》づ右手《みぎて》を平《たひら》かに前《まへ》に出《だ》し、『この手《て》の血液《けつえき》は盡《こと〴〵》く逆流《ぎやくりう》して心臟部《しんざうぶ》に還《かへ》り指《ゆび》の先《さき》から腕《うで》の元迄《もとまで》一滴《てき》の血《ち》も無《な》くなる』と觀念《くわんねん》し更《さら》に刻々《こく〳〵》と部分《ぶぶん》〳〵に『今指《いまゆび》の血《ち》が逆流《ぎやくりう》し初《はじ》めた』『今手《いまて》の甲《かふ》の血《ち》が逆流《ぎやくりう》し初《はじめ》めた』『今腕先《いまうでさき》の血《ち》が逆流《ぎやくりう》する』と云《い》ふ風《ふう》に觀念《くわんねん》するのであるが、斯《か》くして數十回《すうくわい》馴《な》れるに從《したが》つて全《まつた》く手《て》の先《さき》、腕《うで》の先《さ》きには殆《ほと》んど一滴《てき》の血《ち》も無《な》くなつて氷《こほり》の如《ごと》く冷《つめ》たくなり蒼白《さうはく》となるものである。之《これ》は練習《れんしふ》さへすれば誰《たれ》にも、出來《でき》るが、下根《げこん》の人《ひと》は最初《さいしよ》は手先《てさ》きを稍上方《やゝじやうはう》に上《あ》げて練習《れんしふ》すれば生《せい》理的現象《りてきげんしやう》も伴《ともな》つてうまく出來《でき》る。

其次《そのつぎ》には前《まへ》と反對《はんたい》に『血液《けつえき》は前膊部《ぜんはくぶ》に集注《しふちう》して手《て》は段々《だん〳〵》熱《あつ》くなつて赤《あか》くなる』と觀念《くわんねん》するのである、之《こ》れも練習《れんしふ》を積《つ》めば忽《たちま》ち脈膊《みやくはく》はドン〳〵うち始《はじ》めるものである、次《つぎ》に足《あし》に觀念《くわんなん》し腰《こし》に觀念《くわんはん》し頭《あたま》に觀念《くわんねん》するのである。

尙道家《なほだうけ》には觀念《くわんねん》を以《もつ》て眼耳鼻舌身《めみゝはなしたみ》の五官《くわん》を閉《とざ》して精氣《せいき》の散逸《さんいつ》を防《ふせ》ぐ五無漏法《むろうはふ》と云《い》ふのもある。

(G)水月受身術　柔道《じうだう》を習《なら》つた人《ひと》は知《し》つて居《を》る事《こと》であるが水月《すゐげつ》と云《い》へば人間《にんげん》の一番急所《ばんきふしよ》で、此處《ここ》を拳骨《げんこつ》で一つウント喰《く》はせると、立所《たちどころ》に氣絶《きぜつ》して仕舞《しま》ふのみか力《ちから》が餘《あま》れば一命《めい》をも奪《うば》ふことになるから、其道《そのみち》の人《ひと》は常《つね》に用心《ようじん》して立會《たちあひ》にも此處《ここ》を衝《つ》かせない程《ほど》である（水月《すゐげつ》とは胸部肋骨《きようぶろつこつ》の下即《したすなは》ち（ミズオチ）の部分《ぶぶん》である）然《しか》るに觀《くわん》念法《ねんはふ》により水月《すゐげつ》を硬直狀態《かうちよくじやうたい》にすれば如何《いか》に柔道《じうだう》の大家《たいか》が衝《つ》いても何共無《なんともな》いのである、之《これ》は屢々柔道家《しば〳〵じうだうか》の諸君《しよくん》が不思議《しぎ》がる事實《じじつ》である。腹式呼吸《ふくしきこきふ》靜座法《せいざはふ》によつて十分《ぶん》心身《しんしん》を鍛練《たんれん》してからで無《な》くては出來《でき》ぬ事《こと》であるが先《ま》づ息《いき》を廣《ひろ》くウント吸《す》ひ込《こ》んでミズオチの部分《ぶぶん》と下腹《したはら》に充實《じうじつ》させ觀念法《くわんねんはふ》で『サア俺《おれ》のミズオチは厚《あつ》い鐵板《てついた》になつた、いくら衝《つ》かれてもビクともしない』と觀念《くわんねん》して最初《さいしよ》は力《ちから》の無《な》い子供《こども》にでも衝《つ》かせて見《み》るが宜《よ》い、漸次力《ぜんじちから》のある者《もの》を相手《あひて》にして衝かしめて練習《れんしふ》すれば、遂《つひ》には如何《いか》なる柔道家《じうだうか》に突《つ》かせてもビクともしない樣《やう》になつて柔道家《じうだうか》を驚《おどろ》かす事《こと》が出來《でき》るのである＝但《ただ》し胃《い》の惡《わる》い人《ひと》は胃《い》を治《なほ》してから練習《れんしふ》するが宜《よ》い。

(H)觀念水想法 能《よ》く『心頭《しんとう》を滅却《めつきやく》すれば火《ひ》も亦涼《またすゞ》し』と云《い》ふ言葉《ことば》がある是《こ》れは云《い》ふまでも無《な》く觀念《くわんねん》の練習《れんしふ》が積《つ》めば＝表面意識《へうめんいしき》を脱却《だつきやく》すれば、火《ひ》の樣《やう》な熱《あつ》いものでも熱《あつ》く無《な》いと思ふことが出來《でき》ると云ふ事《こと》である、從《したが》つて俗《ぞく》に之《これ》を云《い》へば氷《こほり》の樣《やう》な冷《つめ》たいものでも熱《あつ》く想へると云《い》ふことになる、氣合術《きあいじゆつ》の一喝《かつ》て他人《たにん》の表面意識《へうめんいしき》を奪《うば》つて置《お》いて氷《こほり》の一片《ぺん》を取《と》り來《きた》つて『ソラ火《ひ》をクッツケタ』と云《い》へば被術者《ひじゆつしや》の潜在意識《せんざいいしき》はハット驚《おどろ》いて火傷《やけど》を生《しやう》ずる＝火傷《やけど》と同《おな》じ水泡《すゐはう》を生《しやう》ずる事《こと》がある等《など》は其《その》一例《れい》である。

水想觀《すゐさうくわん》とは靜座閉目《せいざへいもく》、胎息法《たいそくはふ》を行《おこな》ひながら腹《はら》の中《なか》で何處《どこ》か水邊《すゐへん》の景色《けしき》の宜《よ》い所《ところ》を思《おも》ひ出《だ》しながら自分《じぶん》の身《み》が其清透《そのせいとう》な水《みづ》で快《こゝろよ》く游泳《いうえい》する樣《やう》に想像《さうざう》すれば、さながら自分《じぶん》は全《まつた》くの水鳥《みづどり》か魚《うを》の樣《やう》な氣持《きも》ちになる事《こと》を云《い》ふのである。或《あるひ》は其水《そのみづ》が段々足《だんだんあし》を浸《ひた》して、遂《つひ》に乳《ちゝ》に及《およ》ぶ樣《やう》に觀想《くわんさう》しても宜《よ》い、之《これ》は一寸誰《ちよつとたれ》にでも出來《でき》る樣《やう》に思《おも》ふが仲々《なかなか》出來《でき》ぬ、出來《でき》るには出來《でき》ても水想觀《すゐさうくわん》の程度《ていど》が違《ちが》ふ、俗人《ぞくじん》の觀想《くわんさう》するのは一つの想像《さうざう》であつて、觀念《くわんねん》を練習《れんしふ》した人《ひと》の心《こゝろ》は實際其境地《じつさいそのきやうち》に居《を》るのと毫《がう》も違《ちが》ひが無《な》いのである。

(Ｉ)光明觀想法

夜《や》中靜《ちうしづ》かな暗黑《あんこく》の室《しつ》に靜座《せいざ》胎息《たいそく》し、十分心身《ぶんしんしん》の統《とう》一された時《とき》に『今自分《いまじぶん》の眼前數尺《がんぜんすうしやく》の處《ところ》に一つの燦閃《きんせん》たる小《ちひ》さな光《ひか》り玉《だま》がある』と假想《かさう》するのである、最初《さいしよ》は容易《ようい》に其光明《そのくわうみやう》が現《あら》はれないが二夜《や》三夜《や》と行《ぎやう》ずるに從《したが》つて必《かなら》ず一箇《こ》の光明《くわうみやう》を發見《はつけん》するのである。(勿論之《もちろんこ》れは實在《じつさい》のものでは無《な》い)＝四夜《や》五夜《や》六夜《や》と行《ぎやう》ずるに從《したが》つて光明《くわうみやう》が段々擴大《だん〳〵くわくだい》して遂《つひ》には一室《しつ》に滿《み》つる迄《まで》に觀想《くわんさう》することが出來《でき》るものである、十二三夜《や》も修行《しゆぎやう》すれば何時《いつ》の間《あひだ》にか室内《しつない》が明《あ》かるくなつて何處《どこ》に何《なに》を置《お》いてあるかも分《わか》る樣《やう》になつて來《く》る、元《あと》より此光《このひかり》は物理的《ぶつりてき》に發《はつ》せられた光《ひか》りでは無《な》いから他人《たにん》には分《わか》らないが段々熟練《だん〳〵じゆくれん》すれば壁《かべ》を隔《へだ》てて隣室《りんしつ》のもの迄《まで》も分《わか》つて來《く》る、隣家《りんか》の物迄《ものまで》も明《あき》らかに分《わか》る樣《やう》になる。

學者《がくしや》の云《い》ふ千里《り》眼《がん》と云《い》ふのが之《こ》れであつて練習《れんしふ》さへ積《つ》めば誰《たれ》にでも出來《でき》る事《こと》で人《ひと》によつては未來《みらい》の事《と》想迄《さうまで》も分《わか》るから豫言《よげん》をして的《あて》る事《こと》もある。然《しか》しながら此《こ》の千里《り》眼《がん》を練習《れんしふ》するには身心上最大《しんしんじやうさいだい》の注意用心《ちういようじん》を用《えう》する事《こと》であつて、斯《か》くの如《ごと》く官能《くわんのう》が一部《ぶ》分《ぶん》だけ異狀發達《いじやうはつたつ》する樣《やう》になれば必《かなら》ず心身《しんしん》を過勞《くわらう》して身體虚弱《しんたいきよじやく》となつて長命《ちやうめい》が覺束《おぼつか》ない、だから今迄《いままで》も隨分透視《ずゐぶんとうし》（箱《はこ》の中又《なかまた》は物《あり》を隔《へだ》てて物《あの》を見分《みわけ》る事《こと》）の出來《でき》たのも數多《かずおほ》くあつたが、何《いづ》れも長命《ちやうめい》したものは尠《すくな》い、之《こ》れは實《じつ》に彼等《かれら》が唯々《たゞ〳〵》想《おもひ》を練《ね》り觀《くわん》を盡《つく》す事《こと》にのみ專《もつぱ》らであつて肉體《にくたい》と精神《せいしん》の鍛練《たんれん》を忘《わす》れて居《ゐ》たからである、死《し》んで仕舞《しま》つたり氣狂《きちが》ひになつては千里《り》眼《がん》も價値《かち》が無《な》い、其《そ》れには一つの方法《はうはふ》がある、其《そ》れは忘《わす》れずに一日《にち》三回《くわい》五六十分宛《ぷんづゝ》の靜座《せいざ》に伴《ともな》ふ靈動《れいどう》と深息呼吸《しんそくこきふ》である、之《こ》れさへ怠《おこた》らず行《ぎやう》するならば光明《くわうみやう》觀想法《くわんさうはふ》等《など》何年《なんねん》續《つゞ》けても身心《しんしん》剛健《がうけん》無比《むひ》、長壽《ちやうじゆ》限《かぎ》り無《な》きを保證《ほしよう》して置《お》く。

（J）仙藥觀想法　之《こ》れは元《もと》仙術《せんじゆつ》の一種《しゆ》とも傳《つた》へられたものであつて早《はや》い話《はなし》が不老長壽《ふらうちやうじゆ》の靈藥《れいやく》を頭《あたま》の先《さ》きから手足《てあし》の先《さき》迄《まで》浸《ひた》し浴《あ》びると云《い》ふ觀想《くわんさう》で身心《しんしん》を强健《きやうけん》にする最善《さいぜん》の方法《はうはふ》である。觀想法《くわんさうはふ》の下手《へた》な人《ひと》でも之《これ》を高《たか》らかに口誦《こうせう》して靜座《せいざ》すれば觀想力《くわんさうりよく》が練習《れんしふ》されて身《み》は恰《あだ》かも仙藥《せんやく》に浸《ひた》るが如《ごと》く無病長壽《むびやうちやうじゆ》疑《うたが》ひ無《な》しである、且又氣合術治療《かつまたきあひじゆつちれう》に際《さい》し次《つぎ》の文《ぶん》を數回高誦《すうくわいかうせう》しながら術者《じゆつしや》、被術者相對《ひじゆつしやあひたい》すれば、心氣《しんき》頓《とみ》に清爽《せいさう》になり期《き》せずして統《とう》一が出來《でき》るから宜敷諸君《よろしくしよくん》は反覆《はんぷく》して暗誦《あんせう》し得《う》るに至《いた》らなければならぬ。

『和神道氣《わしんだうき》の法《はふ》當《まさ》さに深《ふか》く密室《みつしつ》を鎖《と》ざし、牀《とこ》を安《やす》んじ席《せき》を暖《あた》ため、枕《まくら》の高《たか》さ二寸半《すんはん》、正身偃臥《せいしんえんぐわ》し、瞑目《めいもく》して心《しん》氣《き》を胸腹《けうふく》の間《あひだ》に閉《とざ》し、鴻毛《こうまう》を以《もつ》て鼻上《びじやう》に附《つ》けて、動《うご》かざること三百息《そく》を經《へ》て、耳聞《みゝき》く處《ところ》なく、目見《めみ》る所《ところ》なし、斯《か》くの如《ごと》くなるときは、寒暑《かんしよ》も侵《をか》す事能《ことあた》はず、蜂蠆《ほうだい》も毒《どく》する事能《ことあた》はず、壽《じゆ》三百六十歲《さい》、是《こ》れ眞人《しんじん》に近《ちか》し、又曰《またいは》く己《すで》に飢《うゑ》て方《まさ》に食《しよく》し、未《いま》だ飽《あ》かずして先《ま》づ休《やす》み、田野《でんや》を逍遙《せうえう》して、力《つと》めて腹《はら》を空《むな》しからしめ、腹《はら》の空《くう》なる時《とき》に當《あた》つて、卽《すなは》ち靜室《せいしつ》に入《い》り、端坐默然《たんざもくねん》して出入《しゆつにふ》の息《いき》を數《かぞ》へよ、一息《そく》より數《かぞ》へて十に至《いた》り、十より數《かぞ》へて百に至《いた》り百より數《かぞ》へ放《はな》ち去《さ》つて千に至《いた》らば、此《こ》の身《み》兀然《こつねん》として、此《こ》の心寂然《こゝろじやくぜん》たる事虛空《ことこくう》に等《ひと》し、斯《か》くの如《ごと》くなる事久《ことひさ》しうして、一息自《そくおのづか》ら止《とゞ》まる、出《いで》ず入《い》らざる時《とき》、此《こ》の息《いき》八萬四千の毛竅《まうこう》の中《うち》より雲蒸霧起《くわむしきりおこ》るが如《ごと》くならば、無始劫《むしこふ》來《らい》の諸病自《しよびやうおのづか》ら除《の》ぞき、諸病自然《しよびやうしぜん》に除滅《ぢよめつ》する事《こと》を明悟《めいご》せん、譬《たと》へば盲人《まうじん》の忽然《こつぜん》として目《め》の開《あ》くるが如《ごと》けん、此《この》時人《ときひと》に尋《たづ》ねて、路頭《ろとう》を指《ゆび》さす事《こと》を用《もち》ひず、只要《たゞえう》す尋常《じんじやう》の言語《げんご》を省略《しやうりやく》して、儞《かんし》の元氣《げんき》を長養《ちやうやう》せん事《こと》を、是《こ》の故《ゆゑ》に云《い》ふ、目力《もくりよく》を養《やしな》ふものは常《つね》に瞑《めい》し耳根《じこん》を養《やしな》ふものは常《つね》に飽《ち》き、心氣《しんき》を養《やしな》ふものは常《つね》に默《もく》すと、又酥《またそ》を用《もち》ふる法《はつ》曰《いは》く、行者定中四大調和《ぎやうじやぢやうちうだいてうわ》せず、身心共《しんしんとも》に勞疲《らうひ》する事《こと》を覺《かく》せば、心《こゝろ》を起《おこ》して應《ま》さに想《さう》を成《な》すべし、譬《たと》へば色香淸《しきかうせい》淨《じやう》の輭蘇鴨卵大《なんそあうらんおほ》きさの如《ごと》くなるもの、頂上《ちやうじやう》に頓在《とんざい》せんに、其《そ》の氣味微妙《きみびめう》にして、遍《あまね》く頭顱《とうろ》の間《あひだ》を濕《うる》ほし、浸々《しん〳〵》として潤下《じゆんか》し來《きた》つて、兩肩及雙臂《りやうけんおよびさうひ》、兩乳胸膈《りやうにうきようかく》の間《あひだ》、肺肝腸胃《はいかんちやうい》、脊梁臀骨《せきれうてんこつ》次第《しだい》に沾注《てんちう》し去《さ》る、此時《このとき》に當《あた》つて胸中《けうちう》の五積《せき》六聚《しう》、疝癖塊痛《せんへきくわいつう》、心《こゝろ》に隨《したが》つて降下《こうか》すること、水《みづ》の下《した》に就《つ》くが如《ごと》く、歷々《れき〳〵》として聲《こゑ》あり、遍身《へんしん》を周流《しうりう》し、雙脚《さうきやく》を溫潤《おんじゆん》し、足心《そくしん》に至《いた》りて卽《すなは》ち止《や》む、行者再《ぎやうじやふたゝ》び應《ま》さに此觀《このくわん》を成《な》すべし、彼《か》の浸々《しん〳〵》として潤下《じゆんか》する所《ところ》の餘《よ》流《りう》積《つ》もり湛《たゝ》へて、暖《あたゝ》め浸《ひた》す事恰《ことあたか》も世《よ》の良醫《れうい》の種々妙香《しゆ〴〵めうかう》の藥物《やくぶつ》を集《あつ》め、之《これ》を煎湯《せんとう》して浴盤《よくばん》の中《うち》に盛《も》り湛《たゝ》えて、我《わ》が臍《せい》輪已下《りんいか》を漬《つ》け浸《ひた》すが如《ごと》し、此觀《このくわん》をなすときは唯心所現《ゐしんしよげん》の故《ゆゑ》に、鼻根忽《びこんたちま》ち稀有《けう》の香氣《かうき》を聞き、身根俄《しんこんにはか》に妙好《めうかう》の輭《なん》觸《しよく》を受《う》け、心身調適《しんしんてうてき》なる事《こと》、仙者《せんしや》に勝《まさ》れり、此時《このとき》に當《あた》つて積聚《せきしう》を消融《せうゆう》し、腸胃《ちやうい》を調和《てうわ》し覺《おぼえ》ず皮膚光澤《ひふくうたく》を生《しやう》ず、若《も》し夫《それ》勤《つと》めて怠《おこた》らずんば何《いづ》れの病《やまい》か治《ち》せざらん、何《い》づれの仙《せん》か成ぜらる何《いづ》れの道《みち》が成《じやう》ぜらる、喝《かつ》』此《こ》の言葉《ことば》の意味《いみ》は可成難解《かなりなんかい》のものであつて、初學《しよがく》の士《し》には分《わか》らないかも知《し》れぬが、讀書《どくしよ》百偏自《ぺんおのづか》ら通《つう》ずと云《い》ふ言葉《ことば》の通《とほ》り反《はん》覆高誦《ぷくかうせう》し以《もつ》て暗誦《あんせう》し得《う》るに至《いた》らば必《かなら》ず釋然《しやくぜん》として會得《ゑとく》し體驗《たいけん》し得《う》るものである。今《いま》簡單《かんたん》に其《そ》の大意《たいい》を述《の》ぶるならば

『無病長壽、仙人の法を行じ、胎息法を行ひながら千位迄呼吸の數えられる樣になれば、心身脫落して其身はさながら虛空の樣になつて、吐く息も吸ふ息も盡く八萬四千の毛孔を通じて胎息するが如くで、身體中の毛の穴からは雲蒸し霧起ると云ふ狀態になつてすべての病と疾は盡く消滅して仕舞ふ事は恰も盲人が忽然として目の開けた樣なものである、又平常に元氣精氣を養はうと思ふものは起居動作を愼重にして猥りに多言を發したり大食をしてはならぬ、又心身の强健を思ふものは靜座胎息の際には鴨の卵位の仙藥が頭の頂上にあると假想して其の仙藥が段々融けて頭腦全體を浸し、次には其仙藥が肩から手胸肺心臟肝臟胃腸等の內臟に迄も及び背中の方は脊髓から腰部を潤ほし、更に其れが睪丸(女ならば子宮)から足の先に迄も及ぶ樣に觀想すれば終には仙藥が頭上から歷々として音を爲して流れて來る樣になるものである、其の次には仙藥の流れが積もり湛えて身體を暖め釀す事は恰も妙香の藥物を煮出して風呂桶に滿たし、自分が其中で浩然と湯治

する樣に思念すれば如何に强惡の病魔も退散する事恰も霜に熱湯をそゝぐが如くである。

と云《い》ふ意味《いみ》である、之《こ》れ以上《いじやう》の解釋《かいしやく》は讀書《どくしよ》百徧《ぺん》して自《おのづか》ら通《つう》じた方《ほう》が遙《はるか》に優《ま》してある。兎《と》に角斯《かくこ》の文章《ぶんしやう》は靜座瞑《せいざめい》想《きう》に先《さき》だつて暗誦《あんしよう》し得《う》る樣《やう》になつて居《ゐ》てほしい。

(K)道家の吐納法　矢張《やは》り仙術《せんじゆつ》の無病長壽法《むびやうちやうじゆはふ》に用《もち》ゆる觀想法《くわんさうはふ》であつて、唾液《だえき》を口中《こうちう》に津々《しんく》として流出《りうしゆつ》せしめ之《こ》れを細《ほそ》く嚙《か》み碎《くだ》いてのみ下《くだ》せば胃中《いちう》で之《こ》れが靈氣《れいき》と化《くわ》し全身《ぜんしん》に及《およ》ぶと觀想《くわんさう》するのである。

(L)悲喜觀想法　煩悶《はんもん》の時《とき》、病氣《びやうき》の時《とき》、憤怒《ふんぬ》の時《とき》、欝屈倦怠《うつくつけんたい》の時《とき》に悲《かな》しみを喜《よろこ》びと觀《くわん》ずるの類《るゐ》である。

(M)統一無我法　精神《せいしん》を統《とう》一して心身脫落《しんしんだつらく》の境《きやう》に至《いた》れば心《こゝろ》は明鏡止水《めいきやうしすゐ》の如《こと》くである、宇宙《うちう》の森羅萬象《しんらばんしやう》は正邪《せいじや》曲直《きよくちよく》の別無《べつな》く自《おのづか》ら映《えい》じ來《きた》つて眞如法性《しんによほつしやう》の相《さう》である事《こと》は上卷靜座法《じやうくわんせいざはふ》の部《ぶ》に詳述《しやうじゆつ》してある、統《とう》一無我《むが》の境《きやう》に入《い》る方法《はうはふ》に就《つ》いては靜座法《せいざはふ》に述《の》べてあるから云《い》ふ迄《まで》も無《な》い事《こと》である。

(N)鎭魂法　鎭魂《ちんこん》とは身體《からだ》から離遊《りいう》して居《を》る運魂《うんこん》を招《まね》き集《あつ》め、鎭《しづ》めて中府《ちうふ》に止《とゞ》むる事《こと》を云《い》ふのである、之《こ》れを修養《しうやう》すれば精神力《せいしんりよく》を強大《きやうだい》にして歸神法《きしんほふ》の審神者《サニワ》として立《に》つ場合《ばあひ》に應用出來《おうようでき》るのであつて、憑依《へうい》する邪靈《じやれい》や惡《あく》靈《りやう》を退治《たいぢ》したり縛《しば》り上《あ》げる時《とき》に用《もち》ゐられるのである。今迄《いままでの》述べてある觀念法《くわんねんはふ》は內的自働的《ないてきじどうてき》に働《はたら》くのであるが、之《こ》れは又鎭魂《またちんこん》の力《ちから》によつて外的《ぐわいてき》に他働的《たどうてき》に働《はたら》くのである。鎭魂《ちんこん》を修養《しうやう》する第一《だい》には直徑《ちよくけい》五分位《ぶくらゐ》の圓《まる》い石又《いしまた》は人《じん》工的水晶《こうてきすゐしやう》の如《ごと》きものを掌上《しやうじやう》に載《の》せて瞑目《めいもく》して其《そ》の玉《たま》に精神《せいしん》を注《そゝ》いで『重《おも》くなる重《おも》くなる』こ觀念《くわんねん》して居《を》る内《うち》に一時間《じかん》も經《た》てば眞實《しんじつ》重《おも》くなつて來《く》る樣《やう》に感《かん》ずるから其時之《そのときこ》れを秤《はかり》に掛《か》けて量《はか》つて見《み》るこ必《かなら》ず幾分《いくぶん》の重量《ぢうりやう》を増《ま》すものである。即《すなは》ち觀念《くわんねん》の力《ちから》により外的《ぐわいてき》の他物《たぶつ》が支配《しはい》されたのである、一匁《もんめ》の玉《たま》が一匁五分《もんめふん》になり、二匁《もんめ》の玉《たま》が二匁五分《もんめふん》、三匁《もんめ》こなるならば成功《せいこう》である、之《こ》れを玉石鎭魂《ぎよくせきちんこん》こ云《い》ふのである。又焰火鎭魂法《またえんくわちんこんはふ》こ云《い》ふ練習法《れんしふはふ》もあるが之《こ》れは空氣《くうき》の動搖《どうえう》せぬ樣《やう》に一室《しつ》を閉《と》ぢて、蠟燭《らうそく》に火《ひ》を點《てん》じて臺《だい》の上《うへ》に置《お》き(神前佛前《しんぜんぶつぜん》ならば更《さら》に宜《よ》し)焰《ほのほ》に鎭《ちん》魂《こん》して一寸《すん》の焰《ほのほ》を一寸《すん》五分《ぶ》にして二寸《すん》にし三寸《すん》四寸《すん》にするのである。

鎭魂法《ちんこんはふ》の上達《じやうたつ》した人《ひと》になれば座《すは》つた儘《まゝ》で御酒德利《みきどくり》や玉串《たまぐし》や位牌《ゐはい》を動《うご》かす事《こと》も出來《でき》るそうである。昔《むかし》の行者《ぎやうじや》には家鳴震動《やなりしんどう》等《とう》を起《おこ》さしめた人《ひと》もあるそうであるが、吾人《ごじん》は行未《ぎやういま》だ足《た》らざる爲《た》めに其處迄《そこまで》は出來《でき》ぬが尙池《なほいけ》や盥《たらひ》の中《なか》に靜《しづか》に遊《あそ》んで居《ゐ》る無心《むしん》の金魚《きんぎよ》、鯉等《こひとう》の鰭《ひれ》に鎭魂傳想《ちんこんでんさう》する時《とき》は其《そ》の鯉《こひ》や金魚《きんぎよ》を前進彼進《ぜんしんこうしん》せしめたり、右往《うわう》し左《さ》往《わう》せしむる事《こと》は出來《でき》る。會員諸君《くわいゐんしよくん》も疑《うたが》はずして倦《う》まず怠《おこた》らず練習《れんしふ》して貰《もら》えば事實《じじつ》が之《こ》れを說明《しようめい》するであらう。

大本教《おほもとけう》の鎭魂法《ちんこんはふ》も之《こ》れこ同一《どう》の譯《わけ》ではあるが彼等《かれら》は鎭魂《ちんこん》こ歸神《きしん》こを全然混同《ぜんぜんこんどう》して居《を》るから無茶《むちや》である。

(〇)歸神法　是《こ》れが即《すなは》ち大本教《おほもとけう》で云《い》ふ歸神術《きしんじゆつ》＝即《すなは》ち神降《かみくだ》し神憑《かみがゝ》りである。之等《これら》の事《こと》は皆神傳《みなしんでん》のものであつて恐《おそ》らく何處《どこ》の直接講習家《ちよくせつかうしふか》でも方法《はうはふ》さえも知《し》らぬ人々《ひとびと》が多《おほ》い。大本教等《おほもとけうなど》では鎭魂歸神法《ちんこんきしんはふ》を混合《こんがふ》して目茶苦茶《めちやくちや》にやつてさえも天下《てんか》の耳目《じもく》を集《あつ》め識者《しきしや》を迷《まよ》はした事《こと》彼《あ》の如《ごと》くである。彼等《かれら》は神《かみ》の御筆先《おふでさき》と稱《しやう》して種々豫言《しゆくよげん》を試《こゝろ》み病《びやう》氣《き》を治療《ちりやう》し殿堂《でんだう》を築《きづ》き地下室《ちかしつ》を設《まう》け、信者《しんじや》の數《かず》だけでも百萬人《まんにん》と云《い》ふものを集《あつ》めたのだから偉《えら》くもあり馬鹿《ばか》らしくもある。從《したが》つて之《こ》れを詳細《しやうさい》に解剖《かいばう》し批判《ひはん》し傳授《でんじゆ》するが如《ごと》き事《こと》は到底此《たうていこ》の小册子中《せうさつしちう》に述《の》べ切《き》れべくもあらぬのである。且《か》つ又是等《またこれら》のものになれば普通《ふつう》の靈術界《れいじゆつかい》の範圍《はんゐ》ては無《な》く云《い》はゞ高等研究《かうとうけんきう》とも云《い》ふべきものである。獨《ひと》り歸神法《きしんはふ》のみならず加持《かぢ》祈禱等《きとうとう》の原理《げんり》の誤《あやま》りなき其眞法《そのしんぽふ》、又《また》は呪《まじない》、野狐靈狐《やこれいこ》の使用法《しようはふ》、死人《しにん》、生人《せいじん》、未知者《みちしや》等《とう》との交靈法《かうれいはふ》、等《など》を初《はじ》め其他神界神傳《そのたしんかいしんでん》の事《こと》は一朝《てう》一夕《せき》には行《ゆ》かぬ、然《しか》し乍《なが》ら、本講習錄《ほんかうしふろく》に於《おい》ても其《そ》の方法丈《はうはふだけ》詳《しやう》解《かい》して置《お》く、歸神法《きしんはふ》を行《おこな》ふに當《あた》り第《だい》一に現代《げんだい》の人々《ひとびと》に問《と》はねばならぬ事《こと》がある。元來諸君《ぐわんらいしよくん》は此世《このよ》に神《かみ》なる靈《れい》の存在《ぜんざい》を如何《いか》に思《おも》ひ給《たま》ふか、神《かみ》はあるか無《な》いかと云《い》ふ事《こと》が先決問題《せんけつもんだい》である、心理學者《しんりがくしや》は歸神法《きしんはふ》によつて憑《かゝ》る神《かみ》なるものは人間《にんげん》の潛在意識《せんざいいしき》の分裂《ぶんれつ》した結果《けつくわ》だと云《い》ひ宗教者《しうけうしや》は之《こ》れ明《あきら》かに神《かみ》の降臨《かうりん》だと云《い》ふが果《はた》して何《いづ》れが眞《しん》であろうか、然《しか》るに世《よ》の心理學者《しんりがくしや》たる人々《ひとびと》は徒《いたづ》らに之《こ》れを現代《げんだい》の淺薄《せんぱく》な心理學上《しんりがくじやう》よりのみ批評《ひひやう》して恐《おそ》らく自《みづか》ら修養《しうはふ》し自《みづか》ら行《おこな》つたものは一人《り》も聞《き》かぬ、自《みづか》ら體驗《たいけん》せずして人《ひと》を批評《ひひやう》するが如《ごと》きは潛越至極《せんえつしごく》な事《こと》であつて無暴《むぼう》の極《きよく》ではあるまいか、（併《しか》し又心理學者《またしんりがくしや》として有名《いうめい》な淺野文學士《あさのぶんがくし》は大本教《おほもとけう》を研究體驗《けんきうたいけん》して居《を》るうちに感心《かんしん》の極自《きよくみづか》ら心身《しんしん》の全部《ぜんぶ》を大本教《おほもとけう》に捧《さゝ》げた等《など》の例外《れいぐわい》もある）神《かみ》の存在《そんざい》に就《つ》いては我等《われら》にも幾多《いくだ》の證明材料《しようめいざいれう》が有《あ》るが茲《こゝ》に一例《れい》を云《い》へば嘗《かつ》て松本道別氏《まつもとだうべつし》が御嶽山中《みたけさんちう》に於《おい》て神憑《かみがゝ》りの際靈媒者《さいれいばいしや》として全然無學《ぜんぜんむがく》でイロハも讀《よ》めぬ樣《やう》な人《ひと》に神憑《かみがゝり》した際《さい》に天御中主神《あめのみなかぬしのかみ》と稱《しよう》する神《かみ》が憑《かゝ》つて來《き》たから其《そ》の眞僞《しんぎ》を驗《けん》するが爲《ため》に同氏《どうし》の研究《けんきう》して居《を》つたラヂウムの檢定量《けんていりやう》の中《うち》に多年《たねん》分《わか》らぬことがあつたから之《こ》れを尋《たづ》ねて見《み》た所《ところ》、此《こ》の神《かみ》は其《そ》の難解《なんかい》な檢定量《けんていりやう》を表《ひやう》に現《あら》はして解《と》き示《しめ》したそうである。尙《な》ほ外《ほか》にもこんな例《れい》はいくらでも有《あ》つて無學《むがく》の人《ひと》が電子《でんし》論《ろん》や原子《げんし》論《ろん》を論《ろん》じたり字《じ》を書《か》いたり豫言《よげん》をしたり、逐視《とうし》の出來《でき》る事《こと》も多《おほ》い、但《たゞ》し初學者《しよがくしや》の注意《ちうい》すべき事《こと》は『神《かみ》は萬能《ばんのう》なり』と思《おも》ふと大變《たいへん》な間違《まちが》ひである普通《ふつう》の御嶽教徒《おんたけけうと》の神憑《かみがゝ》りや大本教等《おほもとけうなど》の歸神法《きしんはふ》では萬能《ばんのう》の神等《かみなど》容易《ようい》に憑《つ》いて來《く》るもので無《な》い、多《おほ》くは下《くだ》らぬ野狐《やこ》や凡神《ぼんしん》の類《るゐ》であるから駄目《だめ》である。

歸神の方法　術者《じゆつしや》は床前《とこまへ》に靜座《せいざ》深息《しんそく》して心中《しんちう》にひたすら宇宙《うちう》の大靈《たいれい》たる天國中主神《あめのみなかぬしのかみ》（何《なに》が故《ゆゑ》に天御中主神《あめのみなかぬしのかみ》か宇宙《うちう》の大靈《たいれい》であり個體《こたい》の眞靈《しんれい》であるかを科學的《くわがくてき》に證明《しようめい》するのは靈學《れいがく》の高等研究《かうとうけんきう》の部《ぶ》に屬《ぞく》するのであつて到底此《たうていこの》際《さい》評述《ひやうじゆつ》し切《き》れぬ乞諒《こふりやう》）と其《そ》の能造能動《のうざうのうどう》の作用神《さようしん》たる高皇産靈神《たかみむすびのかみ》、神産皇靈神《かみむすびのかみ》とを念《ねん》ずるのである、靈媒者《れいばいしや》となる人《ひと》はなるべく強健無邪氣《きやうけんむじやき》な人《ひと》で靈動《れいどう》の出來《でき》る人《ひと》が宜《よ》い、洗手口雪《せんしゆこうせつ》せしめて術者《じゆつしや》の前方《ぜんぱう》三四尺《しやく》の所《ところ》に對座《たいざ》せしめて矢張《やは》り精神《せいしん》を統《とう》一せしむる爲《た》めに深息呼吸《しんそくこきふ》せしめ、次《つぎ》に臂《ひぢ》を曲《ま》げて兩手《りやうて》を合掌《がつしやう》せしめ（合掌《がつしやう》の法《はふ》＝兩手《りやうて》の第《だい》三指《し》第《だい》四指《し》第《だい》五指《し》を内側《うちがは》に組合《くみあは》さしめ第《だい》二指《し》と第《だい》二指《し》は直立《ちよくりつ》せしめて相合《あひあは》しめ右《みぎ》の母指《ぼし》を下《した》にして上《うへ》から左《ひだり》の母指《ぼし》で押《お》さえしむる）て心中《しんちう》に天御中主神《あめのみなかぬしのかみ》を念《ねん》ぜしむるのである。斯《か》くして術者《じゆつしや》は前《ぜん》三神《しん》を念《ねん》じながら口に小聲《こごゑ》で一二三四五六七八九十《ひとふたみよいつむゆななやこのたりや》と稱《とな》へながら再《さい》三頭《あたま》を下げて神を拜《はい》するの心持《こゝろも》ちで三神《しん》を拜《はい》し、靈媒者《れいばいしや》に靈動《れいどう》法《はふ》を起《おこ》せしむるのであるが靈動《れいどう》の激《はげ》しくなるに連《つれ》て屢々《しば〱》石笛《いしぶえ》を吹《ふ》いて神《かみ》を招拜《せうはい》するのである。斯《か》くする事《こと》三四十分《ぷん》の後《のち》には靈媒者《れいばいしや》の起居動作《ききよどうさ》に不思議《ふしぎ》な事《こと》が起《おこ》つて來《く》るか又《また》は口《くち》をモガ〱させたり飛《と》び出したりするから此時《このとき》術者《じゆつしや》は靜《しづ》かに靈動《れいどう》を止《や》めしめて『御降《おくだ》りになつた神樣《かみさま》は何《なん》の神樣《かみさま》でありますか』と尋《たづ》ねるのである（靈媒《れいばい》者《しや》に靈《れい》の憑《かゝ》つた時《とき》にはズーンと背中《せなか》から尻《しり》へ棒《ばう》の這入《はひ》つた樣《やう》な氣《き》がしたり身體《からだ》が剛直《がうちよく》したり口《くち》が硬《かた》くなつたりするから分《わか》る）

之《こ》れから憑靈《ひやうりやう》したものが神《かみ》であるか又《また》は邪狐《じやこ》、邪蛇邪靈《じやれい》であるかを見極《みきは》めて邪靈《じやれい》ならば退散《たいさん》せしむる爲《ため》に靈《れい》縛法《ばくはふ》を行《おこな》ひ神靈《しんれい》ならば果《はた》して如何《いか》なる靈神邪神《れいしんじやしん》であるかを試《ため》して見《み》なければならぬ、尚《なほ》精《くは》しく詳述《しやうじゆつ》したいが初《しよ》學《がく》の人《ひと》に之以上《これいじやう》の事《こと》を說《と》くわけには行《ゆ》かぬ。何故《なにゆゑ》なれば萬《まん》一誤《あやま》つて歸神法《きしんはふ》を行《おこな》ひ邪狐邪靈《じやこじやれい》の現《あら》はれた際《さい》や、又《また》は邪狐《じやこ》にダマサレて之《これ》を善神等《ぜんしんなど》と信《しん》じた場合《ばあひ》には取《と》り返《かへ》しの付《つ》かぬ場合《ばあひ》があるのみならず間違《まちが》へばホントの『狐《きつね》つき』になつて仕舞《しま》ふ。尚《なほ》深《ふか》く鎭魂歸神《ちんこんきしん》を研究《けんきう》したい諸君《しよくん》は松本道別《まつもとだうべつ》氏《し》の門《もん》を叩《たゝ》いて敎《をし》へを乞《こ》ふが宜《よ》い（但同氏《たゞしどうし》は氣《き》の向《む》いた時《とき》でなければ何《なん》にも行《や》らぬ）併《しか》し又上根《またじやうこん》の人《ひと》ならば前述《ぜんじゆつ》の方法《はうはふ》さへ習得《しふとく》し其眞髓《そのしんずゐ》が分《わか》れば難《かん》なく出來《でき》る人《ひと》もあるがいさゝか危險《きけん》であるから之許《こればか》りは通信講習《つうしんこうしふ》では責任《せきにん》が持《も》てぬ、但諸方《たゞししよはう》の直接講習《ちよくせつかうしふ》を開《ひら》く大家《たいか》でも多《おほ》くは其《そ》の方法《はうはふ》さへ知《し》らぬ人々《ひとびと》が多《おほ》いと云《い》ふ事《こと》も含《ふく》んで置《お》いて貰《もら》ひたい)

傳想法

人間《にんげん》の神經《しんけい》は表面上《へうめんじやう》一本《ぽん》のスヂの如《ごと》くに見《み》ゆるけれ共實《どもじつ》は鞘《さや》に二條《でう》の神經《しんけい》が包《つゝ》まれて居《ゐ》る。即《すなは》ち一は運動神經《うんどうしんけい》で一は知覺神經《ちかくしんけい》である。此神經《このしんけい》を使用《しよう》して傳想法《でんさうはふ》を行《おこな》ふのである。盛《さか》んに靈動《れいどう》の發顯《はつけん》する人二人《ひとふたり》又《また》は三四人《にん》でやるのが一番宜《ばんよ》い先《ま》づ思念者《しねんしや》たる甲《かふ》の右《みぎ》の手《て》を出《だ》し感受者《かんじゆしや》たる乙《おつ》は左手《さしゆ》を出《だ》し掌《てのひら》と掌《てのひら》とを握《にぎ》り合《あは》さしめ甲《かふ》は机上《きじやう》に種々《しゆじゆ》のものを數點並《すうてんなら》べて置《お》いて(インキ、筆《ふで》、スミ、の如《ごと》き類《るゐ》)乙《おつ》に瞑目《めいもく》せしめながら兩者《りやうしや》共《とも》に最初《さいしよ》は三回計《くわいばか》り、双方揃《さうはうそろ》つて大《おほ》きな呼吸《こきふ》をして(ウーム、ウーム と云《い》ふが如《ごと》く)乙《おつ》の意氣《いき》と甲《かふ》の意氣《いき》とが合致《がつち》したと思《おも》ふ頃甲《ころかふ》は心中《しんちう》に強《つよ》く『乙《おつ》の手《て》にインキ壺《つぼ》を取《と》らせて、次《つぎ》に墨《すみ》を取《と》らせ、次《つぎ》に本《ほん》を取《と》らせ次《つぎ》に筆《ふで》を取《と》らせたい』と思念《しねん》すると甲《かふ》の知覺神經《ちかくしんけい》は其《そ》の意識《いしき》を乙《おつ》の知覺神經《ちかくしんけい》に告《つ》げるから乙《おつ》の知覺神經《ちかくしんけい》は更《さら》に運動神經《うんどうしんけい》を働《はたら》かしめて段々甲《だんだんかふ》の思念《しねん》する通《とほ》りにインキ壺《つぼ》を取《と》つて渡《わた》し本《ほん》を取《と》つて渡《わた》すのである、乙《おつ》は傳想《でんさう》を受《う》けて居《ゐ》る間《あひだ》は必《かなら》ず無念無想《むねんむさう》になつて居《ゐ》て『あれを取《と》つて渡《わた》さうか』之《これ》を取《と》つて渡《わた》さうか、等《など》と云《い》ふ自分《じぶん》の考《かんが》へを交《まじ》えると駄目《だめ》である。畢竟甲《ひつきやうかふ》の手《て》の神經《しんけい》が延長《えんちやう》して乙《おつ》の手《て》に及《およ》ぶと見做《みな》せば宜《よ》い、熟練《じゆくれん》するに從《したが》ひ甲乙丙丁《かふおつへいてい》と三人《にん》も四人《にん》も連手《れんしゆ》しながら甲《かふ》の思念《しねん》を丁《てい》に迄傳想《までてんさう》する事《こと》が出來《でき》るのみならず、遂《つひ》には双互《さうご》の間《あひだ》に鐵棒《てつぼう》、針金等《はりかねとう》を把《と》り合《あ》つて（鐵棒《てつぼう》、針金《はりがね》、紐《ひも》を一種《しゆ》の靈氣觀念《れいきくわんねん》を傳《つた》へる電線《でんせん》だと思《おも》へば宜《よ》い）居《ゐ》ても出來《でき》るものである、此際注《このさいちう》意《い》すべきは乙《おつ》の無念無想《むねんむさう》たる事《こと》と共《とも》に甲《かふ》は順序《じゆんじよ》よく思念《しねん》する事《こと》であつて、思念《しねん》の順序《じゆんじよ》が一度《ど》でも間誤《まご》つけば駄《だ》目《め》である即《すなは》ち『インキ壺《つぼ》を取《と》らせたら其《そ》れを靜《しづか》に持上《もちあ》げさせて受取《うけと》り更《さら》に腕《うで》を延《の》ばして反對《はんたい》の側《がは》の何《なに》を取《と》らせる』と云《い》ふ風《ふう》に＝乙《おつ》の動作《どうさ》に連《つ》れて『モウ少《すこ》し右《みぎ》だ』とか『モウ少《すこ》し左《ひだり》だ』とか云《い》ふ風《ふう》に『ウーム』『ウーム』と力《ちから》を入《い》れて思念《しねん》するのである、インキ壺《つぼ》を取《と》りかけた動作《どうさ》の終《をは》らぬうちに次《つぎ》のものを思念《しねん》したり、他《た》の事《こと》を思念《しねん》する樣《やう》では到底出來《たうていでき》ぬ、是等《これら》の事《こと》は熟練《じゆくれん》すれば誰《たれ》でも出來《でき》る。

（イ）無線傳想法　之《こ》れは感受性《かんじゆせい》に富《と》んだ人同志《ひとどうし》が熟練《じゆくれん》してやれば出來《でき》る、双方相對《さうはうあひたい》して下腹部《かふくぶ》に充力思念《とうりよくしねん》して先方《せんぱう》を瞑目《めいもく》させて、靈動《れいどう》を起《おこ》さしめながら甲《かふ》の意志《いし》通《どほ》り乙《おつ》の手《て》を上《あ》げたりせしむるのである。

（ロ）遠隔傳想法　前述《ぜんじゆつ》の如《ごと》く以心傳心法《いしんでんしんはふ》に熟達《じゆくたつ》すれば壁《かべ》を隔《へだ》てゝも、家《いへ》を隔《へだ》てゝ居《ゐ》ても傳想《でんさう》する事《こと》が出來《でき》る但《たゞ》し百千萬里《まんり》不可能《ふかのう》とは云《い》へぬが絶對《ぜつたい》とは云《い》へぬ。

（ハ）動物傳想法　鎭魂法《ちんこんはふ》の部《ぶ》にある金魚《きんぎよ》、鯉等《こひとう》に對《たい》する法《はふ》を練習《れんしふ》すれば宜《よ》い、極致《ごくち》に至《いた》れば虎《とら》や獅子《しし》をも走《はし》らせる事《こと》も出來《でき》ると云《い》ふ事《こと》であるが、正直《しやうぢき》な所《ところ》未《ま》だ吾人《ごじん》には到底出來《たうていでき》ぬ。

讀心術

傳心法《でんしんはふ》を甲《かふ》から云《い》へば傳想法《でんさうはふ》であるが受感者《かんじゆしや》たる乙《おつ》から云《い》へば**讀心術**である。宜《よ》く靈術家《れいじゆつか》が讀《どく》心術《しんじゆつ》と大《おほ》きく云《い》ふが唯方法《だいはうはふ》は傳想法《でんさうはふ》の事《こと》である、之等《これら》の諸法《しよはふ》は練習《れんしふ》して局所《きよくしよ》の神經《しんけい》を發達《はつたつ》させれば或《あ》る程度迄《ていどまで》は誰《だれ》でも出來《でき》るが、其《そ》れ以上《いじやう》の事《こと》は(例《たと》へば無線傳想《むせんでんさう》の如《ごと》き)人《ひと》の天分《てんぶん》に因《よ》り出來《でき》る人《ひと》と出來《でき》ない人《ひと》とがある。

(中巻終)

交靈感應氣合術講習秘録（下巻之部）

（本院ノ許可ナクシテハ他見讓渡ヲ禁ズ）

（附現代百般諸靈術）

吾人《ごじん》は曩《さき》に上巻《じやうくわん》中巻《ちうくわん》に於《お》いて現代《げんだい》百般《ぱん》の否《いな》現代《げんだい》何處《いづこ》に於《お》ても未《いま》だ其《そ》の秘《ひ》を開《ひら》かざる諸靈術《しよれいじゆつ》の内容《ないよう》を詳解《しやうかい》した積《つも》りである、元《もと》より淺學短才《ぜんかくたんさい》なる吾人《ごじん》の講述《かうじゆつ》であるから或《あるひ》は會員諸彦《くわいゐんしよけん》の期待《きたい》に添《そ》ふもの尠《すくな》きを恐《おそ》るのであるが何卒《なにとぞ》吾人《ごじん》の隱《かく》さず惜《お》しまず僞《いつは》らざるの誠意《せいい》に免《めん》じて御諒承《ごれうしよう》を願《ねが》ひたい、尚《な》ほ枝葉《しえふ》に亘《わた》り書《か》けば際限《さいげん》も無《な》い事《こと》であるが徒《いたづ》らに冗長《じようちやう》に失《しつ》するの嫌《きら》ひあるを以《もつ》て本下巻《ほんげくわん》に於《お》いては直《たゞち》に病氣治療法《びやうきちりやうはふ》に移《うつ》り度《た》いと思《おも》ふ。

曾《か》つて吾人《ごじん》は説明書中《せつめいしよちう》にも記載《きさい》せる如《ごと》く治療法《ちりやうはふ》だけに於《おい》ては如何《いか》なる名醫《めいい》博士《はかせ》とても立會競《たちあひきやう》

爭《きう》をすると云《い》ふて置《お》いたが獨《ひと》り吾人《ごじん》のみならず會員諸君《くわいゐんしよくん》も以下《いか》次《つぎ》に掲《かゝ》ぐる諸法《しよはふ》に從《したが》つて他人《たにん》の病氣《びやうき》を治療《ちりやう》するならば、其《そ》の豫想外《よさうぐわい》の好結果《かうけつくわ》に驚《おどろ》くであろふ、熟練《じゆくれん》せずとも輕症《けいしやう》のリウマチスや神經痛《しんけいつう》や、腦病《なうびやう》、神經衰弱《しんけいすゐじやく》、初期《しよき》の肺結核《はいけつかく》、胃腸病《いちやうびやう》位《ぐらひ》は全《まつた》く朝日《あさひ》に溶《と》ける霜《しも》の如《ごと》くに快癒《いゆ》するのである。

氣合術應用病氣惡癖治療法

氣各術應用《きあひじゆつおうよう》と云《い》ふても全然氣合《ぜんぜんきあひ》の一聲許《こゑばか》りを以《もつ》て根療《こんりやう》するのではない吾人《ごじん》が曩《さき》に上卷《じやうくわん》中卷《ちうくわん》に述《の》べた總《すべ》ての修養法《しうやうはふ》を陰《いん》に陽《やう》に應用《おうよう》し、變用《へんよう》せらるゝものなる事《こと》を御記憶《おきおく》願《ねが》ひたい、唯單《たゞたん》に氣合《きあひ》の一聲《せい》を以《もつ》て治療《ちりやう》の全法《ぜんぱふ》の如《ごと》く云《い》ふものは未《ま》だ其《そ》の眞《しん》を知《し》らざるものである。

氣合術、氣合術《きあひじゆつ》とは何《なん》ぞやと云《い》ふ事《こと》になるが之《こ》れには種々《しゆ〲》の說《せつ》もある事《こと》であろふけれ共要《どもえう》するに屁理窟《へりくつ》を拔《ぬ》きにすれば『自分《じぶん》の態度《たいど》又《また》は言語掛聲《げんごかけごゑ》等《とう》によつて相手方《あひてがた》の氣《き》を呑《の》む事《こと》である』、强《し》ひて難《むつか》しく重味《おもみ》をつける人《ひと》に云《い》はすれば『靈魂《れいこん》の一部《ぶ》又《また》は全部《ぜんぶ》を奪却《だつきやく》し精神《せいしん》を喪失《そうしつ》せしめ自由《じいう》を奪《うば》ひ幻覺錯覺《げんかくさくかく》を起《おこ》さしめ迷想《めいさう》を奪《うば》ひ疾病《しつぺい》を除却《ぢよきやく》するの術《じゆつ》を云々《うんぬん》』等《など》と云《い》ふ人《ひと》もある。理窟《りくつ》は何《ど》うでも宜《よ》いが要《えう》するに平《ひら》たく云《い》へば相手方《あひてかた》の氣《き》を呑《の》む＝表面意識《へうめんいしき》を去《さ》らしめて潜在意識《せんざいいしき》を働《はたら》かせる＝と云《い》つた樣《やう》な事《こと》である。從《したが》つて氣合《きあひ》で甘《うま》く相手《ちひて》の氣《き》を呑《の》めば、（相手《あひて》が甘《うま》く氣合《きあひ》に掛《か》かればと云《い》ふ事《こと》である）水《みづ》を『酒《さけ》だ』と云《い》つて飲《の》ましても『甘《うま》い酒《さけ》だ、醉《よ》つて來《き》た』等《など》と云《い》つて眞實《ほんたう》に赤《あか》い顔《かほ》になつてベロ〳〵に醉《よ》つて來《く》るものである。又《また》は綿《わた》を持《も》たせて『石《いし》より重《おも》い、持上《もちあげ》られぬ』と暗示《あんじ》すればウン〳〵力《ちから》を入《い》れても持《も》ち上得《あげえ》ない等《など》と云《い》ふ事《こと》もあれば乃至《ないし》キリストのやつた樣《やう》に水《みづ》を葡萄酒《ぶだうしゆ》だと思《おも》はしめたり、幻覺《げんかく》を起《おこ》さしめて目《め》の先《さき》へ極樂淨土《ごくらくじやうど》を作《つく》つて見《み》せたり、死靈《しりやう》や生靈《いきりやう》を現《あら》はして驚《おどろ》かしむる事《こと》も出來《でき》る、之《こ》れ卽《すなは》ち表面意識《へうめんいしき》を氣合《きあひ》で引込《ひきこ》ましめて潜在意識《せんざいいしき》に向《むか》つてダマシを掛《か》けるのである、つまり人《ひと》をバカすのである。水《みづ》を『酒《さけ》だ』と云《い》つて潜在意識《せんざいいしき》を欺《あざむ》けば潜在意識《せんざいいしき》はダマサレて、『之《こ》れは眞實《しんじつ》の酒《さけ》だ』と思《おも》つて飮《の》むから茲《こゝ》に生理的作用《せいりてきさよう》を誘起《いうき》して全《まつた》く醉《よ》つて、赤《あか》くなるのである。此《こ》の原理《げんり》は既《すで》に諸君《しよくん》は承知《しようち》の筈《はず》である。無《な》いものを『有《あ》る』と思《おも》はしめたり、動《うご》ける身體《からだ》を動《うご》かない樣《やう》にせしめたりする不動金縛法《ふどうかなしばりはふ》等《とう》皆之《みなこ》れである、段々奧義《だん〳〵おくぎ》を凝《こ》らすに從《したが》つては＝（氣合術《きあひじゆつ》が上手《じやうず》になれば）＝被術者《ひじゆつしや》に透視《とうし》又《また》は念寫《ねんしや》をさせたり神通力《じんつうりき》を具備《ぐび》さする事《こと》も出來《でき》る、時《とき》によつては昔《むかし》の武藝者《ぶげいしや》のやつた樣《やう》な『合氣《あひき》の術《じゆつ》』に近《ちか》い樣《やう》な事《こと》も出來《でき》る事《こと》がある、平常《へいぜい》の修《しう》養《やう》が足《た》りて居《を》れば言語《げんご》掛聲《かけごゑ》を用《もち》ひずとも單《たん》に自己《じこ》の態度《たいど》人格《じんかく》を以《もつ》ても相手方《あひてかた》の氣《き》を呑《の》む事《こと》も出來《でき》るが、其《そ》れは今後《こんご》に於《お》ける諸君《しよくん》の修養《しうやう》に待《ま》つとして今茲《いまこゝ》で、普通《ふつう》に云《い》ふ氣合《きあひ》の掛聲《かけごゑ》を基《もと》として行《おこな》ふ氣合術《きあひじゆつ》なるものを詳解《しやうかい》する。

氣合の掛聲の練習　氣合《きあひ》の掛聲《かけごゑ》には各自《かくじ》の流義《りうぎ》によつて種々《しゆ〳〵》ある『エイ』『イエーッ』『ヤア』『ハッ』『カアッ』

『ヨウー』『ウーン』等《など》あつて又之《またこれ》を受《う》け止《と》めるのに『ヨーッ』『ハッ』『ホーッ』等《など》の類《るゐ》がある、諸君《しよくん》は宜敷自分《よろしくじぶん》で試《こゝろ》みて最《もつと》も自己《じこ》の行《や》り宜《よ》い樣《やう》な掛聲《かけごゑ》を用《もち》ふれば宜《よ》い、之《こ》れを練習《れんしふ》するには、山林《さんりん》、河岸《かがん》、海邊何處《かいへんどこ》でも宜《よ》いから先《ま》づ精神《せいしん》を統《とう》一して數回《すうくわい》の深息呼吸《しんそくこきふ》を爲《な》し最後《さいご》に充分下腹丹田《じうぶんしたはらたんでん》に充息充力《じうそくじうりき》して、何物《なにもの》をも打《う》ち碎《くだ》かん意氣《いき》をもつて天地《てんち》に響《とゞろ》かむ許《ばか》りに『エイ、エイ、エイッ』と續《つゞ》けて三聲《こゑ》に呼號《こがう》し、更《さら》に又深息《またしんそく》して呼號《こがう》し、練習《れんしふ》するのである、此時傍《このときそば》に人《ひと》の見《み》て居《を》る事等《ことなど》を氣兼《きが》ねして『笑《わら》はれるか知《し》らん、氣狂《きちが》ひだと思《おも》はれるか知《し》らん』等《など》と思《おも》つて掛聲《かけごゑ》に遠慮《ゑんりよ》があつてはならん、自分《じぶん》を修養《しうやう》し他《た》を濟度《さいど》せんとする初程《しよてい》を練習《れんしふ》するのに何《なん》の愧《は》づる所《ところ》かあらん、萬《まん》一心中《しんちう》に遠慮《ゑんりよ》があれば必《かなら》ず掛《か》ケ聲《ごゑ》に曇《くもり》を生《しやう》じて駄目《だめ》になる。震威《しんゐ》一喝《かつ》の下《もと》に萬物《ばんぶつ》を號殺《がうさつ》して敵《てき》の膽を奪《うば》ふのであるから最初《さいしよ》から相手《あひて》を呑《の》んでやつて貰《もら》ひたい、此《こ》の意氣《いき》此《こ》の心掛《こゝろが》けを忘《わす》れずに練習《れんしふ》すれば必《かなら》ず一喝《かつ》にして能《よ》く敵《てき》を斃《たを》す事《こと》が出來《でき》るのである、況《いは》んや壁《かべ》を傳《つた》はり床上《しやうじやう》を走《はし》る鼠位《ねずみぐらゐ》のものは『エイッ』の一聲《こゑ》で轉《こ》がり落《お》ちる樣《やう》になる＝(氣合《きあひ》の掛聲《かけごゑ》は成《な》るべく『太《ふと》く深《ふか》く短《みぢか》く早《はや》く』と云《い》ふのが秘傳《ひでん》と云《い》はれて居《を》るが實際《じつさい》は掛《か》け聲《ごゑ》よりも『意氣《いき》』を重《おも》しとするものである事《こと》を忘《わす》れてはならぬ、意氣《いき》が一《いち》であつて掛《か》け聲《ごゑ》は二である數《すう》十回練習《くわいれんしふ》するうちには必《かなら》ず自分《じぶん》で『此《こ》の聲《こゑ》ならば』と思《おも》ふ確信《かくしん》が湧《わ》いて來《く》るから其《そ》れを練磨《れんま》して行《ゆ》ければ宜《よ》い、重《かさ》ねて云《い》ふて置《お》くが氣合《きあひ》は掛聲《かけごゑ》よりも『氣《き》』であると云《い》ふ事《こと》さえ忘《わす》れて貰《もら》はなければ十分《ぶん》である、膽氣既《たんきすで》に人《ひと》を呑《の》めば掛聲《かけごゑ》の如《ごと》きは期《き》せずして奥義《おくぎ》に達《たつ》する樣《やう》になるものであるから安心《あんしん》して練習《れんしふ》を願《ねが》ひたい。

病氣治療法並奥義

今《いま》より拾數年《すうねん》も前《まへ》に諸君《しよくん》が斯《こ》んな方法《はうはふ》を知《し》つて居《を》れば恐《おそ》らくお釋《しや》迦《か》樣《さま》かイエスキリストと間違《まちが》へられたかも知《し》れぬ、否今日《いなこんにち》に於《お》いても左《さ》に傳授《でんじゆ》する我《わ》が天玄洞《てんげんどう》獨創《どくさう》の病氣治療法《びやうきちりやうはふ》の奥義《おくぎ》を嚙《か》み碎《くだ》いて會得應用《ゑとくおうよう》するならば殆《ほとん》ど如何《いか》なる難病《なんびやう》も＝（但《たゞし》絶對《ぜつたい》とは云《い》はぬ）＝即座《そくざ》に治癒《ちゆ》せしめ又《また》は輕快《けいくわい》ならしむる事《こと》は請合《うけあひ》である、願《ねがは》くば吾人《ごじん》の言《げん》を疑《うたが》はずして實行《じつかう》せられよ、疑《うたが》はば即《すなは》ち寧《むし》ろ廢《はい》せよ!! 何《なに》をか天玄洞主元獨創《てんげんどうしゆげんどくさう》の治療法《ちりやうはふ》と云《い》ふか、既《すで》に會《くわい》員《ゐん》諸君中《しよくんちう》には他《た》の直接講習《ちよくせつかうしふ》を終了《しふれう》せられた諸君《しよくん》も多數《たすう》ある事《こと》と想《おも》ふから試《こゝろ》みに比較治療《ひかくちりやう》をして見《み》れば分《わか》る、尚《な》ほ附言《ふげん》して置《お》く事《こと》は病氣治療《びやうきちりやう》に用《もち》ふる氣合《きあひ》の掛《か》け聲《ごゑ》は前《まへ》に述《の》べた通《とほ》り最《もつと》も自分《じぶん》が宜《よ》いと思《おも》つて練習《れんしふ》した掛《か》け聲《ごゑ》が一番《げん》宜《よ》いので何《なに》も難《む》づかしく考《かんが》へないでも宜《よ》い、前法《ぜんぱふ》に從《したが》つて拾二三回《くわい》も練習《れんしふ》した掛《か》け聲《ごゑ》で十分《ぶん》である、難《む》づかしく考《かんが》へてはいけない。

先《ま》づ第《だい》一に深息腹式呼《しんそくふくしきこ》吸《きふ》と共《とも》に自己《じこ》の精神《せいしん》を統《とう》一せしめ、勃々《ぼつく》たる勇氣《ゆうき》を全身《ぜんしん》に滿《み》たし＝精《せい》神《しん》を統《とう》一すれば期《き》せずして全身《ぜんしん》に勇氣《ゆうき》が滿《み》ち〱て來《く》る＝最《もつと》も莊重《さうちよう》な態度《たいど》とを持《も》つて（自己の形を整える爲めに扇子でも持つて居れば尙ほ宜い）被術者《ひじゆつしや》（病人《びやうにん》）を自己《じこ》の前方《ぜんぱう》一二尺《しやく》の所《ところ》に座《す》はらせる、（足の悪るい人には足を投げ出さしめる）座《す》はらしめたならば病人《びやうにん》に眼《め》を閉《と》ぢさせて『貴方《あなた》の病氣《びやうき》は僕《ぼく》の氣合術《きあひじゆつ》の奥義《おうぎ》を持《も》つて盡《ことごと》く取《と》り除《のぞ》いてあげるから、其《そ》の間貴方《あひだあなた》は眼《め》を閉《と》ぢて靜《しづか》に自分《じぶん》の呼吸《いき》の數《すう》を數《かぞ》えて居《ゐ》なさい外《ほか》には何《なん》にも考《かんが》へないで宜《よ》い、モシ又貴方《またあなた》が私《わたし》の法力《はふりき》を疑《うたが》ふならばいくら疑《うたぐ》つても宜《よ》い、イヤ寧《むし》ろ疑《うたぐ》つて下《くだ》さい、貴方《あなた》の疑《うたがひ》が勝《か》つか私《わたし》の法力《はふりき》が勝《か》つか直《す》ぐ分《わ》かる事《こと》である、私《わたし》の法術《はふじゆつ》は普通《ふつう》の心理療法《しんりりやうはふ》や催眠術《さいみんじゆつ》や氣合術《きあひじゆつ》とは違《ちが》ふから、疑《うたが》はれた爲《た》めや信《しん》ぜられない爲《た》めに亂《みだ》れる様《やう》な法術《はふじゆつ》とは法術《はじゆつ》が違《ちが》ふ』と靜《しづか》に莊重《さうちよう》に云《い》ひ聞《き》かせて自分《じぶん》は靜《しづか》に後掲《こうけい》の般若心經《はんにやしんぎやう》又《また》は仙藥觀想法《せんやくかんさうはふ》の文《ぶん》を高《たか》らかに口誦《こうしよう》するのである、斯《か》くして施術前第《せじゆつぜんだい》一步《ぽ》に於《お》いて自己《じこ》の心身《しんしん》を統《とう》一し相手方《あひてかた》の氣《き》を奪《うだ》ふのである、斯《か》うすれば何《ど》んな頑固《ぐわんこ》な人《ひと》でも其人《そのひと》の潜在意識《せんざいいしき》が信用《しんよう》して仕舞《しま》ふ、即其人《すなはちそのひと》の表面意識《へうめんいしき》が何《なん》と思《おも》つて居《ゐ》ても潜在意識《せんざいいしき》の方《はう》が承知《しようち》して仕舞《しま》ふから面白《おもしろ》い、般若心經又《はんにやしんきやうまた》は第《だい》三六頁《ページ》の文章《ぶんしやう》の口誦《こうしよう》が終《を》えたならば（又《ま》は其中途《そのちうと》でも宜《よ》い）丼《どんぶり》に清水《しみづ》を汲《く》んで傍《そば》に置《お》いて其《そ》の丼《どんぶり》に手先《さき》を浸《ひた》して其手先《そのてさき》で病人《びやうにん》の顔面《がんめん》へパラパラツと數滴《すうてき》を振《ふ》りそそぐ（之《こ》れ亦《また》表面意識《へうめんいしき》を去《さ》らせる爲《た》めである）次《つぎ》に靜《しづか》に病人《びやうにん》の直《す》ぐ前《まへ》に行《ゆ》き自分《じぶん》の兩手《りやうて》を持《も》つて先方《せんぱう》の兩耳《りやうみゝ》を押《おさ》え、押《おさ》えた手先《てさき》にブル〱ッと靈動《れいどう》を起《おこ》しながら靜《しづか》に先方《せんぱう》の頭《あたま》を恰《あだか》も御辭儀《おじぎ》をする位《くらゐ》の程《てい》度《ど》迄《まで》押《おさ》え附《つ》ける樣《やう》にして下《さ》げさしめる、下《さ》げさしめ終《をは》つたならば又靜《またしづか》に頭《あたま》を持《も》ち上《あ》げてやつて元《もと》の位置《ゐち》に復《ふく》さしむるのである、此時施術者《このときしじゆつしや》は靜《しづか》に相手《あひて》（病人《びやうにん》）の呼吸《こきふ》を伺《うかゞ》ひ、息《いき》を吐《は》いて仕舞《しな》つて次《つぎ》の呼吸《こきふ》に移《うつ》らんとする虚《きよ》を狙《ねら》つて靜《しづか》に而《しか》も激《はげ》しく（其の前に自己の腹力を充たし置く事は勿論なり）先方《せんぱう》の眉間《みけん》の部《ぶ》へ向《むか》つて『エイ、エイ、エイッ』と三聲《こゑ》を浴《あ》びせかけるのである。此《こ》の時注意《ときちうい》しないと先方《せんぱう》の顏《かほ》へ術者《じゆつしや》の唾吐《つばき》を飛《と》ばせて不愉快《ふゆくわい》な感《かん》を起《おこ》させる事《こと》があつてはならぬ。普通《ふつう》の病人《びやうにん》ならば三聲《こゑ》の氣合《きあひ》で大丈夫《だいぢやうぶ》であるが疑《うたが》ひ深《ぶか》い人《ひと》や、自分《じぶん》より身分《みぶん》の上《うへ》の人《ひと》や又《また》は重《おも》い病人《びやうにん》には更《さ》らに續《つゞ》け打《うち》に數聲《すうせい》を浴《あ》びせ掛《か》けるが宜《よ》い。斯《か》うすれば大概《たいがい》な人《ひと》の表面意識《へうめんいしき》は大部《だいぶ》分消《ぶんき》え去《さ》つて後《のち》に殘《のこ》つた潜在意識《せんざいいしき》がノコ〱頭《あたま》を出《だ》して來《く》る者《もの》だ其處《そこ》で初《はじ》めて其《そ》の潜在意識《せんざいいしき》に物《もの》を言《い》ひ聞《き》かせると潜在意識《せんざいいしき》は言《い》ひ聞《き》かされた事《こと》の通《とほ》りに生理的作用《せいりてきさよう》を起《おこ》し始《はじ》むるものである今假《いまか》りに一例《れい》として手足《てあし》の惡《わ》るい『リウマチス』か又《また》は神經痛《しんけいつう》の患者《くわんじや》を前《まへ》に置《お》いたものとして天玄洞主元《てんげんどうしゆげん》が自《みづか》ら治療《ちれう》する方法《はうはふ》を示《しめ》すから、ヨク〳〵御會得《ごゑとく》あれよ。『見《み》れば貴方《あなた》は大分《だいぶ》病氣《びやうき》を苦《く》にすると見《み》えて＝（病氣ヲ苦ニシナイ病人ハ無イカラ其ノ弱點ヲ捕エルノデアル）＝大分《だいぶ》頭《あたま》に其《そ》の神《しん》經《けい》が現《あら》はれて居《ゐ》る之《こ》れは君《きみ》の腹《はら》の中《なか》に居《ゐ》る蟲《むし》、換言《くわんげん》すれば病氣《びやうき》を苦《く》にする神經《しんけい》があるのだから今我《いまわ》が輩《はい》が一喝《かつ》を持《も》つて其《そ》の蟲《むし》を除《と》つてやる…『エイエイエイッ』…さあ之《こ》れで君《きみ》が病氣《びやうき》を苦《く》にする神經《しんけい》が皆除《みなと》れた。卽腹《すなはちはら》の中《たか》の惡《わ》るい蟲《むし》が死《し》んで仕舞《しま》つたのだ、從《したが》つて君自身《きみじしん》はいくら病《びやう》氣《き》を苦《く》にしても差支《さしつか》えないから、無理《むり》にも病氣《びやうき》を苦《く》にして見給《みたま》へ』と云《い》ひながらサモ呪《まじない》でもする樣《やう》に頭《あたま》の上《うへ》から首《くび》の遍《へん》を指《ゆび》の先《さき》で撫《な》でてやつたり又《また》はよく行者《ぎやうじや》の云《い》ふ樣《やう》に『臨兵鬪者皆陣列《りんびやうたうしやかいぢんれつ》在前《さいぜん》』とか何《なん》とか小聲《こごゑ》に唱《とな》えてやると有《あ》り難《がた》がるものが多《おほ》い、其處《そこ》で又《また》『ウム成程君《なるほどきみ》の兩腕《りやううで》の關節《くわんせつ》は血液《けつえき》のめぐりが惡《わ》るいネ、局所《きよくしよ》の熱《ねつ》もある、痛《いた》みもあるドレ血行《けつかう》をよくして熱《ねつ》と痛《いた》みとを取《と》つてやらう』と云《い》ひながら手先《てさき》に充分靈動《じうぶんれいどう》を起《おこ》しながら＝卽上卷靈氣能力《すなはちじやうくわんれいきのうりよく》の部《ぶ》にある靈氣能力《れいきのうりよく》の發顯《はつけん》する自己《じこ》の手先《てさき》を持《も》つて局所《きよくしよ》を輕《かる》く抑《おさ》え又《また》は握《にぎ》つて『ウーム』『ウーム』と思念《しねん》口氣《こうき》すると共《とも》に更《さら》に局所《きよくしよ》に中聲《ちうせい》で『エイエイッ』と氣合《きあひ》を掛《か》けてやり、次《つぎ》に最《もつと》も莊重《そうちやう》な態度《たいど》と従容《しようよう》たる言語《げんご》を以《もつ》て威壓《ゐあつ》するが如《ごと》くに『ソーラ血《ち》のめぐりが宜《よ》くなつた、オヤ局所《きよくしよ》の熱《ねつ》も下《さ》がつたネ、エイエイ、さあ痛《いた》みも根切《ねぎ》りになつた、ソーラ右《みぎ》の手《て》の筋《すぢ》が昔《むかし》の樣《やう》に延《の》びる、眞《ま》つ直《す》ぐに延《の》びるから安心《あんしん》して思《おも》ひ切《き》つて延《の》ばしても宜《よ》い、『エイッ』そら延《の》びた』と云《い》へば不思議《ふしぎ》や手《て》が延《の》びる、イヤ不思議《ふしぎ》でも何《なん》でも無《な》い手《て》の延《の》びるのが當然《たうぜん》であるのである其處《そこ》で又《また》『右《みぎ》の手《て》はスッカリ治《なほ》つて多年《たねん》のリウマチが根切《ねぎ》りになつたから今度《こんど》は左《ひだり》の手《て》を治《なほ》してやると云《い》つて前法《ぜんはふ》に從《したが》つて行《や》るのである。之《こ》れが濟《す》んだなら『さあ君《きみ》の病氣《びやうき》は根切《ねぎ》りになつたから安心《あんしん》するが宜《よ》い、今我《いまわ》が輩《はい》が輕《かる》く兩方《りやうはう》の肩《かた》をポンと叩《たゝ》くから君《きみ》はパッと大《おほ》きく眼《め》を明《あ》け給《たま》へ、恰《あだか》も旱續《ひでりつゞ》きに一夕立《ひとゆふだち》の來《き》た樣《やう》に頭《あたま》から身體《からだ》に新《あた》らしい力《ちから》が滿《み》ち〱て來《く》る、ソラ宜《い》いか、エイッ』と眉間《みけん》に一聲《こゑ》を浴《あ》びせると共《とも》に輕《かる》く兩方《りやうはう》の肩《かた》を叩《たゝ》いてやつて眼《め》を開《ひら》かしめるのである。方法《はうはふ》は單《たん》に之《こ》れだけである。尙之《なほこれ》に科學的《くわがくてき》の療法《りようはふ》を加味《かみ》し應用《おうよう》すれば妙味更《みやうみさら》に深《ふか》きものあるは言《げん》を俟《ま》たぬのである、右《みぎ》に述《の》べた形式方法《けいしきはうはふ》が何故《なにゆゑ》に諸種《しよしゆ》の治病《ちびやう》に大效《たいこう》あるかは既《すで》にお分《わか》りの事《こと》と思《おも》ふ、即《すなは》ち最初靜座瞑目《さいしよせいざめいもく》せめてし種々《しゆ〲》の形式方法《けいしきはうはふ》を以《もつ》て表面意識《へうめんいしき》を統《とう》一せしめた所《ところ》で大喝《たいかつ》一聲《せい》『エイッ』と氣合《きあひ》を掛《かけ》れば受術者《じゆじゆつしや》はハッと思《おも》ふ。ハット思《おも》ふと同時《どうじ》に表面意識《へうめんいしき》の太半《たいはん》は何處《どこ》へか消《き》えて仕舞《しま》ふから其處《そこ》で殘《のこ》つた迷《まよ》ひの魂《たましひ》たる潛在意識《せんざいいしき》に物《もの》を云《い》ひ聞《き》かせるから玆《こゝ》に生理的作用《せいりてきさよう》を誘起《いうき》して全《まつた》く、血行《けつかう》を宜《よ》しく熱《ねつ》を去《さ》り痛《いた》みをとるのである、斯《か》くしても尙《なほ》『痛《いた》む』と言《い》ひ『延《の》びぬ』と訴《うつた》えるならば更《さら》に又《また》『ウム未《ま》だ痛《いた》ませる神經《しんけい》が殘《のこ》つて居《ゐ》たか、こんどは根《ね》切《き》りにする樣《やう》に我《わ》が輩《はい》が腕《うで》に三度《ど》氣合《きあひ》を掛《か》ければ治《なほ》るエイ、エイ、エイツ』と云《い》ふ風《ふう》に繰返《くりかへ》すのであるが然《しか》し輕《かる》いリウマチスや齒痛《しつう》や、胃痛《いつう》、頭痛《づつう》、神經痛《しんけいつう》の如《ごと》きは最初《さいしよ》の三聲《こゑ》の氣合《きあひ》と暗示《あんじ》だけで治《なほ》る事請合《ことうけあひ》である、

(現に濱口雄嶽君の如きは唯二三聲の掛け聲のみである外に秘傳は無い)若《も》し又座《またすは》る事《こと》も、椅子《いす》にも掛《か》ける事《こと》も出來《でき》ぬ病人《びやうにん》は寢《ね》せた儘《まゝ》でやれば宜《い》い、如何《いか》なる病氣《びやうき》にせよ右《みぎ》の方法《はうはふ》をもつて應用施術《おうようしじゆつ》すれば一回《くわい》で全治《ぜんち》するか又《また》は數回《すうくわい》で輕快《けいくわい》するかは分《わか》らぬが必《かなら》ず施術者《しじゆつしや》たる諸君自身《しよくんじしん》が驚《おどろ》く程《ほど》の大效《たいかう》ある事《こと》を斷言《だんげん》して憚《はゞか》らぬ、熱《ねつ》ある病《びやう》人《にん》には『氣合《きあひ》の聲《こゑ》だけづゝ一回《くわい》に一分《ぶ》づゝ十回《くわい》に一度《ど》下《さが》る』とか胃腸病患者《いちやうびやうくわんじや》には、我《わ》が輩《はい》の一喝《かつ》が君《きみ》の胃中《いちう》に力《ちから》となつて這入《はい》るから君《きみ》の胃《い》は漸次《ぜんじ》作《つく》り直《なほ》されて內壁《ないへき》が強靱《きようじん》になつて活力《くわつりよく》を增《ま》し、過多《くわた》に分秘《ぶんぴ》される胃酸《いさん》は『エイ、エイ、エイツ止《と》まつて治《なほ》る』とか『君《きみ》の好《す》きな酒《さけ》は我《わ》が輩《はい》の一喝《かつ》を喰《く》ふ度每《たびごと》に嫌《きらひ》になつて今日《こんにち》から五回《くわい》氣合《きあひ》を掛《か》ける迄《まで》には一滴《てき》も飮《の》めなくなる、口《くち》を開《あ》け、酒《さけ》の好《す》きな神經《しんけい》を殺《ころ》して仕舞《しま》ふ『エイ、エイ、エイツ』と云《い》ふが如《ごと》く、行《や》るのである、此《こ》の呼吸《こきふ》を吞《の》み込《こ》んで漸次修養《ぜんじしうやう》を積《つ》めば全《まつた》く活殺自在《くわつさつじざい》の奧義《おくぎ》にも達《たつ》する事《こと》が出《で》

來《き》るのである、唯注意《たゞちうい》すべき事《こと》が三つある、其《そ》の一つは病氣《びやうき》によつては氣合術《きあひじゆつ》だけで全然醫藥《ぜんぜんいやく》を必要《ひつえう》としないものと醫藥《いやく》を必要《ひつえう》とするものとがあるから妄《みだ》りに醫藥《いやく》を廢《はい》さしめては不可《いか》ぬ、萬一醫藥《まんいやく》の事《こと》に迄立《までた》ち入《い》れば醫師法違反《しはふゐはん》になるから決《けつ》して醫藥《いやく》の世話《せわ》をやかぬ事《こと》である、モウ一つの事《こと》は大底《たいてい》な病氣《びやうき》ならば前述《ぜんじゆつ》の方法《はうはふ》を應用《おうよう》しただけで十分《ぶん》であるが慢性《まんせい》の而《しか》も難病《なんびやう》を根治《こんち》させるには何《ど》うしても生理學《せいりがく》の智識《ちしき》があつて欲《ほ》しい、例《たと》へば同《おな》じ淋病《りんびやう》を治療《ちりやう》するにも『ウミが止《と》まる』『痛《いた》みが止《と》まる』と云《い》つただけでも大效《たいかう》はあるが更《さら》に其《そ》れを『君《きみ》の局所《きよくしよ》の尿道中《にようだうちう》には無數《むすう》の黴菌《ばいきん》がはびこつて居《ゐ》るから我《わ》が輩《はい》が局所《きよくしよ》に一喝《かつ》すると全滅《ぜんめつ》して仕舞《しま》ふ、全滅《ぜんめつ》した黴菌《ばいきん》は我《わが》輩《はい》が尿《によう》に殺菌力《さつきんりよく》と排泄力《はいせつりよく》とを與《あた》へて置《お》いたから、盡《こと〴〵》く尿《によう》と共《とも》に排泄《はいせつ》される』と云《い》ふ風《ふう》に生理的《せいりてき》に云《い》ひ聞《き》かせると潜在意識《せんざいいしき》はツク〴〵感心《かんしん》して、『成程《なるほど》』と思《おも》ふから神效實《しんかうじつ》に著《いちじる》しきものがある、第三《だい》に注意《ちうい》すべき事《こと》は初心者《しよしんしや》は往々慢性《わう〱まんせい》の難病《なんびやう》を扱《あつか》ふと快癒遲《くわいゆおそ》き事《こと》があつたり、殆《ほと》んど無效《むかう》の如《ごと》き事《こと》があるから病人《びやうにん》よりも自分《じぶん》が先《さき》に失望《しつばう》して施療《せりやう》を止《や》めて仕舞《しま》ふ事《こと》がある。然《しか》し其處《そこ》は辛棒《しんばう》して考《かんが》へなければならぬ、兎《と》に角如何《かくいか》なる名醫博士《めいいはかせ》でも治《なほ》り得《え》ないのを自分《じぶん》が治《なほ》さうとするのだから其處《そこ》に多少《たせう》の時間《じかん》と回數《くわいすう》とを要《えう》する事《こと》のあるのは止《や》むを得《え》ない事《こと》である、然《しか》し本院《ほんゐん》は責任《せきにん》を持《も》つて斷言《だんげん》するが『倦《う》まず怠《おこた》らずして一日《にち》一、二回《くわい》も行《や》れば必《かなら》ず回《くわい》を重《かさ》ぬるに從《したが》つて神效《しんかう》の見《み》るべきものがあるから中途《ちうと》で失望《しつばう》しては不可《いか》ぬ』と云《い》ふ事《こと》を申添《まをしそ》へて置《お》く。

敬愛《けいあい》する會員諸君《くわいゐんしよくん》、諸君《しよくん》は何卒《どうぞ》此《こ》の法《はふ》に從《したが》つて之《こ》れを活用《くわつよう》し應用《おうよう》して洽《あまね》く人《ひと》を濟《すく》ひ世《よ》を益《えき》して頂《いた》だきたい、折角詳述《せつかくしやうじゆつ》した此《こ》の法《はふ》も諸君《しよくん》の手《て》で握《にぎ》りつぶされては吾人《ごじん》の苦心《くしん》は水《みづ》の泡《あは》である換言《くわんげん》すれば本講習秘錄《ほんかうしふひろく》を活《い》かすも殺《ころ》すも活殺自在《くわつさつじざい》の劍《けん》は諸彦《しよけん》の手中《しゆちう》にある、病氣治療《びやうきちりやう》に就《つ》いては生理學《せいりがく》と相俟《あひま》つて精《くは》しく各病症《かくびやうしやう》に應《おう》じて行《や》る『天玄洞病氣治療秘訣《てんげんどうびやうきちりやうひけつ》』と云《い》ふ奥義《おくぎ》の方法《はうはふ》もあるが之《こ》れは又別《またべつ》に各支部長《かくしぶちやう》にだけ限《かぎ》つて傳授《でんじゆ》する事《こと》にした、普通《ふつう》の會員諸君《くわいゐんしよくん》が自他治療《じたちりやう》を試《こゝろ》みるだけの事《こと》は本卷記載《ほんくわんきさい》の事《こと》だけ心得《こゝろえ》て置《お》けば十分《ぶん》であると思《おも》ふ、尙《な》ほ救世濟民《きうせいさいみん》の爲《た》め、人《ひ》を助《たす》け自己《じこ》を益《えき》さんとするの士《し》は會則《くわいそく》の規定《きてい》に從《したが》つて進《すゝ》んで支部《しぶ》の開設《かいせつ》を申込《まをしこ》んで廣《ひろ》く一般《ぱん》に此妙《このめう》法《はふ》を施療《せりやう》して頂《いた》だき度《た》い、利《り》するもの豈《あに》一人《にん》のみならんやである。

遠隔療法

之《こ》れに就《つ》いては支部《しぶ》でも開設《かいせつ》する人以外餘《ひといぐわいあま》り詳述《しやうじゆつ》するの必要《ひつえう》も無《な》い事《こと》と想《おも》ふから茲《こゝ》では擱筆《かくひつ》して委細《ゐさい》は支部長希望者《しぶちやうきばうしや》に傳授《でんじゆ》する事《こと》にする。或《あるひ》は會員諸君《くわいゐんしよくん》から見《み》れば『詳解《しやうかい》したら宜《い》いだらふ』と思召《おぼしめ》すかも知《し》れぬが最早吾人《もはやごじん》の責任《せきにん》は充分《じうぶん》に盡《つく》し果《は》てた事《こと》と思《おも》ふから、何《ど》うか他《た》の直接講習《ちよくせつかうしふ》の講習《かうしふ》振りと御比較《ごひかく》の上追及《うへつゐきう》は許《ゆる》して頂《いた》だきたい、遠隔療法《ゑんかくりやうはふ》も亦心身改善《またしんしんかいぜん》、治療矯癖《ちりやうけうへき》に特効《とくかう》ある事《こと》は云《い》ふ迄《まで》も無《な》い。

尚《な》ほ催眠術等《さいみんじゆつとう》に就《つ》いて今迄《いままで》何うしても出來《でき》なかつた苦心《くしん》の諸君《しよくん》は本卷《ほんくわん》詳述《しやうじゆつ》の氣合術《きあひじゆつ》と中卷《ちうくわん》記載《きさい》の觀念力《くわんねんりよく》上《じやう》の諸法《しよはふ》を參照《さんせう》して行《や》れば蓋《けだし》思《おも》ひ半《なか》ばに過《す》ぐるものがあると思《おも》ふ、況《いは》んや多少《たせう》なり本院《ほんゐん》の講習秘錄《かうしふひろく》を體得《たいとく》した人《ひと》から云《い》へば暗示法《あんじはふ》や凝視法專門《ぎやうしはふせんもん》のヘッポコ催眠術《さいみんじゆつ》の如《ごと》きは足《あし》許《もと》へも寄《よ》り附《つ》けない。

本講習秘錄《ほんかうしふひろく》は之《こ》れを以《もつ》て擱筆《かくひつ》する。亂筆不文《らんぴつふぶん》之《これ》に加《くは》ふるに意餘《いあま》つて筆足《ふでた》らぬ本講習錄《ほんかうしふろく》に對《たい》して御精讀《ごせいどく》を賜《たま》はつた會員諸君《くわいゐんしよくん》に御厚禮《ごこうれい》申上《まをしあ》げ置《お》く次第《しだい》である、唯唯《たゞ／＼》氣掛《きがゝ》りで不安《ふあん》に堪《た》えぬは稍《や》々もすれば初心者《しよしんしや》の倦《う》み易《やす》き事《こと》である。

願《ねがは》くば怠《おこた》る勿《なか》れ、倦《う》む勿《なか》れ、修《しう》せよ行《ぎやう》ぜよ、一分座《ぶんす》はれば一分《ぶん》の佛《ほとけ》たるを得《う》べく、一時間座《じかんす》はれば一時間《じかん》の佛《ほとけ》たるを得《う》べし、又之《またこ》れを洽《あまね》く世《よ》に施《ほどこ》す時《とき》は無量《むりやう》の功徳《くどく》を積《つ》み救世濟民《きうせいさいみん》の本願《ほんぐわん》に添《そ》ふを得《う》べし。

筆《ふで》を擱《を》くに當《あた》り熱涙滂沱潸《ねつるいばうださん》として止《とゞ》め敢《あ》えぬものあり、何《なん》ぞや……不遜《ふそん》ながら敢《あ》へて云《い》へば師《し》が弟《てい》を想《おも》ひ親《おや》が子《こ》の前途《ぜんと》を打《う》ち案《あん》ずるの感《かん》に等《ひと》し、願《ねが》くば倦《う》む勿《なか》れ怠《おこた》る勿《なか》れ、修《しう》せよ行《ぎやう》ぜよ洽《あまね》く救世濟民《きうせいさいみん》の本願《ほんぐわん》に添《そ》ひ給《たま》へよや、モシ又誤《またあや》まつて此《こ》の法《はふ》を惡用《あくよう》する者《もの》あらば天裁《てんさい》の業火立《ごふくわたち》所《ところ》に至《いた》つて身《み》を燒《や》く事《こと》を忘《わす》るゝ勿《なか》れ、さらば會員諸彦《くわいゐんしよげん》！　妄言多罪《まうげんたざい》。（天玄洞々員一同泣拜）

附《ふ》言《げん》

尙《なほ》は本院講習秘錄《ほんゐんかうしふひろく》により修養《しうやう》せられた事柄及救世濟民《ことがらおよびきうせいさいみん》の爲《た》め他人《たにん》の病氣《びやうき》を治癒《ちゆ》せしめた事等《ことなど》は其《そ》の時々《ときぐ》に精《くは》しく御報導《ごはうだう》を願《ねが》ひたい。

摩訶般若波羅密多心經《まかはんにやはらみつたしんきやう》

（會員諸君《くわいゐんしよくん》は必《かならず》此《こ》の經《きやう》を暗誦《あんしよう》せよ、卽《すなは》ち是《こ》れ佛敎《ぶつけう》八萬《まん》四千の經文《きやうもん》を打《う》って一丸《ぐわん》とせる心經《しんきやう》にして大心眞言《だいしんしんごん》三摩地《まぢ》の法門《はふもん》なり、出入常《しゆつにふつね》に之《こ》れを口誦《こうしよう》すれば現世未來《げんせいみらい》の功德《くどく》は無量《むりやう》にして量《はか》り知《し》る可《べか》らず。

觀自在菩薩《くわんじざいぼさつ》。行ニ深般若波羅密多一時《ふかくはんにやはらみたをぎやうずるときは》。照見ニ五蘊皆空一《ごうんかいくうをしようけんして》。度ニ一切苦厄一《いつさいのくやくをどす》。舍利子《しやりし》。色不レ異レ空《しきはくうにことならず》空《くう》不レ異レ色《はしきにことならず》。色卽是空《しきすなはちこれくう》。空卽是色《くうすなはちこれしき》。受想行識亦復如レ是《じゆさうぎやうしきまたまたかくのごとし》。舍利子《しやりし》。是諸法空相《このしよはふはくうさうにして》。不レ生《しやうぜず》。不レ滅《めつせず》。不レ垢《あかつかず》。不レ淨《きよからず》。不レ增《まさず》。不レ減《へらず》。是故空中無レ色《これがゆゑにくうちうにはしきもなく》。無ニ受想行識一《じゆさうぎやうしきもなく》。無ニ眼耳鼻舌身意一《げんにびぜつしんいもなく》。無ニ色《しき》聲香味觸法一《しやうかうみしよくはふもなく》。無ニ眼界一乃至無ニ意識界一《げんかいもなくないしいしきかいもなく》。無ニ無明一亦無ニ無明盡一《むみやうもなくまたむみやうのつくることもなく》。乃至無ニ老死一《ないしらうしもなく》。亦無ニ老死《またらうしのつくること》盡一《もなく》。無ニ苦集滅道一《くしゆめつだうもなく》。無レ智亦無レ得《ちもなくまたとくもなし》。以レ無ニ所得一故《しよとくなきをもつてのゆゑに》。菩提薩埵《ぼだいさつた》。依ニ般若波羅密多一故《はんにやはらみたによるがゆゑに》。心無一《こゝろけい》罣礙㆒《けなし》 無㆓罣礙㆒故《けいげなきがゆゑに》○無㆑有㆓恐怖《くふあることなし》○ 遠㆓離一切顛倒夢想㆒《いつさいのてんとうむさうおんりし》 究㆓竟涅槃㆒《ねはんをくきやうす》三世諸佛《さんぜしよぶつ》○ 依㆓般若波羅密《はんにやはらみつたによ》
多故《るがゆゑに》○ 得㆓阿耨多羅三藐三菩提㆒《あのくたらさんみやくさんぼだいをえたまへり》○ 故知般若波羅密多是大神呪《ゆゑにしるはんにやはらみつたはこれだいじんしゆなり》○ 是大明呪《これだいめうじゆなり》○ 是無上呪《これむじやうしゆなり》○ 是無等《これむとうと》
々呪《うしゆなり》○能除㆓一切苦㆒《よくいつさいのくをのぞいて》眞實不㆑虛《しんじつにしてこならず》○故說㆓般若波羅密多呪㆒《ゆゑにはんにやはらみたしゆをとく》卽說呪曰《すなはちしゆをといていはく》○ 揭諦○ 揭諦《ぎやあて》○ 波羅揭諦《ぎやあてはらぎやあて》○ 波《は》
羅《ら》僧揭諦《さうぎやあて》○菩提《ぼち》○薩婆訶《そわか》○般若心經《はんにやしんぎやう》○(下卷終)

備考

(一)毎日〳〵各地の會員諸彦より特に雜多の御質問が數百通も山積するが仲には講習錄を讀めばスツカリ分る事でさえも質問さるゝ事が多いが、之れは誠に馬鹿らしい事で會員及本院共時間上の兩損である、何うか分り切つた事の御質問は差控えて頂だかないと、多忙の際却つて他の會員諸君に對する回答書の時間上思ひがけぬ邪魔をする事になると思ふ、尙ほ今後御不明の點ある時は「往復はがき」で御質問下されば直ちに回答するから遠慮なく御問ひ合せを乞ふ

但往復はがきの返信の部には必ず御忘れなく貴方の宛名を御明記願ひたい。

(二)支部開設は各地に定員があるからなるべく早く申込んで置いて頂だきたい。

(三)修靈學士の稱號希望者は簡單でもよいが二三の實驗報告と共に、實費として二錢切手五枚封入の上御申込みを願ひたい。

昭和二年九月二十五日印刷
昭和二年十月十五日發行
昭和七年九月二十日十七版

〔非賣品〕

著作兼發行者　東京市京橋區常盤町一　石川素禪
印刷者　東京市赤坂區青山北町一ノ四　猪平正綱
發行所　東京市京橋區常盤町一　天玄洞本院

印刷所　正文堂　活版所

交霊感応 気合術神伝病気治療秘訣

本書中ニハ直接神示ニ基ク秘密ノ修法傳授シ
アルヲ以テ濫リニ他見ヲ許サズ

交靈感應《こうれいかんおう》 氣合術神傳病氣治療秘訣目次

以　上

交靈感應 氣合術神傳病氣治療秘訣

（天玄洞本院支部長用）

石川素禪筆述

以下《いか》掲《かゝ》ぐる病氣治療法《びやうきちれうほう》の要諦中《えうていちゆう》の過半《くわはん》は盡《こと〴〵》く直接神示《ちよくせつしんじ》に寄《よ》れるか乃至《ないし》は一一某高級神《ぼうかうきゆうじん》に伺《うかゞ》ひ立《た》てて編述《へんじゆつ》したものである、行文元《かうぶんもと》より流麗《りゆうれい》ならざるも一字《いちじ》一行盡《いちげうこと〴〵》く言靈法《ことだまほう》の眞理《しんり》に基《もと》づいて筆述《ひつじゆつ》したものであるから、願《ねが》はくば片《へん》言隻句《げんせきく》にも深甚《しんじん》の御注意《ごちゆうい》を願《ねが》ふと共《とも》に再三再四否讀書《さいさんさいしいなどくしよ》百回自《くわいおのづか》ら其《そ》の眞《しん》に通《つう》じて頂《いた》だきたい。

信《しん》ぜよ、疑《うたが》ふ可《べか》らず

今回支部長各位《こんくわいしぶてうかくゐ》に御渡《おんわた》し申《もう》すべき本病氣治療秘訣書《ほんびやうきちれうひけつしよ》の編述《へんじゆつ》に際《さい》しては、實《じつ》に稿《かう》を改《あらた》むる事五回《ことごくわい》にも及《およ》び内二回《うちにくわい》は一度《たび》印刷業者《いんさつげふしや》の手《て》に回附《くわいふ》して既《すで》に組版《くみはん》に着手《ちやくしゆ》したものを更《さら》に解版《かいはん》して組版《くみはん》し又《また》改版《かいはん》した事《こと》も有《あ》る程《ほど》である、元《もと》より不肖《ふせう》は我《わ》が國靈術界《くにれいじゆつくわい》に於《お》いては名《な》も無《な》き凡個《ぼんこ》の小輩《せうはい》に過《す》ぎぬけれ共《ども》、唯病《たゞびやう》氣《き》の治療《ちれう》と鎮魂歸神法《ちんこんきしんほう》に於《お》いては松本道別氏《まつもとだうへつし》を除《のぞ》いては他《た》に何人《なんぴと》とも立會《たちあ》ひの上實驗競究《うえじつけんけつきう》しても餘《あま》り人後《じんご》に落《お》ちぬ積《つも》りである、從《したが》つてか？、人《ひと》によつては吾人《ごじん》の如《ごと》き凡骨《ぼんこつ》に對《たい》して「神技《しんぎ》の妙《みよう》あり」等《とう》との讃辭《さんじ》を浴《あ》びせて吳《く》れる者《もの》も多《おほ》いが之《これ》れも萬更御世辭《まんざらおせじ》に貰《もら》ふ誇飾《こしよく》では無《な》い心算《つもり》である。

就《つ》いては玆《こゝ》に各位《かくゐ》に御願《おねが》ひ申《もつ》す一《ひと》つの條件《じようけん》が有《あ》る、其《そ》れは唯《たゞ》「疑《うたが》はずして信《しん》じて頂《いた》だき度《た》い」の一事《いちじ》だけである未《いま》だ病氣治療《びようきちれう》に對《たい》して十分《じゆうぶん》の經驗《けいけん》の無《な》い人《ひと》は本書《ほんしよ》の內容《ないよう》を見《み》て其療法《そのれうほう》が餘《あま》りに簡單明瞭《かんたんめいれう》なのに驚《おどろ》き且《か》つ怪《あや》しんで「此《こ》んな馬鹿氣《はかげ》た程簡單《ほどかんたん》な方法《ほう〳〵》で、難病惡癖《なんびようあくへき》が治《なほ》るものか。モシ斯《こ》んな方法《ほう〳〵》で難治《なんじ》の諸病《しよびよう》が治《なほ》るとすれば、世《よ》の中《なか》に醫者《いしや》や博士《はかせ》の必要《ひつえう》は無《な》い、」と思《おも》ふ人々《ひと〴〵》が多《おほ》いだらふと思《おも》ふ、之《こ》れ余輩《よはい》の最《もつと》も恐《おそ》るゝ所《ところ》であると共《とも》に又諸君《またしよくん》の伎倆《ぎれう》をして鈍《にぶ》らしむる所以《ゆえん》である、殊《こと》に本書中《ほんしよちゆう》には深遠《しんえん》なる意義《いぎ》方法《ほう〳〵》をも極《きわ》めて平易《へいい》に且《か》つ平凡《へいぼん》に說《と》いてあるから有難味《ありがたみ》が薄《うす》いかも知《し》れぬ、況《いわ》んや現代《げんだい》の人人《ひとびと》の多《おほ》くは奇《き》を好《この》み怪《くわい》を欲《ほつ》するが故《ゆえ》に何《なん》でも平凡的《へいぼんてき》の編述《へんしゆつ》では物足《ものた》らぬらしい風《ふう》もあるが、何《い》づくんぞ知《し》らん、眞《しん》の眞理《しんり》は平凡《へいぼん》の中《うら》に有《あ》らねばならぬものであつて、學問《がくもん》をした博士《はかせ》で無《な》ければ眞理《しんり》が捕捉出來《ほそくでき》ないとか、千萬長者《せんまんてつしや》で無《な》ければ公理《こうり》は摑《つか》めないとか云《い》ふ樣《やう》なものでは無《な》い、否神《いなかみ》は其《そ》れ程不公平《ほどふこうへい》に人間《にんげん》を取扱《とりあつか》つては居《ゐ》ないのである、富《と》みたる者《もの》も貧《ま》づしき者《もの》も、學《がく》ある者《もの》も學無《がくな》き者《もの》も宇宙《うちゆう》の眞理《しんり》——神《かみ》の御前《みまえ》には一切平等《いつさいへうどう》である、基督敎《きりすとけう》の敎《おし》えにも「富《とみ》みたる者《もの》の天國《てんごく》に入《い》るは、ラクダが針《はり》の穴《あな》をくぐるよりも更《さら》に難《む》づかしい」と書《か》いてある程《ほど》で、又佛敎《またぶつけう》に於《お》いても禪宗《ぜんしゆう》の如《ごと》きは「無學《むがく》の赤子《あかご》になつて來《こ》い」と迄云《までいは》はれてある程《ほど》で淨土宗《ぜつどしつ》に於《お》いても「ひたすらに馬鹿《ばか》になれ」と敎《おし》えられてある、然《しか》り眞《しん》に宇宙《うちう》の妙機《みようき》に參《さん》じ眞理《しんり》の實相《じつそう》を把握《はあく》せんとするならば一切《いつさい》の「我《が》」を捨《す》てて眞《しん》の赤子《あかご》嬰兒《みどりご》となつて心《こゝろ》を明鏡止水《めいきやうしすい》の如《ごと》くに致《いた》さなければ金剛不壞《こんごうふえ》の如意寶珠《によいほうじゆ》は得《え》らるべきものでは無《な》い、問題《もんだい》は其《そ》れ程《ほど》の事《こと》では無《な》いが病氣治療法《びようきちれうほう》に於《お》いても願《ねが》はくば一切《いつさい》の理窟的學問《りくつてきがくもん》と一切《いつさい》の疑問《ぎもん》を捨《す》てて一意唯本書《いちいたゞほんしよ》の記述《きじゆつ》を信用《しんよう》して頂《いた》だき度《た》い、御願《おねが》ひして置《お》く條件《ぜつけん》は唯單《たゞたん》に之《こ》れだけの事《こと》である、信《しん》じて磨《みが》けば必成功《かならずせいこう》するが一點《いつてん》の不信《ふしん》があつても大《だい》なる邪魔《じやま》になる事《こと》を重《かさ》ねて御斷《おことわ》りして置《お》く、況《いわ》んや本書中《ほんしよちう》には余輩《よはい》が平常研究蘊蓄《へいぜうけんきゆううんちく》せる治療法《ちれつほう》は細大《さいだい》と無《な》く網羅《もうら》し盡《つく》してあるから、之《こ》れ以上更《いせつさら》に何等《なんら》の秘傳奥義《ひでんおくぎ》も無《な》いのである、否本書中《いなほんしよちう》に詳述《しようじゆつ》した事項《じこう》こそ之《こ》れ盡《ことごと》く素《そ》禪自身《ぜんじしん》の體得《たいとく》した秘傳奥義《ひでんおくぎ》である、從《したが》つて本書《ほんしよ》を眞面目《まじめ》に信《しん》じ眞面目《ましめ》に研究《けんきゆう》すれば何人《なんびと》と云《い》へ共素禪同樣《どもそぜんどうよう》だけの伎倆《ぎれつ》になる事《こと》は信《しん》じて疑《うたが》はぬ、萬一本書《まんいちほんしよ》によるも素禪《そぜん》だけの伎倆手腕《ぎれつしゆわん》に至《いた》らぬものがあるとすれば、其《そ》れは本書《ほんしよ》の罪《つみ》では無《な》く、明《あきら》かに本秘訣書《ほんひけつしよ》を信《しん》ぜざる罪《つみ》と研究努力《けんきゆうどりよく》の足《た》らざる罪《つみ》である、世人稍《せじんやや》ゝもすれば「秘訣書《ひけつしよ》」とある以上《いぜう》は何人《なんびこ》でも一旦其秘訣《いつたんそのひけつ》を見《み》た者《もの》は立所《たちごころ》に實行出來得《じつこうできう》べきである」――と云《い》ふ者《もの》も有《あ》るが斯《こ》う云《い》ふ人人《ひと〳〵》の爲《ため》に一言《いちごん》して置《お》き度《た》い事《こと》がある。

成程本書《なるほどほんしよ》の病氣治療法《びやうきちれつほう》の如《ごと》きは何人《なんびと》が見《み》ても直《たゞち》に應用《おつよう》して救世濟民《きゆつせいさいみん》の一功德《いつくどく》を施《ほどこう》し得るけれ共《ども》、然《しか》しいくら何《なん》でも萬更唯《まんざらたゞ》「見《み》た」だけでは實行上多少《じつこうぜうた》無理《せつむり》な事《こと》もある、之《こ》れとは稍々《やゝ》違《ちが》つた例《れい》では有《あ》るが、よく會員諸君中《くわいゐんしよくんちう》の一《いち》二《に》の人人《ひと〴〵》から講習錄中《こつしうろくちう》の靜座《せいざ》法《ほう》が出來《でき》ぬとか靈動術《れいどうじつ》か出來《でき》ぬとか、鎭魂法《ちんこんほつ》が出來《でき》ぬとか云《い》ふて來《く》る事《こと》があるから「其《そ》んな馬鹿《はか》な事《こと》は無《な》い、講習錄中《こうしゆつろくちう》の諸項《しよこう》は歸神法《きしんほう》を除《のぞ》く以外《いぐわい》は何《なん》でも出來《でき》ない事《こと》は無《な》い、一體貴下《いつたいきか》は如何《いか》なる方法《ほつく》によつて修養《しゆつよう》せられたのか、何《ど》の位《くらい》の間《あいだ》だけ努力《どりよく》せられたのであるか、」と反問《はんもん》して見《み》ると、其等《それら》の諸君《しよくん》の全部《ぜんぶ》は盡《ことごと》く「讀《よ》んでみただけで別《べつ》に修養《しゆうよう》はしない」と云《い》ふ人許《ひとばか》りである。

是等《これら》の事《こと》は既《すで》に講習錄《こうしゆうろく》にも說《と》いて有《あ》るが如《ごと》く「修《しゆう》せよ行《ぎよう》ぜよ」であつて唯單《たゞたん》に讀《よ》んだだけでは無理《むり》な事《こと》である、其《そ》の代《かわ》り自己《じこ》相當《そうとう》に修養努力《しゆつようどりよく》して出來《でき》ない事《こと》は一項《いつこう》も無《な》いのである、假《か》りに尋常小學校《じんぜうせうがくかう》の先生《せんせい》が生徒《せいと》に「二《に》に二《に》を加《くわ》えれば四《し》になる」と敎《おし》えても聽《き》いて居《ゐ》る生徒《せいと》がポカンとして居《ゐ》たでは何《なん》にも覺《おほ》えられぬ、又英語《またえいご》を習《なら》ふにもせよ「A《エー》」と云《い》ふ字《じ》は斯《こ》ふ云《い》ふ字《じ》で斯《こ》う書《か》くべきものであると敎《おし》えても敎《おし》えられる生徒《せいと》が眞面目《まじめ》に習《なら》つてみる氣《き》が無《な》くては覺《おぼ》えられもせず書《か》けもせぬのと同樣《どうやう》である、又會員中《またくわいゐんちう》の諸君《しよくん》からよく質問《しつもん》して來《く》る事《こと》であるが「氣合《きあい》の一聲《いつせい》で飛《と》ぶ鳥《とり》を落《おと》すには何《ど》うすれば宜《よ》いか？」とか「氣合《きあい》の一聲《いつせい》で數十人《すうじゆつにん》の人《ひと》を一時《いちじ》にドット倒《たを》すには何《ど》う云《い》ふ風《ふう》にするのか」等《など》との事《こと》を申越《もうしこ》して來《く》る向《むき》も有《あ》るが其《そ》れとても矢張《やは》り修養《しゆうやう》を體驗《たいけん》してこそ始《はじ》めて出來得《できう》る事《こと》であつて、何等《なんら》の修養無《しゆつよつな》しに本許《ほんばか》り讀《よ》んだからとて出來得《できう》べきものでは無《な》い、昔《むかし》の武藝者《ぶげいしや》ですら師匠《しせう》から秘傳《ひでん》を傳《つた》えられる迄《まで》には何《なん》ヶ年《ねん》何拾《なんじつ》ヶ年《ねん》の歳月《さいげつ》と修養努力《しゆうやうどりよく》を經《へ》た後《のち》の事《こと》である、眞《しん》に修養努力《しゆようどりよく》すればこそ秘傳奥義《ひでんおくぎ》も傳《つた》えらるべきものであつて、唯徒《たゞいたづ》らに本《ほん》を讀《よ》んだだけで如何《いか》なる難事《なんじ》も實行出《じつこうで》來《き》ると想《おも》ふが如《ごと》きは愚者《ぐしや》の極《きは》みである三代將軍家光《さんだいせうぐんいえみつ》の指南番《しなんばん》たる劍士柳生飛彈守宗冬《けんしやぎうひだのかみむねふゆ》が彼《あ》れだけの伎倆《ぎりう》になる迄《まで》には、彼《かれ》は磯端伴藏《いそはたばんぞう》の膝下《しつか》に何年泣《なんねんな》いた事《こゝ》であらふ、元來講談本等《がんらいこうだんほんなど》にある武藝者《ぶげいしや》の奥傳秘訣《おくでんひけつ》と云《い》ふが如《ごと》き事《こゝ》は皆自《みなみづか》ら修養《しゆつよつ》の極致《きよくち》に達《たつ》した時《とき》に、其師匠《そのしせう》が其伎倆《そのぎりう》を認定《にんてい》した證據《せつこ》として、武藝上《ぶげいぜう》の特別形式《とくべつけいしき》を授《さづ》けるだけの事《こと》であつて、眞《しん》の秘訣奥義《ひけつおくぎ》と云《い》ふものは自《みづか》ら修業《しゆつげつ》しつつある間《あひだ》に於《お》いて體得《たいとく》して居《ゐ》るものである、云《い》はゞ今日《こんにち》の學問《がくもん》に於《おゐ》て『お前《まへ》は大學《だいがく》を卒業《そつげつ》した證據《しようこ》に學士號《がくしごう》をやる』『博士號《はかせごう》を授《さづ》ける』と云《い》ふ様《やう》なものであつて、眞《しん》の秘訣奥義《ひけつおくぎ》は苦心《くしん》の修業中《しゆうげうちう》に、體得《たいとく》するものである、勿論之《もちろんこ》れにも多少《たせう》の例外《れいぐわい》は有《あ》るが其《そ》ふ云《い》ふものである、其《そ》れを興味《けうみ》づける爲《ため》に講釋師共《こうしやくしども》が種々《しゆ〴〵》にアヤを附《つ》けて述《の》べ立《た》てて居《ゐ》るものである、現《げん》に柳生十兵衛《やぎうじゆつへい》の如《ごと》き名家《めいか》も一番《いちばん》の秘訣《ひけつ》として傳《つた》えた名句《めいく》は「劍下即地獄《けんかすなわちじごく》、直《ちよく》迫即極樂《はくすなわちごくらく》」の八字《はちじ》である、更《さら》に之《こ》れを和歌《わか》に作《つく》り直《なほ》して「ふりをろす刄《やいば》の下《した》は地獄《じごく》なれ、踏《ふ》み込《こ》んで見《み》よ極樂《ごくらく》も有《あ》り」と喝破《かつぱ》してある、即《すなはち》「身《み》を捨《す》ててこそ浮《うか》ぶ瀬《せ》もあれ」と同一意義《どういついぎ》の極意《ごくい》である、實《じつ》に之《こ》れこそ劍道《けんだう》の極意《ごくい》である、眞諦《しんてい》である、然《しか》るに之《こ》れを修養《しゆうよう》足《た》らざるものが讀《よ》んだならば何《なん》と想《おも》ふか、之《こ》れが柳生流《やぎうりゆう》の極意《ごくい》とは馬鹿《ばか》氣《げ》切《き》つた事《こと》であると考《かんが》へるに違《ちが》ひないが、然《しか》し又《また》眞《しん》に修養《しゆうよう》の極致《きよくち》に達《たつ》した武藝者《ぶげいしや》が之《こ》れを見《み》たならば讃仰《さんこう》の涙《なみだ》をこぼすに違《ちが》ひない。

話《はなし》は稍《やゝ》横道《よこみち》に外《そ》れたけれ共《ども》古來《こらい》の極意《ごくい》とか秘訣《ひけつ》とか云《い》ふものは皆《みな》斯《こ》ふ云《い》ふ様《やう》なものである、曾《か》つては吾輩《わがはい》も亦《また》諸君《しよくん》の如《ごと》く古來《こらい》の傳書類《でんしよるい》の一子相傳的《いつしそうでんてき》のものの中《なか》には何《なに》か特別《とくべつ》の秘法《ひほう》でも有《あ》るかと想《おも》つて、有名《ゆうめい》な巻物類《まきものるい》は苦心《くしん》して、蒐集研究《しうしゆうけんきゆう》して見《み》たが盡《ことごと》く前述《ぜんじゆつ》の事項《じこう》と同様《どうやう》なものである、玆《こゝ》に於《お》いてか我輩《わがはい》も亦大《またおほ》いに悟《さと》る處《ところ》が有《あ》つて今《いま》更《さら》の如《ごと》く眞理《しんり》は平凡《へいぼん》の中《うち》にあるに驚《おどろ》いた程《ほど》である。

我《わ》が病氣治療秘訣《びやうきちれうひけつ》の如《ごと》きも一讀平凡《いちどくへいぼん》の如《ごと》く想《おも》はるるか知《し》らないが、漸次修養體驗《ぜんじしゆうようたいけん》するに、從《したが》つて段々分《だんだんわか》つて來《く》るから「之《こ》れこそ秘訣中《ひけつちう》の秘訣《ひけつ》」と膝《ひざ》を叩《たゝ》いて御感服下《ごかんぷくくだ》さる事《こと》の有《あ》るのを確信《かくしん》して疑《うたが》ぬ次第《しだい》である。

諸君《しよくん》の信仰《しんこう》せる宗教《しゆうきやう》と念願文《ねんぐわんぶん》

他人《たにん》に對《たい》し病氣治療《びやうきちりやう》を施《ほどこ》さんとする者《もの》は必《かなら》ず神佛《しんぶつ》の加護《かご》を祈《いの》つてから取《と》り掛《か》らねばならぬ、假《か》りに諸君《しよくん》が神道《しんだう》の信者《しんじや》で有《あ》るならば左記《さき》の「幽齋之辭《ゆうさいのことは》」を暗誦《あんしやう》して居《を》らねばならぬのである。又諸君《またしよくん》が佛教《ぶつきやう》の信者《しんじや》ならば矢張《やは》り左記《さな》の摩訶般若波羅密多心經《まかはんにやはらみつたしんきやう》の暗誦《あんしよう》の出來《でき》る樣《やう》になつて居《ゐ》なければならぬ、併《しか》し最初《さいしよ》から暗誦《あんしよう》と云《い》ふ事《こと》は仲々至難《なかなかしなん》の人《ひと》も有《あ》るかも知《し》れぬから、未《ま》だ暗誦《あんしよう》し得《え》ざる迄《まて》は別《べつ》に白紙《はくし》に清書《せいしよ》したものを讀誦《どくしよう》すれば宜《よ》いのである、(但漸次《たゞぜんじ》必《かなら》ず暗誦《あんしよう》し得《う》るに至《いた》らなければならぬ)讀誦《どくしよう》にせよ暗誦《あんしよう》にせよ必《かなら》ず聲《こゑ》は中音《ちうおん》で且《か》つ高《たか》らかで無《な》くてはならぬ。又何《まなど》う云《い》ふ風《ふう》に誦《しよう》ずれば宜《よ》いかと云《い》ふ事《こと》が問題《もんだい》であるが節《ふし》マワシ等《とう》は自分勝手《じぶんかつて》でも決《けつ》して構《かま》はない、眞《しし》に敬神崇佛《けいしんすうぶつ》の赤心《せきしん》が有《あ》つて神佛《しんぶつ》の御加護《ごかご》を乞《こ》ふならばフシや唱《とな》え方《かた》は何《ど》んな風《ふう》でも更《さら》に構《かま》はないが、然《しか》し自分《じぶん》で何《なん》十回誦《くわいとな》え習《なら》つても何《なん》となく心元無《こゝろもとな》い様《やう》な心持《こゝろもち》のする者《もの》は止《や》むを得《え》ぬから、附近《ふきん》の神官僧侶《しんくわんそうりよ》に頼《たの》んで数回《すうくわい》フシマワシを教《をそ》はるが宜《よ》い、又支部長諸君中《またしぶちやうしよくんちう》には無宗教《むしうきやう》の諸君《しよくん》が有《あ》つて「僕《ぼく》は無宗教《むしうきやう》で神《かみ》も佛《ほとけ》も信仰《しんかう》しないが何《ど》うしたら宜《よ》いか」と御《お》思《おも》ひになる人々《ひとびと》も御有《おあ》りの事《こと》と想《おも》ふが、之《これ》は大變《たいへん》な心得違《こゝろえちが》ひの事《こと》で有《あ》つて靈魂《れいこん》の不滅《ふめつ》、死後《しご》の世界《せかい》を知《し》らざるからで有《あ》ろふが然《しか》し又止《またや》むを得《え》ない事《こと》である。殊《こと》に現代《げんだい》の物質科學《ぶつしつくわがく》に心醉《しんすゐ》して幽玄科學《ゆうげんくわがく》の眞《しん》を知《し》らざる結果《けつくわ》で有《あ》るから、セメテ斯《か》う云《い》ふ諸君《しよくん》は一度《た》び本院《ほんゐん》の直接講習《ちよくせつかうしふ》に參會《さんくわい》して神秘幽玄《しんぴゆうげん》なる歸神法《きしんはふ》によつて、眼《ま》の當《あた》り高級神《かうきうしん》の降臨《こうりん》を乞《こ》ひ奉《たてまつ》つて迷夢《めいむ》を開《ひら》く必要《ひつえう》が有《あ》ろふと思《おも》ふ、其《そ》れで斯《か》う云《い》ふ無信仰《むしんかう》の諸君《しよくん》は仕方《しかた》が無《な》いから左記《さき》に掲《かゝ》げてある「幽齋《ゆうさい》の辭《ことば》」又《また》は「心經《しんきやう》」何《い》づれでも宜《よ》いから、自分《じぶん》が讀誦《どくしよう》し易《やす》いと思《おも》ふ方《はう》を念誦《ねんしよう》する事《こと》にして欲《ほ》しい、讀書《どくしよ》百回《くわい》自《おのづか》ら通《つう》ずとは能《よ》く云《い》つたもので、始《はじ》めは無《む》理《り》に念誦《ねんしよう》して居《ゐ》ただけでも其《そ》れが一種《しゆ》の結縁《けつえん》となつて永《なが》い月日《つきひ》のうちには知《し》らず〳〵信仰《しんかう》の道《みち》に這入《はい》るものである。殊《こと》に言靈《ことだま》の神秘《しんぴ》は自然《しぜん》に人《ひと》を其境《そのきやう》に導《みちび》くものである。但《たゞし》中途《ちうと》で廢《よ》してはならぬ、何《ど》んなに馬鹿氣《ばかげ》て居《ゐ》る樣《やう》でも必《かなら》ず念誦《ねんしよう》しなければならぬ、讀經《どくきやう》や崇神《すうじん》が嫌《いや》になつて自然《しぜん》に之《こ》れを廢《はい》する樣《やう》になれば其時《そのとき》は其人《そのひと》に佛果神縁《ぶつくわしんえん》の切《き》れる時《とき》である。まあ理窟《りくつ》は止《よ》しにして默《だま》つて余輩《よはい》の指圖《さしづ》通《とほ》りにやれば宜《よ》い。現實界《げんじつかい》の理《り》窟《くつ》計《ばか》りで見《み》て居《ゐ》れば何《ど》んなに科學《くわがく》が進歩《しんぽ》しても靈界幽界《れいかいゆうかい》（天國地獄《てんごくぢごく》）の消息《せつそく》を知《し》る事《こと》が出來《でき》ない、イヤ斯《こ》んな事《こと》を書《か》くだけでも既《すで》に一種《しゆ》の庇理窟《へりくつ》に歸《き》して仕舞《しま》ふ、其《そ》れでは知《し》りながら何故《なぜ》其《そ》の庇理窟《へりくつ》を云《い》ふかと云《い》ふて反問《はんもん》したい理論家《りろんか》もあるかは知《し》らぬが、之《こ》れ以上《いじやう》は此方《こちら》から謝《あや》まつて置《お》きませふ。多罪《たざい》々々又《また》諸君《しよくん》の中《うち》には佛教《ぶつけう》をも信《しん》じ神道《しんだう》をも拜《はい》したいと想《おも》はれる諸君《しよくん》があるかも知《し》らぬが、之《こ》れとても決《けつ》して構《かま》はない、宜敷《よろしく》「神佛《しんぶつ》一教《けう》を拜《はい》して可《か》なり」である。是等《これら》の諸君《しよくん》は其《その》積《つも》りて「幽齋之辭《ゆうさいのことば》」と「心經《しんぎやう》」とを共《とも》に念誦《ねんしよう》して構《かま》はない、何《い》づれを先《さき》に何《い》づれを後《あと》にと云《い》ふ區別《くべつ》は要《い》らぬ。

幽齋施術《ゆうさいせじゆつ》の方法《はうはふ》

先《ま》づ第《だい》一に口《くち》を嗽《そゝ》ぎ手《て》を洗《あら》つて身心《しんしん》を淨《きよ》め服裝《ふくさう》を正《たゞ》して、宇宙《うちう》の大精神《だいせいしん》たる天御中《あめのみなか》主神《ぬしのかみ》の神前《しんぜん》に座《ざ》する心持《こゝろもち》を以《もつ》て床《とこ》の間《ま》に向《むか》つて靜座《せいざ》して（相成《あひな》るべくは天御中主神《あめのみなかぬしのかみ》の御表體神《ごへうだいしん》たる天照皇大神《てんせうくわうだいじん》の掛軸《かけじゆく》又《また》は神符《しんぷ》を床《とこ》の間《ま》に安置《あんち》するが宜《よ》い）深息呼吸數回《しんそくこきふすうくわい》ののち稍《やゝ》々精神《せいしん》の統《とう》一がついたと思《おも》ふたならば次《つぎ》に肱《ひぢ》を曲《ま》げて兩手《りやうて》を合掌《がつしやう》せしめ（合掌《がつしやう》の法《けふ》は双方《さうはう》の第《だい》三指《し》第《だい》四指《し》第《だい》五指《し》を内側《うちがは》に組合《くみあは》さしめ第《だい》二指《し》ご第《だい》二指《し》は直立《ちよくりつ》せしめて合對《あひたい》せしめ、右《みぎ》の拇指《おやゆび》を下《した》にして上《うへ》から左《ひだり》の拇指《おやゆび》で押《お》さえしむのである｜—— 輕《かる》く兩《りやう》眼《がん》を閉《と》ぢて、尙ほ心中《しんちう》に天御中主神《あめのみなかぬしのかみ》の御名《みな》を稱《とな》へ奉《たてまつ》る事《こと》三回《くわい》、而《しか》して後《のち》は天御中主神《あめのみなかぬしのかみ》の神靈《しんれい》を我《わ》が腦天《なうてん》より全身《ぜんしん》に迎《むか》へ奉《たてま》つるの心持《こゝろもち》、即全身之《すなはちぜんしんこ》れ盡《ことごと》く天御中主神《あめのみなかぬしのかみ》の尊靈《そんれい》を充《み》たし迎《むか》え奉《たてま》つるの心持《こゝろもち》て左《さ》の「幽齋之辭《ゆうさいのことば》」を一心不亂《しんふらん》に而《しか》も中音《ちうおん》にて高《たか》らかに三回《くわい》又《また》は五回念誦《くわいねんしよう》するのである。此場合靈動《このさいれいどう》の自發《じはつ》する人《ひと》は輕《かる》く靈動《れいどう》を起《おこ》しながら行《おこな》つて宜《よ》い、靈動《れいどう》の起《お》きぬ人《ひと》は靜座其儘《せいざそのまゝ》で構《かま》はぬ。

幽齋之辭《ゆうさいのことば》

掛《カ》ケ卷《マ》クモ畏《カシコ》キ天照國照彦天火明櫛玉饒速日尊《アマテルクニテルヒコアマノホアカリクシタマニギハヤヒノミコト》我《ワ》ガ豐葦原《トヨアシハラ》ノ瑞穗《ミヅホ》ノ國《クニ》ニ天降《アマクダ》リ

給《タマ》フ時《トキ》天神《アマツカミ》御祖《ミオヤ》詔《ミコトノリ》シテ天璽瑞《ミヅノ》寶《タカラ》十種《トクサ》ヲ授《サズ》ケ給《タマ》フ曰《イハ》ク瀛津鏡《オキツカヾミ》、邊津鏡《ヘツカヾミ》、八握劍《ヤツカノツルギ》、生魂《イクタマ》、死反魂《マカルカヘシノタマ》、足魂《タルタマ》、道反魂《ミチカヘシノタマ》、蛇比禮《オロチノヒレ》、蜂比禮《ハチノヒレ》、品々物比禮《クサグサノモノヒレ》是《コレ》ナリ。天神《アマノカミ》御祖《ミオヤ》教《ヲシ》ヘ詔《ミコトノリ》シテ曰《ノタマ》ハク若《モ》シ痛《イタ》ム所《トコロ》アラバ此《コノ》十種《トクサ》ノ寶《タカラ》ヲ以《モチ》テ一《ヒト》二《フタ》三《ミ》四《ヨ》五《イツ》六《ムユ》七《ナヽ》八《ヤ》九《ココノ》十《タリヤ》ト謂《イ》フテ布留部《フルベ》由良由良《ユラユラ》ト布留部《フルベ》斯《カク》ノ如《ゴト》クセバ死《マカ》ラントスル人《ヒト》モ生《イ》キ反《カヘ》ルト

吾今《ワレイマ》身《ミ》ヲ清《キヨ》メ心《ココロ》ヲ淨《キヨ》メ大御神《オヽミカミ》ノ大前《オウマヘ》ニ丹精《アカキコヽロ》ノ誠《マコト》ヲ捧《サヽ》ゲ言改《コトアラタ》メテ諸《モロモ》ロノ魂《タマシイ》ヲ鎮《シヅ》メ大御神《オウミカミ》ノ神事《カンワザ》仕《ツカ》ヘ奉《マツ》ルガ故《ユエ》ニ靈異《クシビ》ニ玄妙《タヘ》ナル直靈《ナホヒ》ノ光《ヒカ》リハ輝《カガヤ》キ奇魂《クシミタマ》、荒魂《アラミタマ》、和《ニキ》魂《ミタマ》、幸魂《サチミタマ》、生魂《イクタマ》、足魂《タルタマ》、玉留魂《タマトマルタマ》、神《カン》ナガラニ成《ナ》リ足《タラ》ハシテ心《ココロ》ノ煩《ワズラ》ヒモ身《ミ》ノ病《イタツキ》モ遺《ノコ》ル所《トコロ》アラジト科戸《シナド》ノ風《カゼ》ノ天《アメ》ノ八重雲《ヤヘクモ》ヲ吹《フ》キ放《ハナ》ツコトノ如《ゴト》ク朝《アシタ》ノ御霧《ミギリ》夕《ユウ》ベノ御《ミ》霧《ギリ》ヲ朝風《アサカゼ》夕風《ユフカゼ》ノ吹《フ》キ祓《ハラ》フコトノ如《ゴト》ク現身《ウツソミ》ノ身《ミ》ニモ心《ココロ》ニモ罪《ツミ》ト云《イ》フ罪咎《ツミトガ》ト云《イ》フ咎《トガ》ハアラジモノヲト祓《ハラ》ヒ給《タマ》ヒ清《キヨ》メ給《タマ》ヘト鵜事《ウジ》物《モノ》頸根《ウナネ》衝《ツ》キ拔《ヌ》キテ虔《ツヽシ》ミ敬《ウヤマ》ヒ畏《カシコ》ミ畏《カシコ》ミ

白《マウ》ス。

右《みぎ》の拜辭《はいじ》を三回《くわい》又《また》は五回《くわい》繰《く》り返《かへ》し祈念《きねん》するのである、斯《か》くて五回《くわい》も繰《く》り返《かへ》して口《くち》に誦《しよう》じて居《ゐ》るうちには、言靈《ことだま》の神秘《しんぴ》により何《ど》んな凡骨《ぼんこつ》でも精神《せいしん》の統《とう》一はつくものである。但《たゞし》此場合《このばあひ》心中《しんちう》には前述《ぜんじゆつ》の如《ごと》く一意《い》專心《せんしん》天御中主神《あめのみなかぬしのかみ》の尊靈《そんれい》を迎《むか》え奉《たてま》つり、我《わ》が身體《しんたい》には玄妙《たへ》なる直靈《なほひ》の光《ひかり》が充《み》ち輝《かゞや》くと云《い》ふ事《こと》をのみ念《ねん》じ思《おも》ふて他事《たじ》を省《かへり》みては不可《いか》ぬ、セメテ心持《こゝろもち》だけは其《そ》の積《つも》りで努力《どりよく》しなければならぬ。傍《そば》に見《み》て居《ゐ》る人《ひと》の事《こと》や治療《ちりやう》する病人《びやうにん》の事《こと》や俗事《ぞくじ》一切《さい》の事等《ことなど》は念頭《ねんとう》に置《お》かぬ様《やう》にするのである。

幽齋《ゆうさい》の辭《ことば》が終《をは》つたならば次《つぎ》に心中《しんちう》に天御中主神《あめのみなかぬしのかみ》の御名《みな》を稱《とな》へ奉《たてま》つる事《こと》三回《くわい》にして組《くみ》合《あ》はせたる兩掌《りやうて》を解《と》いて左右《さいう》の掌《て》を上方《じやうはう》に向《む》けて兩膝《りやうひざ》の上《うへ》に置《お》き、靜《しづか》に頭《かうべ》を下《さ》げて拜《はい》伏《ふく》の禮《れい》を爲《な》して退《しりぞ》くのである。赤心《せきしん》さえ熱烈《ねつれつ》にして崇神《すうじん》の念《ねん》深《ふか》からば神明《しんめい》の御加護《ごかご》著《いちじ》るしきもののあるは驚嘆《きようたん》に堪《た》えぬ事《こと》がある。實《じつ》に此《この》幽齋《ゆうさい》施術《せじゆつ》だけの一法《ほふ》を以《もつ》してさえも大患《たいくわん》を癒《ゆ》する事《こと》霜に熱湯《ねつたう》をそゝくの如《ごと》き感《かん》のものがある。試《こゝろ》みに諸君《しよくん》は之《こ》れを大患《たいくわん》枕《まくら》も上《あ》がらぬ人《ひと》に試《こゝろ》みるが宜《よ》い。神徳《しんとく》の著《いちじる》しく、いやちこなるに嘆服《たんぷく》するて有《あ》ろふ

斯《か》くして別記《べつき》の病氣《びやうき》治療法《ちりやうはふ》又《また》は悪癖《あくへき》矯正法《けうせいはふ》に取《と》り掛《か》るのであるが、然《しか》し患者《くわんじや》が病院《びやうゐん》等《など》に入院《にふゐん》して居《ゐ》る爲《ため》に思《おも》ふ通《とほ》りに氣合《きあひ》の掛《か》けられぬ様《やう》な場合《ばあひ》には、單《たん》に病人《びやうにん》の枕頭《ちんとう》に天照皇大神《てんせうくわうだいじん》の神符《しんぷ》又《また》は掛軸《かけじく》を置《お》いて、其《そ》の傍《かたはら》に小量《せうりやう》の洗米《せんまい》ご鹽《しほ》ご淸水《せいすい》を捧《さゝ》げ奉《たてま》つり小聲《こゑ》に右《みぎ》の幽齋《ゆうさい》之《の》辭《ことば》を五回《くわい》祈念《きねん》し、次《つぎ》に靜《しづか》に別記《べつき》の様《やう》な巧《たく》みな暗示《あんじ》の言葉《ことは》を與《あた》え、終《をは》つて正座《せいざ》し心中《しんちう》に又《また》天御中主神《あめのみなかぬしのかみ》の御名《みな》を三回《くわい》祈念《きねん》するのである。之《こ》れは特《とく》に重病者《ぢうびやうしや》に對《たい》して施術《せじゆつ》する際《さい》の治療法《ちれうはふ》であるから特《とく》に身心《しんしん》を落《お》ちつけて、愼重《しんちやう》に且《か》つ重々《おもおも》しく取《と》り掛《か》らねばならぬ。多《た》少《せう》起座《たちゐ》の振舞《ふるまひ》に形式《けいしき》上違法《じやうゐはふ》の事《こと》はあつても差支《さしつか》えないが、敬神《けいしん》の

赤心《せきしん》だけは必天《かならずてん》を貫《つらぬ》くの慨《がい》が無《な》ければならぬ。敬神尊崇《けいしんそんすう》の念《ねん》さえ深《ふか》ければ、此《こ》の幽齋《ゆうさい》施術《せじゆつ》と巧《たく》みなる暗示《あんじ》の言葉《ことば》との二種《しゆ》を以《も》つて難病固疾《なんびやうこしつ》を救《すく》ふ事《こと》が出來《でき》るものである。心《こゝろ》して夢《ゆめ》疑《うたが》ふ可《べか》らず。

摩《ま》訶《か》般《はん》若《にや》波《は》羅《ら》密《みつ》多《た》心《しん》經《ぎやう》

曾《かつ》て本院《ほんゐん》の講習秘錄下卷《こうしふひろくげくわん》の末尾《まつび》に於《お》いて心經《しんぎやう》の事《こと》を「即《すなは》ち是《こ》れ佛敎《ぶつけう》八萬《まん》四千の經《きやう》文《もん》を打《う》つて一丸《ぐわん》とせる心經《しんぎやう》にして大心眞言《たいしんしんごん》三摩地《まち》の法門《はふもん》なり、出入《しゆつにふ》常《つね》に之《こ》れを口誦《こうしよう》すれば現世未來《げんせみらい》の功德《くどく》は無量《むりやう》にして量《はか》り知《し》る可《べか》らず」と述《の》べて置《お》いたが事實《じじつ》其《そ》の通《とほ》りであつて、昔《むかし》は無學《むがく》の舟子船頭《かこせんどう》てさえ心《こゝろ》ある者《もの》は之《こ》れを暗誦《あんしよう》して居《ゐ》て、スワヤ難破船《なんはせん》……と見《み》ゆる時《とき》には一生懸命《しやうけんめい》に此《こ》の心經《しんぎやう》を念誦《ねんしよう》して危《あや》ふき命《いのち》を助《たす》かつたものである。源平盛《げんぺいせい》衰《すい》記《き》にもあるが源義經《みなもとよしつね》主從《しゆじゆふ》が暴風雨《あらし》の爲《た》め海中《かいちう》に難破《なんは》せんとした際《さい》、隱鬼陽魔《ゐんきやうま》の類《たぐひ》が平知盛《たいらのとももり》一族《ぞく》の亡念《ぼうねん》となつて黑雲《こくうん》の中《な》に立《た》ち現《あら》はれた際《さい》、武藏坊辨慶《むさしぼうべんけい》が珠數《じゆず》サラ〳〵と押揉《をしも》みながら大音《たいおん》に此《こ》の心經《しんぎやう》を唱《とな》へて「九字《じ》」を切《き》つた時《とき》、アーラ不思議《ふしぎ》や怨敵《おんてき》一時《じ》に退散《たいさん》して風止《かぜや》み海靜《うみしづ》まり陽光輝《やうくわうかゞや》きわたつて、其《そ》の爲《ため》に平和《へいわ》な海路《かいろ》を續《つゞ》けた事等《ことなど》は有名《いうめい》な話《はなし》である。事《こと》の眞僞《しんぎ》は保證《ほしよう》の限《かぎ》りでも無《な》いが全然《ぜんぜん》無根《むこん》の事《こと》でもあるまいと想《おも》ふ。此心經《このしんぎやう》の意味《いみ》程廣大《ほどくわうだい》無邊《むへん》で而《しか》も深刻《しんこく》なものはないが、元來《ぐわんらい》之《こ》れを講義《かうぎ》した書物《しよもつ》は餘《あま》り澤山《たくさん》ない。其《そ》れ許《はか》りで無《な》く眞《しん》の名僧智識《めいそうちしき》と謂《い》はれた人々《ひとびと》も心經《しんぎやう》の講釋《かうしやく》は喜《よろこ》んで爲《し》ないものである。蓋其《けだしそ》れは眞《しん》の心經《しんぎやう》の講釋等《かうしやくなど》は口《くち》や筆先《ふでさき》で出來《でき》可《べ》きもので無《な》いからである。殊《こと》に之《こ》れを凡俗《ぼんぞく》の徒《やから》に講釋《かうしやく》する時《とき》は却《かへ》つて誤《あやま》り傳《つた》えて後世《こうせい》恐《おそ》るべき禍根《くわこん》を生《う》む事《こと》になり易《やす》いからである。要《えう》は體驗《たいけん》である。理窟《りくつ》は一切《さい》拔《ぬ》きにして信《しん》する人《ひと》も信《しん》ぜざる人《ひと》も唯々《たゞ〳〵》繰返《くりかへ》して念誦《ねんしよう》すれば十分《ふん》である。

摩訶般若波羅蜜多心經《まかはんにやはらみつたしんぎやう》

觀自在菩薩《くわんじざいぼさつ》　行深般若波羅蜜多時《じんはんにやはらみつたをぎやうずるときは》　照見五蘊皆空《ごうんかいくうをせうけんし》　度㆓一切苦厄㆒《いつさいのくやくをどす》　舍利子《しやりし》　色《しき》不㆑異㆑空《はくうにことならず》空不㆑異㆑色《くうはしきにことならず》　色即是空《しきすなはちこれくう》　空即是色《くうすなはちこれしき》　受想行識亦復如㆑是《じゆさうぎやうしきまたまたかくのごとし》　舍利子《しやりし》。是諸《このしよ》法空相《はふ、くうさうにしてしよう》。不㆑生《せず》。不㆑滅《めつせず》。不㆑垢《あかつかず》。不㆑淨《きよからず》。不㆑增《まさず》。不㆑減《へらず》。　是故空中無㆑色《このゆゑにくうちうにはしきもなく》。　無㆓受想行識㆒《じゆさうぎやうしきもなく》無㆓眼耳鼻舌身意㆒《げんにびぜつしんいもなく》無㆓色聲香味觸法㆒《しきしやうかうみしよくはふもなく》　無㆓眼界㆒《げんかいもなく》乃至《ないし》無㆓意識界㆒《いしきかいもなく》　無㆓無明㆒《むみやうもなく》亦無㆓無明盡㆒《またむみやうのつくることもなく》乃至《ないし》無㆓老死㆒《らうしもなく》　亦無㆓老死盡㆒《またらうしのつくることもなく》無㆓苦集滅道㆒《くしゆめつだうもなく》　無㆑智亦無㆑得《ちもなくまたとくもなし》　以㆑無㆓所得㆒故《しよとくなきをもつてのゆゑに》。菩提薩埵《ぼだいさつたは》　依㆓般若波羅蜜多㆒故《はんにやはらみたによるがゆゑに》。心無㆓罣礙㆒《こころけいげなし》　無㆓罣礙㆒故《けいげなきがゆゑに》。無㆑有㆓恐怖㆒《くふあることなし》遠㆓離一切顚倒夢想㆒《いつさいのてんどうむさうおんりし》　究㆓竟涅槃㆒《ねはんをくきやうす》　三世諸佛《さんぜしよぶつも》　依㆓般若波羅蜜多㆒故《はんにやはらみつたによるがゆゑに》。得㆓阿耨多羅三藐三菩提㆒《あのくたらさんみやくさんぼだいをえたまへり》

故知般若波羅密多《ゆゑにしるはんにやはらみつたは》是大神咒《これだいじんしゆなり》。是大明咒《これだいめうしゆなり》。是無上咒《これむじやうしゆなり》。是無等々咒能除二一切苦一《これむとうとうしゆなりよくいつさいのくをのぞいて》眞實不レ虛《しんじつにしてこならず》。故說二般若波羅密多咒一即說レ咒曰《ゆゑにはんにやはらみつたじゆをとくすなはちじゆをといていはく》。揭諦《ぎやあてい》。揭諦《ぎやあてい》。波羅《はら》揭諦《ぎやあてい》。波羅《はら》僧揭諦《そうぎやあてい》。菩提《ぼぢ》。薩婆訶《そわか》 般若心經《はんにやしんぎやう》。

此《こ》の念佛《ねんぶつ》の申《まを》し方《かた》は矢張《やは》り神道《しんだう》に於《お》いて宇宙《うちう》の大元靈《だいげんれい》たる天御中主神《あめのみなかぬしのかみ》を拜《はい》する心持《こゝろもち》ご同樣《どうやう》であつて先《ま》づ手《て》を洗《あら》ひ口《くち》をそゝぎ、一切《さい》の邪念《じやねん》を斷《た》つて心身《しんしん》を淸《きよ》からしめ、佛前《ぶつぜん》に正座《せいざ》し（佛壇《ぶつだん》の無《な》い場合《ばあひ》には床《とこ》の間《ま》に向《むか》つて如來《によらい》を拜《はい》する心持《こゝろもち》で行《おこな》ふ）佛《ほとけ》の御足《みあし》を頂《いた》だく積《つも》りになつて、左右《さいう》の掌《てのひら》を膝《ひざ》の上《うへ》に置《お》き、三度《た》び佛足《ぶつそく》を押《お》し頂《いた》だく心持《こゝろもち》で頭《つむり》を下《さ》げるご共《とも》に兩手《りやうて》を上方《じやうはう》に四五寸《すん》上《あ》げるのである、其《そ》の時《とき》心中《しんちう》には矢張《やは》り宇宙《うちう》の大元靈《だいげんれい》たる阿彌陀如來《あみだによらい》を三度《た》び念《ねん》ずるのである。（茲《こゝ》で一寸《ちよつと》注意《ちうい》して置《お》くが神道《しんたう》に於《お》いて天御中主神《あめのみなかぬしのかみ》ご申奉《まをしたてま》つるも、佛教《ぶつけう》に於《お》いて阿彌陀如來《あみだによらい》ご申上《まをしあ》ぐるも、基督教《きりすとけう》に於《お》いて天帝《てんてい》ご尊崇《そんすう》するも皆御《みなご》同靈《どうれい》に在《おわ》しますものである。然《しか》し之《こ》れは高等靈學《かうとうれいがく》の部《ぶ》に屬《ぞく》する事《こと》であるから、本《ほん》病氣《びやうき》治療法書《ちれうはふしよ》に於《お》いては省略《しやうりやく》して置《お》くが、唯此點《たゞこのてん》を誤解無《ごかいな》き樣《やう》に願《ねが》ひたい）而《しか》して後靜《のちしづか》に心經《しんきやう》の讀經《どくきやう》を三回《くわい》又《また》は五回爲《くわいな》すのである。終《をは》つたならば病者《びやうしや》に對《たい》し巧《たく》みなる暗示《あんじ》の言葉《ことは》を與《あた》える事《こと》は前項《ぜんこう》の幽齋《ゆうさい》施術《せじゆつ》の場合《ばあひ》ご同樣《どうやう》である。且《か》つ又氣合《またきあひ》の一聲《せい》を用《もち》ひ難《がた》き場合《ばあひ》に於《お》いて取《と》る治療法《ちれうはふ》も幽齋施術之部《ゆうさいせじゆつのぶ》の末項《まつこう》に示《しめ》したご同樣《どうやう》である。而《しか》して暗示《あんじ》が終《をは》つたならば更《さら》に又改《またあらた》めて正《たゞ》しく座《ざ》し、三度《たび》び又佛足《またぶつそく》を押《お》し頂《いたゞ》く形《かたち》をこるのである。佛《ほとけ》の御力《みちから》の御加護《ごかご》を願《ねが》ふ信心力《しんじんりよく》の熱心《ねつしん》が無《な》ければならぬのは論《ろん》を俟《ま》たぬ事《こと》である。

九《く》字《じ》眞《しん》言《ごん》の秘《ひ》密《みつ》

昔《むかし》から神道《しんだう》の行者《ぎやうじや》や、眞言宗《しんごんしう》の高僧達《かうそうたち》に「九字《じ》の眞言《しんごん》」と稱《しやう》する極秘《ごくひ》の事項《じかう》がある。有名《いうめい》な長唄《ながうた》の勸進帳《くわんじんちやう》や、謠曲《えうきよく》の安宅《あたか》にある辨慶《べんけい》が、關守富樫左衞門《せきもりとがしさゑもん》に「汝等《なんぢら》眞《しん》の山伏《やまぶし》ならば重《かさ》ねて問《と》はん、そも〱九字《じ》の眞言《しんごん》とは如何《いか》なる密法《みつぽふ》にや？」と問《と》ひ詰《つ》められた時《とき》に流石《さすが》に辨慶《べんけい》よどみも無《な》く「九字《じ》の秘密《ひみつ》は神秘《しんぴ》にして語《かた》り難《がた》き儀《ぎ》なれ共《ども》、疑念《ぎねん》を晴《はら》さん其爲《そのた》めに說《と》き聞《き》かせ申《まを》すべし、其《そ》れ九字《じ》とは臨兵鬪者皆陣烈在前《りんぴやうとうしやかいぢんれつざいぜん》の九字《じ》なり、先《ま》づ右《みぎ》の大指《おほゆび》を以《もつ》て四縱《じう》を畵《ゑが》き、後《のち》に五橫《わう》を畵《くわく》す、此時《このとき》急々如律令《きよ〱によりつりよう》と呪《じゆ》する時《とき》は云々《うんぬん》」と答《こた》えた樣《やう》に書《か》いてあるが、眞《しん》の九字《じ》の切《き》り方《かた》は其《そ》んな簡單《かんたん》なものでは無《な》い、想《おも》ふに謠曲《えうきよく》や長唄《ながうた》の作者《さくしや》には眞《しん》の九字《じ》の切《き》り方《かた》が何《ど》うしても分《わか》らなかつたから、止《や》むを得《え》ず「右《みぎ》の大指《おほゆび》を以《もつ》て四縱《じう》を畵《ゑが》き……」とかなんと云《い》ふ宜《い》い加減《かげん》な事《こと》を辨慶《べんけい》が云《い》つた樣《やう》に書《か》いたものであろふ。

然《しか》らば此《この》「九字《じ》の秘密《ひみつ》」は如何《いか》なる場合《ばあひ》に用《もち》ふるかと云《い》ふに、其意味《そのいみ》は神道《しんたう》の祓《はらひ》の意《い》を骨《ほね》として、陰陽道《いんやうだう》と佛教《ぶつけう》の印明《いんめい》とを合《あは》せて大成《たいせい》したものであつて、戰陣《せんぢん》に臨《のぞ》む場合《ばあひ》や劍戟《けんげき》の難《なん》を受《う》けそうな危險《きけん》な際《さい》は勿論《もちろん》として、其他《そのた》一切眼《さいめ》に見《み》えぬ惡鬼《あくき》、外道《げだう》、憑《ひよう》靈《れい》、邪神《じやしん》、災害《さいがい》、惡魔《あくま》を拂《はら》ふに神變《しんぺん》不思議《ふしぎ》の功徳《くどく》を現《あら》はすものである、之《こ》れに就《つ》いては戰國《せんごく》の出陣《しゆつぢん》の際《さい》徳川家康《とくがはいへやす》等《ら》は常《つね》に天海僧正《てんかいそうじやう》から九字《じ》を切《き》つて貰《もら》つて出掛《でか》けた爲《ため》に、屢々《しばしば》危地《きち》に陷入《おちい》りながら更《さら》に生命《せいめい》に別條《べつでう》無《な》かつた等《とう》は、有名《いうめい》な話《はなし》である。獨《ひと》り此法《このはふ》の妙《めう》は前項《ぜんかう》の災害《さいがい》を除《のぞ》くに止《とゞ》まらず、行《おこな》ふ者《もの》功《こう》を積《つ》み徳高《とくたか》きに從《したが》つては屢々《しばしば》山顚《さんてん》に飛來《ひらい》する雲《くも》をさえ切《き》り拂《はら》ふ事《こと》が出來《でき》るのである。

九字《じ》を切《き》るとか印《いん》を結《むす》ぶとか云《い》ふて僅《わづか》に指《ゆび》や口《くち》を動《うご》かす位《くらゐ》の事《こと》に、何《なん》で其《そ》んな神變《しんぺん》不思議《ふしぎ》な事《こと》が起《おこ》るものか、其《そ》れは野蠻《やばん》であるコケオドシであると云《い》ふ諸君《しよくん》もあるが、夫《それ》は實《じつ》に現界《げんかい》と靈界《れいかい》との連絡消息《れんらくせうそく》を知らざる者《もの》の云《い》ふ事《こと》であつて、元來人間《ぐわんらいにんげん》は宇宙大《うちうたい》靈《れい》の分身《ぶんしん》であつて萬有《ばんいう》の縮圖《しゆくづ》である、誠意《せいい》ある方式《はうしき》に従《したが》つて行《おこな》へば……（つまり神《かみ》と人《ひと》との約束法式《やくそくはふしき》）指《ゆび》一本《ぽん》の屈伸《くつしん》でも、夫《これ》は直《たゞ》ちに宇宙全體《うちうぜんたい》に關係《くわんけい》するものである。

九字《じ》の切方《きりかた》、九字《じ》を切《きる》には**先《ま》づ**手《て》を洗《あら》ひ口《くち》をそゝぎ神佛《しんぶつ》の前《まへ》に祈願《きぐわん》する心持《こゝろもち》を持《も》つて（立《た》つて居《ゐ》ても座《すわ》つて居《ゐ》ても宜《よ》い、其《そ》れは其《そ》の時《とき》の場合《ばあい》に便利《べんり》な仕方《しかた》で宜《よ》い。且《か》つ又危難目前《またきなんもくぜん》に迫《せま》る時《とき》に洗手口嗽《せんしゆこうそう》のいとまの無《な》い時《とき》は、唯《たゞ》手《て》を洗《あら》ひ口《くち》をそゝいだ形《かたち》の眞似《まね》だけでも宜《よ》い）‖幽齋法《ゆうさいはふ》の時《とき》の如《ごと》くに合掌《がつしやう》し次《つぎ》に中音《ちうおん》にて**南無本尊界會摩利支天來臨影向《なむほんぞんかいゑまりしてんらいりんえかう》某甲《それがし》守護令給《まもらしめたまへ》。南無九萬八千神來臨守護急《なむきゆうまんはつせんしんらいりんしゆごきふ》急如律令《きよにようりつりやう》**と唱《とな》へ次《つぎ》に中音《ちうおん》にて（心中《しんちう》だけにても宜《よ》し）臨兵闘者皆陣裂在前《りんぴやうとうしやかいぢんれつざいぜん》と稱《とな》へながら臨《りん》と云《い》ふ辭《ことば》の際《さい》には普賢三昧耶《ふげんさんまいや》の印《いん》を組《く》み、（即左《すなはちひだり》の拇指《おやゆび》は右《みぎ》の拇指《おやゆび》を以《もつ》て押《おさ》へ、双《さう》方《はつ》の第《だい》二指《し》と第《だい》二指《し》は外側《ぐわいそく》に組《く》み合《あは》せしめ、第《だい》三指《し》と第《だい》三指《し》は對立《たいりつ》せしめ、第《だい》四指《し》第《だい》五指《し》は外側《ぐわいそく》に互《たがひ》に組《く》み合《あわ》せしむ） 兵《ひやう》と云《い》ふ辭《ことは》の際《さい》には大金剛輪《だいこんごうりん》の印《いん》を結《むす》び、闘《とう》と云《い》ふ場合《ばあひ》には外獅子《げじし》の印《いん》を結《むす》ぶと云《い》ふ様《やう》にするのである。

試《こゝろ》みに之《こ》れを圖解《づかい》すれば

臨《りん》

普《ふ》賢《けん》三《さん》昧《まい》耶《や》

天照皇《てんせうくわう》
大神宮《たいじんぐう》
毘沙門天《びしやもんてん》

兵《ひよう》

大《だい》　金《こん》　剛　輪《りん》

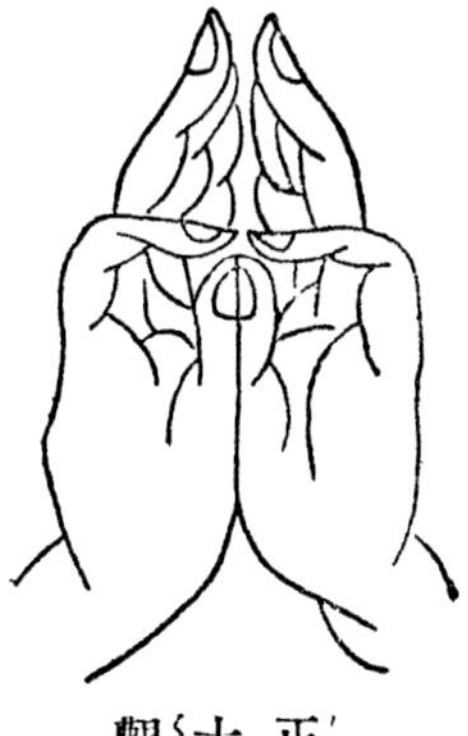

正八幡大神《しやうはちまんたいじん》
十一面《めん》
觀《くわん》世《ぜ》音《おん》

闘《とう》

外《げ》獅《じ》子《し》

春日大明神《かすがだいみょうじん》
如意輪《にょいりん》観世音《くわんぜおん》

皆《かい》

外《げ》縛《ばく》

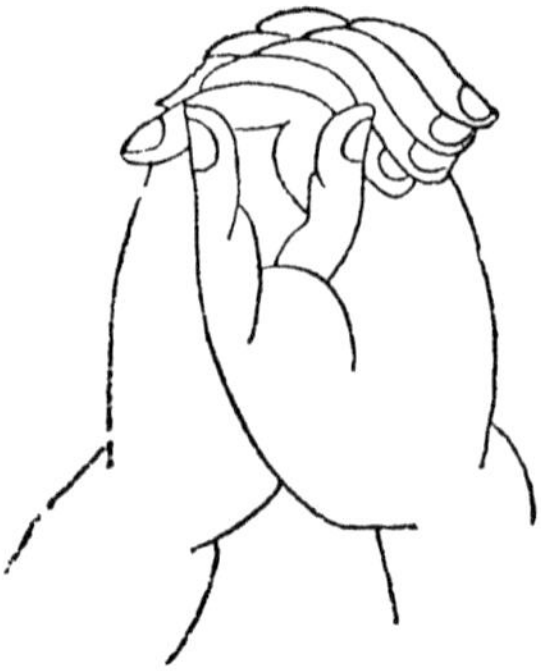

稲荷大明神《いなりだいみょうじん》
愛染明王《あいそめみょうわう》

者《しゃ》

内《ない》獅《じ》子《し》

加茂大明神《かもだいみょうじん》
不動明王《ふどうみょうわう》

陣《ちん》

内《ない》縛《ばく》

住吉大明神《すみよしだいみょうじん》
正観世音《しやうくわんぜおん》

裂《れつ》

智《ち》劵《けん》

丹生大明神《にふだいみょうじん》

阿彌陀如來《あみだにょらい》

在《ざい》

日《にち》輪《りん》

日天子《につてんし》

彌勒菩薩《みろくぼさつ》

前《ぜん》

隱《おん》形《ぎょう》

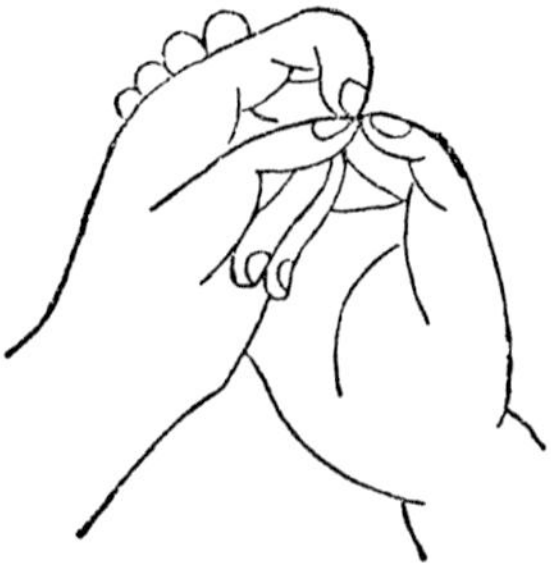

摩利支天《まりしてん》

文殊菩薩《もんぢゅぼさつ》

此《こ》の隱形《をんぎやう》の事《こと》は幽玄科學中《いうげんくわがくちゆう》の最《もつと》も秘密《ひみつ》なる修法《しつはふ》であつて、一大事《だいじ》として容易《ようい》に發表《はつぴやう》せぬ程《ほど》のものである、若《も》し之《こ》れを惡用《あくよう》し變用《へんよう》する際《さい》は其罪《そのつみ》獨《ひと》り諸君《しよくん》に及《およ》ぶのみならず、吾人《ごじん》も亦《また》其《そ》の責《せめ》を負《お》はねばならぬ事《こと》になるから、大決心《だいけつしん》の末《すゑ》今回《こんくわい》漸《やうや》く支部長諸君《しぶちやうしよくん》だけに御發表申《ごはつぴやうまを》した重大事《ちうだいじ》であるから、支部長各位《しぶちやうかくゐ》も敢《あ》えて御濫用《ごらんよう》無《な》き樣《やう》に願《ねが》ひたい。併《しか》し何《ど》の道修行《みちしゆげう》には絶《た》えず不斷《ふだん》の努力《どりよく》を拂《はら》はねばならぬから、平素《へいそ》に於《お》いて十分《ぶん》に御熟《ごじゆく》達《たつ》の上不時《ふじ》の災害《さいがい》に備《そな》える樣《やう》にせねばならぬ。

此《こ》の印《いん》を結《むす》ぶと云《い》ふ事《こと》は初學者《しよがくしや》には仲々《なか〳〵》難《むづ》かしい事《こと》であるが、急《きふ》に臨《のぞ》み一々本書《ほんしよ》を引張《ひつぱ》り出《だ》して圖解《づかい》を見《み》ながら長《なが》い手間《てま》を費《つひ》やしてやつて居《ゐ》たてはイザ急變《きふへん》と云《い》ふ場合《ばあひ》に於《お》いて役立《やくだ》たぬけれ共《ども》、平素《へいそ》に熟練《じゆくれん》して置《お》けば臨《りん》、兵《ひやう》、鬪《とう》、者《しや》、皆《かい》、陣《じん》、裂《れつ》、在《ざい》、前《ぜん》、と可成《かなり》早口《はやくち》に稱《とな》へて行《ゆ》く時《とき》、期《き》せずして臨《りん》の時《とき》には普賢《ふげん》三昧耶《まいや》、兵《ひやう》の時《とき》は大金剛輪《だいこんかうりん》と云ふ風《ふう》に辭《ことば》に從《したが》つて無意識《むいしき》に組《く》んで行《ゆ》けるものである。唯《たゞ》本《ほん》を見《み》たり、秘傳《ひでん》を聞《き》いただけでは何《なん》にもならぬから、折角《せつかく》授《さづ》かつた秘傳《ひでん》故《ゆゑ》、不斷《ふだん》に御修養《ごしうやう》を願《ねが》ひ度《た》い。

今《いま》解《わか》り易《やす》く此《こ》の九字の結印《けついん》の事《こと》を説明《せつめい》すれば第《だい》一の臨《りん》の印《いん》の形《かたち》を普賢三昧耶《げんさんまいや》と云《い》つて右《みぎ》の手《て》は我《わ》が國《くに》では天照皇大神宮《てんしやうくわうたいじんぐう》に象《かたど》り奉《たてま》つり、左手《ひだりて》は毘沙門天《びしやもんてん》に象《かたど》つたものである。兵《ひやう》の場合《ばあひ》も説明圖《せつめいづ》にあるが如《ごと》く右手《みぎて》を正八幡大神《しやうはちまんだいしん》にかたどり、左手《ひだりて》を十一面觀世音《めんくわんぜおん》になぞらへてあるのである、以下《いか》も其《そ》れと同樣《どうやう》であるが要《えう》するに赤心誠意神佛兩面《せきしんせいいしんぶつりやうめん》の御降臨御加護《ごかうりんごかご》を乞《こ》ひ奉《たてま》つるの意味《いみ》であると思《おも》へば宜《よ》い、故《ゆゑ》に結印《けついん》の方法《はうはふ》が段々《だん／＼》熟《な》れて來《く》る樣《やう》になつた時《とき》には、臨《りん》と稱《とな》える時《とき》には心中第《しんちうだい》一に天照皇大神宮《てんしやうくわうたいじんぐう》を念《ねん》じ次《つぎ》に毘沙門《しやもん》天《てん》を念《ねん》じ、結《むす》んだ刹那《せつな》に念頭《ねんとう》に普賢三昧耶《ふげんさんまいや》の印《いん》だと云《い》ふ事《こと》を意識《いしき》する樣《やう》になられたいものである。仲《なか》に理窟家《りくつや》の諸君《しよくん》は「一つの頭《あたま》で而《しか》も殆《ほと》んど同時《どうじ》に其《そ》んなに幾《いく》つもの念《ねん》願《ぐわん》を起《おこ》したり、意識《いしき》したり等《など》する事《こと》が出來《でき》るものか？」等《など》と冷笑《れいしやう》する人《ひと》もあるかは知《し》らないが、斯《こ》んな事《こと》は練《な》れるに從《したが》つて何《なん》でも無《な》い事《こと》であつて殆《ほと》んど反射的《はんしやてき》に出來《でき》る事《こと》である、唯理窟《りくつ》許《ばか》り云《い》つて三回《くわい》か五回《くわい》の練習《れんしふ》に飽《あ》きが來《き》ては到底出來《とうていでき》ぬ、如何《いか》なる大《たい》事《じ》、大業《たいげふ》と云《い》へ共《ども》努力修業《どりよくしうげふ》無《な》くして爲《な》し得《う》べきものでは無《な》い、結果《けつくわ》を産《う》むには原因《げんいん》が無《な》くてはならぬでは無《な》いか、況《いは》んや徒《いたづ》らに書籍《しよせき》に眼《め》を瀑《さ》らすのみで批評許《ひひやうばか》りしたがる「喰《く》はず嫌《ぎら》い」は禁物《きんもつ》である、周公《しうこう》程《ほど》の聖君《せいくん》さえ「三度《た》び其哺《そのほ》を吐《は》き、三度《た》び其髪《そのはつ》を握《にぎ》る」と云《い》つたでは無《な》いか。

斯《か》くは云《い》ふものゝ其境《そのきやう》に達《たつ》する迄《まで》には相當《さうたう》の苦心《くしん》と努力《どりよく》を要《よう》する事《こと》であるから、玆《こゝ》に普通行《ふつうおこな》はれて居《ゐ》る平易《へいい》な九字《じ》の切《き》り方《かた》を御教示申《おけうじまを》す事《こと》に致《いた》す、此《こ》の法《はふ》は本來《ほんらい》から云《い》へば前項《ぜんこう》の難《むづ》かしい印《いん》を結《むす》んだ後《のち》に、悪鬼魔神災害《あくきましんさいがい》を切《き》り拂《はら》ふ方法《はうはふ》であるから其積《そのつも》りで居《ゐ》て貰《もら》ひたい、　即結印《すなはちけついん》の行《ぎやう》が終《をは》つた後《のち》に次《つぎ》の如《ごと》く「刀印《たついん》」(右手《みぎて》の第《だい》二指《し》第《だい》三指《し》を併《なら》べ延《の》ばし第《だい》三指《し》第《だい》四指《し》を屈《くつ》して拇指《おやゆび》を持《も》つて之《こ》れを輕《かる》く押《おさ》える事《こと》第《だい》二圖《ず》の如《ごと》し)═══を結《むす》んで行《や》るのであるが刀印《たついん》を結《むす》ぶのには別圖《べつづ》の如《ごと》く最初《さいしよ》左手《ひだりて》を以《もつ》て第《だい》一圖《づ》の如《ごと》く鞘印《しやういん》を結《むす》び之《こ》れに刀印《たついん》を第《だい》三圖《づ》の如《ごと》くさし入《い》れ、腹力《ふくりよく》を充《み》たすと共《とも》に「エイツ」の一氣合《きあひ》でスツと拔《ぬ》いて構《かま》える事第《ことだい》二圖《づ》の如《ごと》くする。而《しか》して「臨《りん》」と稱《とな》へて空《くう》に向《むか》つて横《よこ》に一線《せん》を畫《ゑが》き、「兵《ぴよう》」と稱《とな》へて縱《たて》に之《こ》れを切《き》る形《かたち》を爲《な》し、「鬪《とう》」と稱《しよう》して又《また》横《よこ》に一線《せん》を畫《くわく》し、「者《しや》」と稱《とな》へて又之《まこ》れを縱《たて》に切《か》る形《かたち》を爲《な》すのである。以下《いか》皆陣裂在前《かいじんれつざいぜん》も同形《どうけい》なる事圖《ことづ》の如《ごと》くである、之《こ》れは皆指《みなゆび》をもつて空《くう》に畫《ゑが》くのであつて恰《あだか》も眼前《がんぜん》に横《よこ》たはる惡鬼《あくき》災害《さいがい》を寸斷《すんだん》するの形《かたち》である。

本式《ほんしき》に九字《じ》を切《き》るには前《まへ》に述《の》べた通《とほ》り南無本尊界會《なむほんぞんかいゑ》云々《うんぬん》……の呪文《じゆもん》を稱《とな》へ終《をは》つたな

らば直《たゞ》ちに臨《りん》兵《ぴやう》闘《とう》者《しや》皆《かい》陳《ちん》裂《れつ》在《ざい》前《ぜん》の呪文《じゆもん》と共《とも》に手《て》早《ばや》く例《れい》の九形《ぎやう》の印《いん》を結《むす》び終《をは》り、更《さら》に刀《たう》印《いん》を組《く》んで銷印《しやういん》にさし入《い》れ、「エイツ」の氣合《きあひ》と諸共《もろとも》に刀印《たういん》を抜《ぬ》き放《はな》つて又臨《まゝりん》の一聲《せい》で

横《よこ》に一線《せん》を畫《えが》き、兵《ひやう》の聲《こゑ》と共《とも》に縦《たて》に一線《せし》を畫《えが》き、闘《とう》の一聲《せい》で又横《またよこ》に一線《せし》を畫《くく》し、更《さら》に者《しや》と稱《とな》へて縦《たて》に一線《せん》を畫《くわく》すが如《ごと》くするのである。

又略式《またりやくしき》に九字《じ》を切《き》るには「南無本尊界會《なむほんぞんかいゑ》……」の呪文《じゆもん》と共《とも》に刀印《たういん》を鞘印《しやういん》の中《なか》に入《い》れて右《みぎ》の呪文《じゆもん》を稱《とな》え終《をは》ると共《とも》に「エイツ」の氣合《きあひ》で刀印《たういん》を引拔《ひきぬ》き前項《ぜんこう》の如《ごと》く漸次右《ぜんじみぎ》に五線《せん》、縦《たて》に四線《せん》を畫《ゑ》くのである、圖解《づかい》には線《せん》の引《ひ》き方《かた》に番號《ばんがう》を附《ふ》してあるから之《こ》れに從《したが》つて熟練《じゆくれん》したら宜《よ》からふ、元來前《ぐわんらいまへ》にも述《の》べた如《ごと》く本式《ほんしき》の九字《じ》の切《き》り方《かた》は容易《ようい》ならぬ神秘《しんぴ》の一大事《だいじ》なるのみならず又容易《またようい》に使用《しよう》し得《う》べきものでは無《な》い、平常之《へいじやうこ》れを練達《れんたつ》して置《お》いてもイザ重大事《ぢうだいじ》と云《い》ふ際《さい》で無《な》ければ使用《しよう》してはならぬ。即天災地變《すなはちてんさいちへん》に身《み》を逃《のが》るゝ際《さい》とか、白《はく》刄頭《しくかつへ》に迫《せま》らんとする時乃至《ときないし》は悪鬼外道《あくきげだう》を退散《たいさん》させんとするが如《ごと》き際《さい》に用《もつ》ふるのであつて、濫《みだ》りに之《こ》れを行《おこな》ふ時《とき》は却《かへ》つて身《み》の禍《わざはひ》となる事《こと》があるから、よく〱

注意《ちうい》して貰《もら》ひ度《た》い、但之《たゞしこ》れも平常《へいじやう》に於《お》いて熟達《じゆくたつ》して置《お》かなければ「スワヤ危期迫《ききせま》る」の際《さい》に役立《やくだ》たぬ、之《こ》れを練習するには南無本尊會界《なむほんぞんえかい》の呪文《じゆもん》の練習と九形の印《いん》の結《むす》び方《かた》の練習とを別々《べつべつ》の時間《じかん》及場所《およびばしよ》に於《お》いて習《なら》へば宜《よ》い、之《こ》れは尤《もつと》も注意《ちうい》を要《えう》する事《こと》であつて、此《こ》の二者《しや》を同《どう》一時間《じかん》に繼續《けいぞく》して同《どう》一の場所《ばしよ》で行《や》れば眞實《しんじつ》の九字を切《き》つたと同様《どうやう》な事《こと》になつて仕舞《しま》ふ、況《いは》んや練習《れんしよ》の際《さい》には「何《なに》をしてやらふ」等《など》と心《こゝろ》に目的物《もくてきぶつ》等《など》を定《さだ》めては宜くないのは分《わか》り切《き》つた事《こと》で有《あ》ろふ。人間《にんげん》一生の間《あひだ》に眞《しん》に「九字を切《き》つても宜い」と云ふ程《ほど》の重大《ぢうだい》事は精々《せい〴〵》多《おほ》い人《ひと》でも拾回内外《くわいないぐわい》のもので有《あ》ろふと思《おも》ふが、モシ今後支部長諸君《こんごしぶちやうしよくん》中《ちう》に大難來《たいなんき》たり、幸《さいはひ》にして九字《じ》を切《き》つて逃《のが》れる事《こと》が出來《でき》たと云ふ際《さい》は事《こと》の善惡《ぜんあく》は問《と》はぬから御《お》忘《わす》れ無《な》く正直《しやうぢき》に一應本院宛《おうほんゐんあて》に御報告《ごはつこく》願ひたい、當院《たうゐん》も亦御加護《またごかご》を賜《たま》つた諸神《しよしん》諸佛《しよぶつ》に御禮《おんれい》を申上《まをしあ》げ度《た》いからである。

病氣《びやうき》治療《ちりやう》に用《もち》ふる九字《し》の切《き》り方《かた》

病氣《びやうき》治療《ちりやう》や小難《せうなん》小災《せうさい》等《など》に用《もち》ふる際《さい》の九字の切《き》り方《かた》こしては前述《ぜんじゆつ》の略式《りやくしき》の九字の切《き》り方《かた》で十分《ぶん》である。如何《いか》にして之《こ》れを用《もち》ふるかこ云《い》へば先《ま》づ病氣《びやうき》治療《ちりやう》の際《さい》は患者《くわんじや》の室内《しつない》に這入《はい》るこ一方《ぱう》の障子《しやうじ》又《また》は扉《と》を開《あ》けて置《お》いて、病《びやう》者《しや》の枕頭《ちんとう》に九字《し》を切《き》つて行《や》るのであるが一室《しつ》に數人《すうにん》の患者《くわんじや》のある際《さい》は室内《しつない》全體《ぜんたい》に向《むか》つて大《おほ》きく手《て》を動《うご》かして切《き》つて行《や》るのである。而《しか》して後《のち》に幽齋《かつさい》の辭《ことば》又《また》は般若《はんにや》心經《しんぎやう》の讀誦《どくしよう》に取《と》り掛《か》るのである。是《こ》れは餘《あま》り難《む》づかしく考えては不可《いか》ぬ、要《えう》するに精神《せいしん》を統一して敬神《けいしん》崇佛《すうぶつ》の赤心《せきしん》をもつて前述《ぜんじゆつ》の儀式《ぎしき》通《どほ》りに行《や》れば宜《よ》いのである。

九字《じ》を戻《もど》す法《はふ》

九字を切《き》つたならば必之《かならずこ》れを戻《もど》す事《こと》を忘《わす》れてはならぬ、其《その》意味《いみ》は御加《ごか》護《ご》を給《たま》はつた諸神《しよしん》諸佛《しよぶつ》に御禮《おれい》を申上《まをしあ》げて御上《おあ》がり(御退《おり》ぞき)を願《ねが》ふのである、其方法《そのはうはふ》は九字を切《き》り終《をは》つたならば約半分間《やくはんぷんかん》程《ほど》は其儘《そのまゝ》頭《かうべ》を下《さ》げて拜伏《はいふく》の形《かた》をして、後《のち》靜《しづか》に頭《かうべ》を上《あ》ぐると共《とも》に兩方《りやうはう》の手《て》を合掌《がつしやう》（普通《ふつう》神前《しんぜん》にて柏手《かしはで》を打《う》つ時《とき》の合掌《がつしやう》と同一《どういつ》て宜《よ》い）して「除垢《ぢよこう》の呪《じゆ》」と稱《しよう》する左記《さき》の呪文《じゆもん》を、息《いき》をつかずに三遍《べん》唱《とな》へるのである。

「をんきりきやら、はらはら、ふたらん、ばそつ、そわか」

是《こ》れで九字《じ》は切《き》り終《をは》つたのである、外《ほか》には決《けつ》して何等《なんら》の秘密《ひみつ》も無《な》いのである。尙《な》ほ此《こ》の九字《じ》を切《き》つて人《ひと》を「不動《ふどう》の金縛《かなしばり》」にかけたり、山中《さんちう》に雲霧《うんむ》を拂《はら》ふ事《こと》の秘密《ひみつ》は後《のち》の呪法《まじなひはふ》の部《ぶ》に於《お》いて傳授《でんじゆ》する事《こと》にする。

氣《き》合《あひ》術《じゆつ》の掛《か》け聲《ごゑ》

既《すで》に氣《き》合術《あひじゆつ》に就《つ》いては本院《ほんゐん》の講義録《こうぎろく》に於《お》いて詳述《しようじゆつ》してあるから、眞面目《まじめ》に御研究《ごけんきゆう》の諸君《しよくん》は十分《じゆうぶん》に御會得《ごえとく》の事《こと》と思《おも》ふ、凡《およ》そ斯《こ》ふ云《い》ふ幽玄科學的《ゆうげんくわがくてき》の諸術《しよじゆつ》に於《お》いては、何《なに》よりも精神統一《せいしんとういつ》の必要《ひつえう》なるは言《げん》を俟《ま》たぬ事《こと》であつて、心《こゝろ》が落《おち》着《つ》かなんだり精神《せいしん》がフラフラして、居《ゐ》たでは其効果《そのこうか》は尠《すくな》いものである、盤石《ばんじやく》の如《ごと》き沈着《ちんちやく》と共《とも》に雄猛《ゆうもう》なる果斷《くわだん》が無《な》くてはならぬ、其《そ》れには何《ど》うしても講義録《こうぎろく》にある通《とう》り靜座法《せいざほう》によつて沈着心《ちんちやくしん》を養成《ようせい》し腹式呼吸法《ふくしきこきゆうほう》によつて、果斷《くわだん》力《りよく》を養成《ようせい》しなければならぬ、即靜座呼吸法《すなはちせいざこきゆうほう》によつて、修養《しゆうえう》しなければ不可《いか》ぬから何《ど》うか兼《かね》て御手許《おてもと》にある講習録《こうしゆうろく》上卷之部《ぜうくわんのぶ》の第五頁《だいごぺいじ》より第二十八頁《だいにじゆうはちぺいじ》の間《あいだ》を反覆《はんぷく》して數拾回《すうじゆうくわい》の御修養《ごしゆうよう》を願《ねが》ひたい、すべて靈學上《れいがくしよう》の事《こと》は基礎《きそ》を心身統一《しんしんとういつ》——精神統一《せいしんとういつ》に置《お》いてあるのであつて而《しか》も此《こ》の統一法《とういつほう》は靜座《せいざ》呼吸法《こきゆうほう》以外《いくわい》に何物《なにもの》もないのである、吾人《ごじん》が屢々《しばしば》筆《ふで》を呵《か》して「修《しゆう》せよ、行《ぎやう》ぜよ」と御願《おねが》ひするのも要《えう》するに其根元《そのこんげん》は靜座呼吸法《せいざこきゆうほう》による心身《しんしん》の一如《いつじよ》、精神《せいしん》の統一《とういつ》である眞《しん》に疑《うたが》はずして本院《ほんいん》の講習録並《こうしゆうろくならび》に本病氣治療秘訣書《ほんびやうきちれうひけつしよ》に頼《たよ》るならば、斷《だん》じて一人《いちにん》の師《し》をも要《えう》せずして其域《そのいき》に達《たつ》し得《う》るを斷言《だんげん》して憚《はばか》らぬ。

氣《き》合《あひ》の一聲《いつせい》は「充實《じゆうじつ》した腹力《ふくりよく》の音《おと》」であらねばならぬ、吸《す》ひ込《こ》んだ息《いき》を下腹《したはら》に止《と》めて何物《なにもの》をも打挫《うちくぢ》かん意氣《いき》をもつて發《はつ》する一聲《いつせい》は猛虎《もうこ》をも號殺《ごうさつ》するの慨《がい》が無《な》くてはならぬ、掛《か》け聲《ごえ》の如《ごと》きは「エイ」でも「イエーッ」でも「ヤア」でも「カアツ」でも構《かま》はないが要《えう》するに聲《こえ》や音《おと》よりも其意氣《そのいき》其《そ》の慨《がい》を重《おも》しとするのであつて、如何《いか》に素人目《しろふとめ》には勇《いさ》ましく聞《きこ》える掛《か》け聲《ごえ》でも其意氣《そのいき》と其慨《そのがい》とが無《な》くては何《なん》にもならぬ、氣《き》合《あひ》の掛《か》け聲《ごえ》の練習法《れんしゆうほう》に就《つ》いては本院《ほんいん》講習錄下卷之部《こうしゆうろくげくわんのぶ》の第《だい》四五頁《ぺいじ》から第《だい》四六頁迄《ぺいじまで》に詳述《しようじゆつ》してあるから、之《こ》れ亦必《またかなら》ず參照《さんせう》の上練習御《うえれんしゆうご》努力《りよく》を願《ねが》ひたい右第《みぎだい》四五頁《ぺいじ》から第《だい》四六頁迄《ぺいじまで》の間《あいだ》を御精讀《ごせいどく》あらば必《かなら》ず何人《なんびと》にも出來得《できう》る事《こと》である、殊《こと》に病氣治療《びようきちれう》に用《もち》ふる氣合《きあい》の掛《か》け聲《ごえ》の如《ごと》きは施術者《せしゆつしや》が被術者《ひじゆつしや》の眉間《みけん》の部《ぶ》へ掛《か》けるのであるから、被術者《ひたゆつしや》の頭《あたま》へヅーンとひびけば宜《よ》いのであるから比《ひ》較的樂《かくてきらく》なものである、殊更《ことさら》に之《こ》れを難《む》づかしく考《かんが》へて「俺《おれ》には到底《とて》も出來《でき》ぬ」等《など》と後退《しりご》みする必要《ひつえう》は無《な》い、然《しか》し中《なか》には何《ど》うしても本式《ほんしき》に氣合《きあひ》の掛《か》け聲《ごえ》を練習《れんしゆう》したいと云《い》ふ人《ひと》もあるから、次《つぎ》に明細《めいさい》に氣合《きあひ》の練習法《れんしゆうほう》を掲《かゝ》げる事《こと》にするから、之《こ》れ亦折《またおり》にふれ時《とき》に觸《ふ》れて御練習《ごれんしゆう》を願《ねが》ひたい、此《こ》の練習法《れんしゆうほう》に從《したが》つて修行《しゆつげう》すれば漸次《ぜんじ》其域《そのいき》に達《たつ》するものであつて、壁《かべ》を傳《つた》はり床上《しようじよう》を走《はし》る鼠位《ねずみぐらい》は苦《く》も無《な》く落《おさ》し得《う》る樣《やう》になる事請合《ことうけあひ》である。

（一）立式練習法《りつしきれんしゆうほう》

靜座《せいざ》呼吸法《こきゆうほう》により精神統一《せいしんとういつ》を試《こゝろ》みた上靜《うえしづか》に立上《たちあが》つて兩足《れつあし》を恰《あたか》も軍隊《ぐんたい》の氣《き》を附《つ》けの時《とき》の樣《やう》に

揃《そろ》えて背骨《せほね》を眞直《まつす》ぐに立上《たちあ》がり(イ)兩手《れうて》で腹《はら》を輕《かる》く揉《も》みながらウンと息《いき》を吸《す》ひ込《こ》んで、(ロ)其《そ》の吸《す》ひ込《こ》んだ息《いき》を下腹《したはら》の方《はう》へウーンと充息《じゆうそく》させる心持《こころもち》で下腹部《かふくぶ》へ輕《かる》く力《ちから》を入《い》れる——其《そ》れと同時《どうじ》に、即《すなは》ち下腹部《かふくぶ》へウーンと息《いき》を充《み》たす時《とき》此瞬間同時《このしゆんかんどうじ》に前方《ぜんぽう》へ兩腕《れうて》をグットのばして手先《てさき》を組《く》み合《あわ》せる(ハ)次《つぎ》に組《く》み合《あわ》せた手《て》を下《お》ろす時《とき》に「エーイッ」と氣合《きあひ》を掛《か》けるのであるが此《こ》の「エーイッ」の氣合《きあひ》で腹《はら》の中《なか》の息《いき》を皆出《みなだ》して仕舞《しま》ふのである、更《さら》に分《わか》り易《やす》く云《い》へば組《く》んだ兩手《れうて》を腹《はら》の上《うえ》に打《つ》ち下《お》ろす時《とき》は全身《ぜんしん》の力《ちから》をもつて下腹《したはら》にある息《いき》を押《お》し出《だ》す——其息《そのいき》が「エイーッ」と云《い》ふ氣合《きあひ》の掛《か》け聲《ごゑ》に變《か》はるのである、つまり全身《ぜんしん》の力《ちから》を以《もつ》て、下腹《したはら》の息《いき》を「エーイッ」としぼり出《だ》す様《やう》にするのである、此時同時《このときどうじ》に兩手《れうて》は組《く》んだ儘《まゝ》下腹部《かふくぶ》へ打《う》ち下《お》ろすのであるが、其《そ》の打《う》ち下《お》ろす時間《じかん》は丁度《てうど》氣合《きあひ》の「エーイッ」と云《い》ふ時間《じかん》であるからホンの瞬間《しゆんかん》である、もう一度《いちど》繰《く》り返《かへ》して云《い》へば靜《しずか》かに立上《たちあが》つて(イ)圖《づ》の如《ごと》く柔《やわら》かく腹《はら》を揉《も》みながら息《いき》を吸《す》ひ込《こ》み、吸《す》ひ込《こ》み終《おわ》ると同時《どうじ》に(ロ)圖《づ》の如《ごと》く息《いき》を下腹《したはら》へ充《み》たすと共《とも》に兩手《れつて》を前方《ぜんぽう》に突《つ》き出《だ》し手早《てはや》く手先《てさき》を握《にぎ》り合《あわ》せ、次《つぎ》に(ハ)圖《づ》の如《ごと》く下腹《したはら》の上《うえ》へ兩手《れつて》を握《にぎ》り合《あわ》せた儘打下《まゝうちおろ》すのであるが此時全身《このときぜんしん》の力《ちから》をもつて下腹《したはら》の息《いき》をしぼり出《だ》す様《やう》にして「エーイッ」と氣合《きあひ》の一聲《いつせい》を發《はつ》するのである、一聲《いつせい》を發《はつ》した時《とき》—「エーイッ」の「——イッ」の時《とき》には兩手《れつて》は腹《はら》の上《うえ》に打《う》ち下《お》ろされるのであるが打下《うちおろ》したならば其儘息《そのまゝいき》を詰《つ》める即呼吸《すなわちこきゆう》を止《と》めた儘《まゝ》で且《か》つ手先《てさき》を組《く》んだ儘《まゝ》で一寸堪《ちよつとこら》えて居《ゐ》て、やがて少《すこ》し呼吸《こきゆう》の苦《くる》しくなりかけた頃始《ころはじ》めて兩方《れうほう》の手先《てさき》を解《さ》いて又靜《またしづか》に腹《はら》を揉《も》みながら呼吸《こきゆう》を整《とゝの》えてから又第二回《まただいにくわい》の練習《れんしゆう》に取掛《とりかゝ》る爲《た》めに（イ）圖《づ》の姿勢及動作《しせいおよびどうさ》に移《うつ》るのである。

（イ）第一圖

氣合術練習《きあいじゆつれんしゆう》の時間《じかん》は其人《そのひと》の呼吸器《こきゆうき》や心臟《しんざう》の強弱《きようじやく》によつても異《こと》なるけれ共誰《ともた》れでも十回位續《くわいぐらいつゞ》けて練習《れんしゆう》するうちには多少汗《たせうあせ》ばんで苦《くる》しくなつて來《く》るから其程度《そのていど》をもつて打切《うちき》るが宜《よ》い、勿論最初《もちろんさいしよ》の間《あいだ》は苦《くる》しい許《ばか》りで無《な》く聲《こえ》も涸《か》れ咽喉《のど》も痛《いた》むけれ共《ども》、漸次熟《ぜんじな》れるに從《したが》つて數十回繰《すうくわいく》り返《かへ》しても其《そ》れ程疲《ほどつか》れない様《よう》に上達《ぜつたつ》されるものである、兎《と》に角《かく》十四五回《くわい》も續《つゞ》けても何共無《なんともな》い様《よう》になれば結構《けつこう》である

而《しか》して試《こゝろ》みに、之等《これら》の動作《どうさ》を時間《じかん》をもつて表《あら》はすならば（イ）の腹《はら》を揉《も》みながら息《いき》を吸《す》ひ込《こ》むのが十秒内外《べつないくわい》（ロ）の下腹《したはら》へ力《ちから》を充《みた》たすと共《とも》に其瞬間兩手《そのしゆんかんれうて》を前方《ぜんぽう》に出《だ》しイザ打下《うちおろ》さんとする迄《まで》が矢張《やは》り十秒内外《べうないくわい》（ハ）の滿身《まんしん》の力《ちから》を込《こ》めて下腹《したはら》から「エーイッ」の氣合《きあひ》を出《だ》すと共《とも》に下腹《したはら》に兩手《れうて》を打《う》ち下《おろ》すのはホンの瞬間《しゆんかん》（一秒《べう》の三分《ぶん》の一位《くらい》）だけであるが打下《うちおろ》した手《て》を解《と》く迄《まで》は其儘呼吸《そのまゝこきゆう》を止《と》めて居《い》るのであるから其《そ》の呼吸《こきゆう》を止《と》めて居《ゐ》る時間《じかん》（第三圖《だいづ》の如《ごと》き姿勢《しせい》）

（ロ）第二圖

が矢張《やは》り十秒内外《べうないぐわい》で宜《よ》い、換言《くわんげん》すれば練習《れんしゆう》の一動作《いちどうさ》が卅秒内外《べつないぐわい》であるが、之《こ》れは必《かなら》ずしも斯《こ》ふ一定《いつてい》した譯《わけ》では無《な》いが初學者《しよがくしや》には此《この》程度《ていど》が一番《いちばん》行《や》り宜《よ》い様《よう》である、一練習《ひとれんしゆう》の動作《どうさ》が終《おわ》れば誰《た》れでも多《た》少《せう》は呼吸《こきゆう》が苦《くる》しくなるから次《つぎ》の練習《れんしゆう》に取掛《とりかゝ》る迄《まで》は腹《はら》を揉《も》みながら五秒乃至《べうないし》十秒位《べうぐらい》は呼吸《こきゆう》を整《とゝのへ》る爲《ため》に即《すなは》ち息《いき》をツク爲《ため》に休《やす》んでも宜《よ》いが息《いき》がツケたならば又直《またたゞ》ちに練習《れんしゆう》を繼續《けいぞく》しなければ不可《いけ》ぬ。

又漸次《またぜんじ》熟練《じゆくれん》して來《く》れば一回《いつくわい》の練習《れんしゆう》を四十五秒《べう》（一動作《いちどうさ》を十五秒《べう》として三動作《さんどうさ》）乃至《ないし》六十秒位《べうぐらい》に行《や》つても苦《くる》しく無《な》い樣《よう》になるものであるから漸次《ぜんじ》一動作《いちどうさ》から一動作《いちどうさ》に移《うつ》る時間《じかん》を長《なが》くするが宜《よ》い、之《こ》れ以上《いぜう》の妙味奥義《みようみおくぎ》は練習《れんしゆう》して居《ゐ》るうちには誰《たれ》でも體驗出來《たいけんでき》る事《こと》であつて口《くち》や筆《ふで》で教《おし》えても分《わか》る事《こと》で無《な》いから、唯々《たゞ〳〵》倦まずして御修行《ごしゆぎやう》を願《ねが》ひたい。

(二)座式練習法《ざしきれんしゆうほう》

座式《ざしき》の氣合術練習法《きあひじゆつれんしゆうほう》に於《お》いても其要項《そのえうこう》は立式練習法《りつしきれんしゆうほう》の場合《ばあい》と異《こと》ならない要《えう》は意氣《いき》と呼吸《こきゆう》である、唯座式《たゞざしき》の場合《ばあひ》に於《おい》ては、恰《あたか》も一刀《いつとう》を引拔《ひきぬ》いて拔《ぬ》き打《う》ちに眞直《まつす》ぐに「一刀兩斷唐竹割《いつとうれうだんからたけわり》」に切《き》り下《おろ》す形《かたち》をとるだけの事《こと》である、座式《ざしき》の練習法《れんしゅうほう》を行《や》るには前《まへ》の九字《じ》の切《き》り方《かた》の所《ところ》に書《か》いて置《お》いた刀印《とういん》の部《ぶ》を參照《さんせう》して貰《もら》ひたい。

(イ)精神《せいしん》を統一《とういつ》してから行《や》るべきであるは言《げん》を俟《ま》たぬ事《こと》であるが先《ま》づ靜座《せいざ》深息呼吸《しんそくこきゅう》(講義錄上卷《こうぎろくぜうくわん》にあり)の後《のち》漸次《ぜんじ》腹《はら》一《いっ》パイ十分《ぶん》に下腹《したはら》に充息《じゅうそく》させながら(イ)圖《づ》の如《ごと》く左手《ひだりて》の先《さき》を刀《かたな》の鞘《さや》になぞらえて輕《かる》く握《にぎ》つて腰《こし》につけ、右手《みぎて》に刀印《とういん》を結《むす》びながら、半身《はんしん》を稍々《やゝ》右《みぎ》

(ハ)第三圖

前方《ぜんぽう》に傾《かたむ》けつゝ、刀印《とういん》を左手《ひだりて》の鞘《さや》の中《なか》へ納《おさ》めてウムと下腹《したはら》へ息《いき》を止《と》める、止《と》める時其時同時《ときそのときどうじ》に全身《ぜんしん》の力《ちから》をもつて、下腹《したはら》の息《いき》を大喝一聲《たいかついっせい》「エーイッ」と氣合《きあい》にして出《だ》して仕舞《しま》ふのである、此《こ》の「エーイッ」の時《とき》(ロ)圖《づ》の如《ごと》く刀印《とういん》をもつて拔《ぬ》き打《う》ちに空《くう》を切《き》り下《おろ》すのである、此《こ》の切《き》り下《おろ》す時《とき》の心持《こゝろもち》は「相手《あひて》の腦天《のうてん》から、兩股《れうもゝ》の上部《ぜつぶ》迄《まで》唐竹割《からたけわ》り……」と云《い》ふ心持《こゝろもち》でなければならぬ、即《すなは》ち一刀兩斷《いっとうれうだん》の心持《こゝろもち》である、其《そ》の心持《こゝろもち》で無《な》いと氣合《きあひ》が淺《あさ》くて不可《いけ》ぬ、之《こ》れを刀《かたな》になぞらえれば傷《きず》が淺《あさ》くて不可《いけ》ぬ、唯單《たゞたん》に輕《かる》く「エイ」と空《くう》を切《き》つただけでは何《ど》うしても唐竹割《からたけわり》にはゆかぬ、早《はや》い話《はなし》がカスリ傷《きず》か淺傷《あさきず》の樣《よう》なものである、從《したが》つて打込《うちこ》み方《かた》が薄《うす》いのである、何《ど》うしても「一刀兩斷唐竹割《いっとうれうだんからたけわり》り」の意氣《いき》

をもつて「エーイツ」とザツクリと切《き》り倒《たほ》した心持《こゝろもち》と意氣《いき》でやつて欲《ほ》しい眞《しん》に此意氣《このいき》をもつて、練習《れんしゆう》すれば昔《むかし》の武《ぶ》藝者《げいしや》の域《いき》にも達《たつ》する事《こと》が出來《でき》る、百目蠟燭《ひやくめろうそく》の炎《ほのを》の上《うへ》一二寸《すん》の空《くう》を切《き》つただけでも譯無《わけな》く火《ひ》を消《け》す事《こと》が出來《でき》るものである、右《みぎ》の意氣《いき》をもつて振下《ふりおろ》した刀印《とういん》は呼吸《こきゆう》を詰《つ》めた儘《まゝ》（息《いき》を止《と》めた儘《まゝ》）稍ゝ《やゝ》チツと睨《にら》みつけて動《うご》かさずに置《お》く事《こと》十秒時《べうじ》（ロ）圖《づ》の如《ごと》し　而《しか》して止《さ》めた息《いき》が稍ゝ《やゝ》苦《くる》しそうになりかけた頃《ころ》（ハ）圖《づ》の如《ごと》く上半身《ぜうはんしん》を元《もと》の位置《いち》に引起《ひきおこ》しながら刀印《とういん》を上方《ぜつほう》に上《あ》げて靜《しづか》に段々《だん〳〵》身體《しんたい》を眞直《まつす》ぐに元《もと》の位置《ゐち》に復《ふく》さしめて、（此《こ》の動作《どうさ》と共《とも》に殘《のこ》つて居《ゐ》る息《いき》を靜《しづか》に皆吹《みなふ》き出《だ》して仕舞《しま》ふ）刀印《とういん》は顔《かを》の眞《ま》正面《せうめん》即《すなはち》鼻《はな》の前《まへ》に直立《ちよくりつ》せしめる、其《そ》うして一息《いき》して（呼吸《こきゆう》を整《とゝの》え て）更《さら》に息《いき》を吸《す》ひ込《こ》みながら靜《しづか》に刀印《とういん》を左手《ひだりて》の鞘《さや》に收《おさ》めながら次回目《しくわいめ》の練習《れんしゆう》に移《うつ》るのである、もう一度《いちど》分《わか》り易《やす》く云《い》へば最初《さいしよ》普通《ふつう》の靜座《せいざ》呼吸法《こきゆうほつ》で精神《せいしん》を統一《とういつ》してから息《いき》を吸《す》ひ込《こ》みながら（イ）圖《づ》の姿勢《しせい》をとり息《いき》を一パイ吸《す》ひ込《こ》み終《をわ》つたならば此時《このとき》（ロ）圖《づ》の如《ごと》く刀印《とういん》を引拔《ひきぬい》いて下腹《したはら》に全身《ぜんしん》の力《ちから》を込《こ》めながら電光《でんこう》の如《ごと》く眞向《まつこう》から大喝一聲《たいかついつせい》「エーイツ」と切《き》り下《おろ》し、切《き》り下《おろ》したならば約《やく》十秒《べう》は指先《ゆびさき》と下腹《したはら》に力《ちから》を入《い》れた儘《まゝ》刀印《とういん》の切《き》つ先《さき》を視《み》つめて居《ゐ》る、其《そ》うして詰《つ》めた息《いき》が稍ゝ《やゝ》苦《くる》しくなりかけたと思《おも》ふ時《とき》（ハ）圖《づ》の如《ごと》く靜《しづか》に段々《だん〳〵》上半身《ぜうはんしん》と刀印《とういん》を引起《ひきおこ》しながら刀印《とういん》が顔《かを》の眞正面《まつせうめん》に來《く》る頃《ころ》同時《どうじ》に姿勢《しせい》を元《もと》に復《ふく》する樣《よう》にして、姿勢《しせい》が眞正面《まつせうめん》に向《む》いた時《とき》（刀印《とういん》を正面《せうめん》に止《とゞ》めて）息《いき》を整《とゝの》え、次《つぎ》に又靜《またしづか》に息《いき》を吸《す》ひ込《こ》みながら刀印《とういん》を段々《だんだん》元《もと》の鞘《さや》に収《おさ》めてから下腹《したはら》に充息《じゆつそく》して「エーイッ」と第《だい》二の練習氣合《れんしゆうきあひ》に移《うつ》るのである、初學者《しよがくしや》の人《ひと》に此《こ》の動作《どうさ》を時間《じかん》で示《しめ》すならば(イ)息《いき》を吸《す》ひ込《こ》んで下腹《したはら》に充息《にゆつそく》する迄《まで》が十秒内外《べうないぐわい》(ロ)、刀印《とういん》を引拔《ひきぬ》いて打下《うちおろ》すと共《とも》に「エーイッ」の氣合《きあひ》が瞬間《しゆんかん》で、其儘刀印《そのまゝとういん》を睨《にら》めた儘息《まゝいき》を止《と》めて居《ゐ》るのが十秒内外《べうないぐわい》次《つぎ》に(ハ)圖《づ》の如《ごと》く殘《のこ》つた息《いき》を靜《しずか》に吐《は》き出《だ》しながら刀印《とういん》と共《とも》に身體《しんたい》を眞正面《まつしようめん》に正《たゞ》す迄《まで》が十秒内外《べうないくわい》であるから一回《くわい》の練習《れんしゆう》は矢張《やは》り卅秒位《べうくらい》で宜《よ》い、然《しか》し座式《ざしき》の場合《はあひ》も立式《りつしき》の場合《はあひ》も熟達《じゆくたつ》するに從《したが》つて段段動作間《だんだんどうさかん》の時間《じかん》を長《なが》くしても宜《よ》いのは分《わか》り切《き》つた事《こと》である。

(イ)第一圖

立式《りつしき》の氣合術《きあひじゆつ》に熟《な》れ座式《ざしき》の氣合術《きあひじゆつ》に練《ね》れて來《き》て更《さら》に、蘊奥《うんおう》を極《きわ》めたいならば次《つぎ》の法《ほう》を熟達《じゆくたつ》するが宜《よ》い氣合《きあひ》の掛《か》け聲《ごえ》の熟達秘傳《じゆくたつひでん》としては之《こ》れを以《もつ》て奥傳《おくでん》とせられて居《ゐ》るのであつて他《た》に之《こ》れ以上《いぜう》の極意《ごくい》は無《な》いのである、唯此方法《たゞこのほつく》はよく〳〵、精神《せいしん》の統一《とういつ》が出來《でき》て居《ゐ》ないと呼吸《こきゆう》や動作《どうさ》の順序《じゆんじよ》を間違《まちが》ひ易《やす》いものであるから落着《おちつ》いて行《や》るが宜《よ》い。

（ロ）第二圖

（ハ）座式立式併用練習法《ざしきりつしきへいようれんしゅうほう》　此法《このほう》は靜座法《せいざほう》の姿勢《しせい》で座《す》はつて動作《どうさ》だけ立式《りつしき》の練習法《れんしゅうほう》と同一《どういつ》方法で行《おこな》ひ、終《をは》ると同時《どうじ》に座式《ざしき》の練習法《れんしゅうほう》を行《おこな》ふのであるから、假《かり》に立式《りつしき》の練習法《れんしゅうほう》に三十秒《べう》を要《えう》し座式《ざしき》の練習法《れんしゅうほう》に卅秒《べう》を要《えう》する人《ひと》が此《こ》の兩式《りやうしき》を併用《へいよう》して練習《れんしゅう》すれば合計《ごうけい》で一分間《いつぷんかん》を要《えう》する事《こと》になる。

前《まへ》にも述《の》べてある通《とほ》り氣合術《きあひじゅつ》を以《もつ》て唯單《たゞたん》に病氣治療法《びやうきちれうほう》に應用《おうよう》するだけならば何《なに》も其《そ》んなに骨《ほね》を折《お》つて練習《れんしゅう》する必要《ひつよう》は無《な》いのであつて、被術者《ひじゅつしや》の眉間《みけん》へ「エーイッ」と掛《か》けた時《とき》に先《せん》方《ぽう》の腦骨《のうこつ》へズーンと響《ひび》けば共《そ》れだけで十分《ぶん》である、又其《またそ》れ位《くらい》の事《こと》は殆《ほとん》ど何等《なんら》の練習無《れんしゅうな》しに出來得《できう》る事《こと》であるから疑《うたが》はずして二三回《くわい》行《や》つて見《み》れば分《わか》る（即《すなは》ち眉間《みけん》より二三寸離《ずんはな》れた所《ところ》で「エイッ」と一喝《いつかつ》か二喝《かつ》も浴《あび》せてから「今《いま》の氣合《きあひ》の一聲《いつせい》が君《きみ》の腦天《のうてん》にズーンと響《ひび》いた樣《よう》な氣持《きもち》がしたか何《ど》うか？」と聞《き》いて見《み》れば分《わか》る）然又段々氣合術《しかしまただん〳〵きあひじゅつ》を修養《しゅうよう》して見《み》たいと想《おも》ふ者《もの》は必《かなら》ず前述《ぜんじゅつ》の三式《しき》に從《したが》つて練習《れんしゅう》するが宜《よ》い、之《こ》れ亦平常《またへいぜう》に於《お》いて修養《しゅうよう》して居《お》れば必《かなら》すや相當《そうとう》の域《いき》に達《たつ》して一喝《いつかつ》よく、敵《てき》の膽《たん》を奪《うば》ふのみならず不時《ふじ》の危難《きなん》に際《さい》して大喝一聲敵《たいかついつせいてき》を居《ゐ》すくみにさせた儘《まゝ》敵《てき》の懐《ふところ》に迫《せま》る事《こと》も出來《でき》る、其他《そのた》種々《しゆく》の危期《きき》にも、應用《おうよう》して聲威《せいい》を揚《あ》ぐる事《こと》も出來得《できう》るで有《あ》らふ、殊《こと》に心身《しんしん》を剛健《ごうけん》に又《また》は體力《たいりよく》を旺盛《たうせい》にするには無二《むに》の修養法《しゆうようほう》であるから朝夕之《あさゆうこ》れを汗《あせ》ばむ迄《まで》も練習《れんしゆう》すれば期《き》せずして心身共《しんしんとも》に剛健無《ごうけんむ》比《ひ》になるから神經衰弱《しんけいすいじやく》の人《ひと》や臆病小膽《おくびようせうたん》の人等《ひとなど》は直《たゞち》に肉體精神《にくたいせいしん》を改造向上《かいぞうこうぜう》せしむる事《こと》が出來《でき》る、又身《またみ》に病氣《びようき》の有《あ》る諸君《しよくん》は幽齋施術《ゆうさいせじゆつ》の法又《はふまた》は心經讀誦《しんげうどくせう》の後《のち》、徐《おもむろ》に此法《このほう》を練習《れんしゆう》しながら氣合《きあひ》の掛《か》け聲《ごえ》の際心中《さいしんちう》に「此《こ》の氣合《きあひ》の掛《か》け聲《ごえ》をもつて胃《い》を丈夫《ぜうぶ》にするとか「エーイツ」の一聲《いつせい》を以て「右《みぎ》の足《あし》のリウマチスを治《なほ》して仕舞《しま》ふ」とか「肺《はい》の中《なか》の惡《あく》菌《きん》を全滅《ぜんめつ》させて肺《はい》を根本《こんぽん》から改造《かいぞう》する」とか云《い》ふ風《ふう》に自分《じぶん》の心中《しんちう》に觀念《くわんねん》しながら(講義《こうぎ》録《ろく》の觀念法《くわんねんほう》の部《ぶ》參照《さんせう》せよ)行《や》れば一回毎《いつくわいごと》に迅速《じんそく》なる効果《こうくわ》を見《み》る事著《こといちぢ》るしい。

(ハ)第三圖

靈《れい》動《どう》術《じゆつ》

靈動術《れいどうじゆつ》に就《つ》いては之《こ》れ亦講習録上卷《またこうしゆうろくぜうくわん》の部《ぶ》に精述《せいじゆつ》してあるから之《こ》れを省略《せうりやく》するが、初心《しよしん》の士《し》は講習録上卷《こうしうろくぜうくわん》にある靈動術《れいどうじゆつ》を反覆《はんぷく》して數十回御練習願《すうじくわいごれんしうねがひ》たい、靈動《れいどう》は人《ひと》の天賦《てんぷ》により如何《いか》に練習《れんしう》しても發《はつ》動《ごう》しない人《ひと》も有《あ》るが仲《なか》には心配《しんぱい》して、「何《ど》うしても自分《じぶん》には靈動《れいごう》が起《お》きないが身體《しんたい》に異狀《いぜう》があるでは有《ある》まいか」等《など》と照會《せうくわい》して來《く》る人《ひと》もあるが決《けつ》して其《そ》んな心配《しんぱい》は要《い》らぬ、講義錄《こうぎろく》にも有《あ》る通《とう》り靈動《れいごう》が發顯《はつげん》したからとて自慢《じまん》にもならなければ又發動《またはつどう》しないからとて不名譽《ふめいよ》にもならぬ、但多《たゞしおを》く「靈動《れいごう》が發顯《はつげん》しない」と云《い》ふ人々《ひと〳〵》に接《せつ》して見《み》ると必《かな》ず百人《にん》が九十九人迄《にんまで》は靈動術《れいごうじゆつ》の練習法《れんしつほう》の足《た》らぬ人許《ひとばか》りである、殊《こと》に多《おほ》く之等《これら》の人々《ひと〳〵》の潜在意識中《せんざいいしきちう》には「俺《おれ》には何《ど》うしても靈動《れいどう》が起《お》きないのでは無《な》いか知《し》らん」と云《い》ふ惡觀念《あくくわんねん》が有《あ》るから、如何《いか》に表面意識《ひようめんいしき》の方《ほう》で「靈動《れいごう》が起《お》きる」と思つて努力《どりよく》しても失敗《しつぱい》に歸《き》する事《こと》が多《おほ》いものである、現《げん》に本院主催《ほんいんしゆさい》の松本道別氏《まつもとごうべつし》の直接講習《ちよくせつこうしう》に於《お》いても屢々《しば〳〵》右《みぎ》の如《ごと》き事《こと》を云《い》はれる諸君《しよくん》もあるが、段々《だん〳〵》練習《れんしつ》せしめて居《ゐ》るうちには何《ど》んな人でも必《かな》ず終《しまひ》には發動《はつごう》して來《く》る、要《えう》するに、「靈動《れいごう》しない」と云《い》ふより「練習《れんしつ》が足《た》り無《な》いのである」から宜敷之等《よろしくこれら》の諸君《しよくん》は本院講習錄上卷《ほんいんこうしつろくぜうくわん》の部《ぶ》の第《だい》三十二頁《ぺいじ》より第《だい》三十六頁迄《ぺいじまで》を御習讀《ごしうどく》の上御體驗《うへごたいけん》を願《ねが》ひ度《た》い、特《とく》に發顯至難《はつげんしなん》の諸君《しよくん》は第《だい》三十四頁《ぺいじ》の樣《やう》に正面《せつめん》で合掌《がつせう》して無理《むり》にも、手先《てさき》がブル〳〵して來《く》ると、觀念《くわんねん》しながら双方《そうほう》の指先《ゆびさき》に力《ちから》を込《こ》めて細《こま》かく振《ふ》る練習《れんしう》をして欲《ほ》しい斯《こ》ふ云《い》ふ練習《れんしう》（無理《むり》にも手先《てさき》をブル〳〵振《ふる》はせる）を一回《くわい》二三十分宛《ぷんづゝ》、朝夕《ちさゆう》二回《くわい》、十四五日練習《にちれんしつ》すれば、遂《つひ》には自然的《しぜんてき》に靈動《れいごう》が發顯《はつげん》して來《く》る事《こと》を斷言《だんげん》する、換言《くわんげん》すれば靈動《れいごう》の自發《じはつ》する迄斯《までこ》の練習《れんしう》を續《つゞ》けて頂《いた》きたい、講習錄《こうしうろく》上巻第《ぜうかんだい》三十九頁《ぺいじ》より第《だい》四十一頁《ぺいじ》に於《お》いて靈氣能力《れいきのうりよく》（人體《じんたい》ラヂウムの事《こゝ》）の事《こと》が有《あ》るが之《こ》れは或《あ》る一物《いちぶつ》に對《たい》して思《し》念《ねん》の力《ちから》さえ強《つよ》ければ何人《なんびと》でも發能《はつのう》するものであつて、殊《こと》に靈動術《れいどうじゆつ》を練習《れんしう》した人《ひと》は其人《そのひと》の靈動《れいどう》の發動《はつどう》の如何《いかん》に拘《かゝわ》らず發能《はつのう》するものである、此《こ》の靈氣能力《れいきのうりよく》は病氣治療法《びようきちれつほう》に於《お》いて相當必要《そうとうひつえう》のものであつて、之《こ》れを病者《びようしや》の患部《かんぶ》に思念《しねん》行氣《こつき》する場合《ばあひ》に應用《おうよう》するのである事《こと》を覺《おぼ》えて置《お》いて頂《いた》だきたい。

暗《あん》示《じ》法《ほつ》

病氣治療《びようきちれう》に用《もち》ふる暗示法《あんじほつ》

此場合《このばあひ》の暗示法《あんじほつ》の意義《いぎ》を明確《めいかく》に表《あら》はすは一寸困難《ちよつとこんなん》な事《こゝ》であるが、之《こ》れを平《ひら》たく云《い》へば暗示法《あんしほつ》とは言語《げんご》又《また》は態度《たいど》をもつて相手《あいて》（患者《かんじや》）の潜在意識《せんざいいしき》をダマシたり善導《ぜんどう》したりする事《こと》である。元來暗示法《がんらいあんじほう》は本書《ほんしよ》の病氣治療法《びようきちれつほう》に於《お》いては一種《いつしゆ》の補《ほ》助手段《じよしゆだん》であるけれ共此補助手段《どもこのほじよしゆだん》たる暗示《あんじ》の巧拙《こつせつ》は治療上《ちれつせう》に大《だい》相違《そうゐ》を來《き》たすものである、講習錄下巻第《こうしうろくげくわんだい》四十九頁《ぺいじ》より以下《いか》の暗示《あんし》の言葉《ことは》を十分《ぶん》に玩味《がんみ》せられよ、然《しか》し之《こ》れだけは各自《かくし》の工夫考案《くふうこうあん》に俟《ま》つべき事《こと》であつて一々御敎《おおし》えする譯《わけ》には行《ゆ》かぬ、早《はや》い話《はなし》が自分《じぶん》が治療《ちれつ》してやらふと思《おも》ふ相手《あいて》は顏《かほ》の異《ちが》つて居《ゐ》る通《とう》り其心持《そのこゝろもち》も百人《にん》百様《よう》に異《こと》なつて居《ゐ》るからである、故《ゆえ》に此《こ》の暗示《あんじ》を用《もち》ふる際《さい》には先《ま》づ第一《だいいち》に心《しん》中《ちう》に「此《こ》の人《ひと》には第一《だいいち》に何《ど》う云《い》ふ態度《たいど》を示《しめ》し第二《だい》には何《ど》う云《い》ふ言葉《ことば》を使《つか》えば宜《よ》いか」と云《い》ふ事《こと》に大苦心《だいくしん》を要《よう》するのである、吾々《われ〱》は普通《ふつう》の病氣治療《びやうきちれう》に於《お》いては(特別《とくべつ》なる重態治療《ぢゆうたいちれう》は別《べつ》)殆《ほとん》ど神佛《しんぶつ》の御加護《ごかご》を仰《あほ》がず共《とも》多《おほ》くは唯單《たゞたん》に氣合《きあひ》の三四聲《せい》と、巧《たく》みなる暗示《あんじ》の態度《たいど》と言葉《ことば》のみを以《も》つて施術《せじゆつ》して居《ゐ》るが多《おほ》くの場合《ばあひ》百發《はつ》百中《ちう》に治療成績《ちれうせいせき》をあげて居《ゐ》るのである、事實多忙《じじつたほう》の際《さい》に一々幽齋之辭《いち〱ゆうさいのことば》や心經《しんきやう》の讀誦《どくせう》を行《げう》じて神佛《しんぶつ》の御加護《ごかご》を願《ねが》ふと云《い》ふ事《こと》は仲々容《なか〱よう》易《い》ならぬ事《こと》であるからである、氣合《きあひ》の掛《か》け聲《ごゑ》には腹力《よくりよく》さえ充實《ぢゆうじつ》して居《ゐ》れば「ヤー」でも「エーイ」でも「カアッ」でも構《かま》はないが此《こ》の暗示《あんじ》だけは常《つね》に工夫《くふう》し考案《こつあん》しなければならぬ、暗示法《あんしほう》さえ巧《たく》みならば何《ど》んな場合《ばあひ》でも先方《せんぱう》の潜在意識《せんざいいしき》を上手《ぜうづ》にダマセルから大抵《たいてい》な病氣《びやうき》は治《なほ》せるものである、精神上《せいしんせつ》の病氣《ひやうき》でも又《また》は肉體《にくたい》の病氣《びやうき》でも暗示《あんじ》の掛《か》け方《かた》が巧《たく》みであれば、潜在意識《せんざいいしき》の力《ちから》で肉體及精神《にくたいおよびせいしん》を改造《かいぞう》せしむる事《こと》が出來《でき》るのであるよく世間《せけん》で、「精神治療法《せいしんちれつほう》は神經系統《しんけいけいとう》の病氣《びやうき》には効《き》くが肉體上《にくたいぜう》の病氣《びやうき》には効《きく》まい」との疑念《ぎねん》を持《も》つ人《ひと》が多《おほ》いが飛《と》んでも無《な》い話《はなし》で事實《じじつ》は却《かえつ》て神經上《しんけいせう》の病氣《びやうき》よりも機質的疾患《きしつてきしつかん》(肉體上《にくたいせう》の病氣《びやうき》)の方《ほう》が治《なほ》し易《やす》い位《くらい》のものである。

暗示法《あんじほう》の第一《だいいち》の要義《えうぎ》は施術者《せじつしや》たる自己《じこ》を信《しん》せしむる事《こと》である、所《ところ》で如何《いか》に「我《わ》れを信《しん》ぜよ」と云《い》つて見《み》た所《ところ》で相《あい》手《て》(被術者《ひじゆつしや》)の潜在意識《せんざいいしき》に「何《なん》で君《きみ》が信用出來《しんようでき》るものか」と想《おも》はれては何《なん》にもならぬ、其《そ》う云《い》ふ場合《ばあひ》には寧《むし》ろ當方《はう》から最初《さいしよ》に「疑《うたが》ふならばいくら疑《うたが》つても宜《よ》い、我《わ》が輩《はい》の施術《せじゆつ》は君《きみ》に疑《うたが》はれたり又《また》は信《しん》ぜられぬ爲《ため》に効果《こうくわ》の無《な》い樣《よう》な法力《ほうりき》とは法力《はうりき》が違《ちが》ふ、イヤ寧疑《むしろうたが》つて下《くだ》さい、君《きみ》の疑《うたがい》が勝《か》つか僕《ぼく》の法力《ほつりき》が勝《か》つか結果《けつくわ》に於《お》いて見《み》て貰《もら》はふ、僕《ぼく》の法術《ほつじゆつ》は普通《ふつう》の心理《しんり》療法《れうほう》や催眠術《さいみんじゆつ》や氣合術《きあひじゆつ》とは法術《ほうじゆつ》が違《ちが》ふ……」とか何《なん》とか云《い》つて聞《き》かせると、却《かへ》つて先方《せんぱう》の潛《せん》在意識《ざいいしき》を信用《しんよう》させる事《こと》が出來《でき》るものである、從《したが》つてヘボ精神療法家《せいしんれうほうか》の樣《よう》に唯徒《たゞいたづら》に「私《わたくし》を信用《しんよう》しなさい疑《うた》がつては不可《いけ》ません」等《など》と云《い》ふものではない、元來人間《がんらいにんげん》には妙《めう》な心理《しんり》があつて「信《しん》ぜよ信《しん》ぜよ」と云《い》はるれば却《かへ》つて疑《うたが》ひ、「いくらでも疑《うたが》へ」と云《い》はるれば却《かへ》つて信用《しんよう》するものである、斯《こ》ふ云《い》ふ風《ふう》に暗示《あんじ》に對《たい》して反對《はんたい》する心理《しんり》の事《こと》を「天邪鬼《あまのぢやき》」又《また》は「あまねぢやく」と云《い》ふのである、故《ゆえ》に諸君《しよくん》は此《こ》の天邪鬼心理《あまのぢやきしんり》を如何《いか》に利用《りよう》すべきやと云《い》ふ事《こと》を研究《けんきう》しなければならぬ其《そ》れには何《ど》うしても數《すう》十人《にん》の患者《かんじや》を自《みづか》ら手掛《てが》けて見《み》ないと呼吸《こきう》が分《わか》らない、又自分《またじぶん》より長上《てうせつ》の人《ひと》で日頃《ひごろ》自分《じぶん》が尊敬《そんけい》して居《ゐ》る人等《ひとなど》に對《たい》しては勢《いきを》ひ臆《おく》し勝《がち》になり易《やす》いものでもあるし、且《か》つ又先方《またせんぱう》も多少《たせう》此《こち》方《ら》を侮《あな》ごり易《やす》いものであるが斯《か》かる人《ひと》に對《たい》しては最初《さいしよ》から先方《せんぱう》の氣《き》を奪《うは》ふ爲《た》めに殊更平常《ことさらへいぜう》の敬語《けいご》を廢《や》めて頭《あたま》から「何々君《なに〳〵くん》」と呼《よ》び捨《す》てゝ「今日《こんにち》は平常應對《へいぜうおうたい》の場合《ばあひ》とは場合《ばあひ》が違《ちが》ふから眞《しん》に君《きみ》が自己《じこ》の病氣《びやうき》を治《なほ》したいと思《おも》ふならば此際施術《このさいせじつ》の時間中《じかんちう》だけは言語態度《げんごたいど》を改《あらた》めるから君《きみ》も亦言語《またげんご》動作《どうさ》を改《あらた》めて貰《もら》ひたい」と命令的《めいれいてき》に感服《かんぷく》せしめる樣《よう》にするのも一法《いつぽう》である兎《と》に角相手《かくあいて》の表面意識《ひようめんいしき》を奪《うば》つて、潜在意識《せんざいいしき》をダマシ且《か》つ善導《ぜんどう》するのである今茲《いまこゝ》に一々斯《こ》ふ云《い》ふ例《れい》は擧《あ》げ切《き》れぬが其《そ》の妙用《めうよう》の秘訣《ひけつ》は後章《こうせう》の治療秘訣《ちれうひけつ》の引例《いんれい》を讀《よ》み碎《くだ》けば分《わか》る。

又暗示《またあんし》に際《さい》し最《もつと》も必要《ひつよう》なるは、態度《たいど》の壯重《そうちよう》と言語《げんご》の明確《めいかく》な事《こと》である、態度《たいど》が輕卒《けいそつ》で小才子的《こざいしてき》にチョコチョコして居《ゐ》ては施《ほどこ》す治療《ちれう》に重味《おもみ》が無《な》いから却《かへ》つて先方《せんぽう》の潜在意識《せんざいいしき》に侮《あなど》られたり馬鹿《はか》にされる場合《はあひ》もあるから十分《ぶん》に落着《おちつ》き拂《はら》つて恰《あだか》も悠揚迫《ゆうようせま》らざるが如《ごと》き態度《たいど》を以《もつ》て接《せつ》する事《こと》が肝要《かんよう》である、言語《げんご》も亦然《またしか》りで餘《あま》り早口《はやくち》にゴチャ〱暗《あん》示《じ》するよりは、重々《おも〱》しい口調《くてう》で而《しか》も言葉巧《ことはたく》みであらねばならぬ、同《おな》じものゝ云《い》ひ方《かた》でも「モウ痛《いた》くない」と云《い》ふよりは「モウ病《や》ませる神經《しんけい》が除《さ》れて無《な》くなつたから痛《いた》まない」と云《い》つた方《ほう》が上手《ぜうず》で「君《きみ》の下痢《げり》は治《なを》る」と云《い》ふよりも「今我《いまわ》が輩《はい》が打込《うちこ》んだ氣合《きあひ》の力《ちから》で、今迄《いままで》タダレて居《ゐ》た君《きみ》の腸《ちよう》のタダレが治《なほ》つたから今後《こんご》は下痢《げり》をしたくても下痢《り》は出來《でき》ぬ」と暗示《あんじ》する方《ほう》が上手《ぜうず》である、又《また》「胃《ゐ》が丈夫《ぜつぶ》になつた」と云《い》ふよりも「胃《ゐ》の內壁《ないへき》が强靭《きやうじん》になつた爲《た》めに活力《かつりよく》がついて來《き》た」と云《い》つた方《ほう》が巧《たく》みである樣《よう》なものである、併《しか》し熟《な》れないうちは此《こ》の暗示《あんじ》の言葉《ことは》が仲々《なか〱》甘《うま》く出《で》ないものであるが段々經驗《だん〱けいけん》を積《つ》むに從《したが》つて種々《しゆ〱》の工夫《くふう》が湧《わ》いて來《く》るから、此病人《このびようにん》には如何《いか》なる言葉《ことば》を用《もち》ふれば宜《よ》いかと云《い》ふ事《こと》が直覺的《ちよくかくてき》に頭《あたま》に浮《うか》んで來《く》るものであるから「習《なら》ふより熟《な》れろ」である、何《ど》うしても經驗《けいけん》と工夫《くふう》とが肝要《かんよう》である、故《ゆえ》に最初《さいしよ》の間《あいだ》は先《ま》づ患者《くわんじや》に冥目《めいもく》させて氣合《きあひ》の二三聲《せい》を浴《あ》びせて呼吸法《こきゆうほう》でも行《や》らせて置《お》いて、自分《じぶん》は別室《べつしつ》で靜座法《せいざほう》でも行《や》つて居《ゐ》ながら暗示《あんじ》言葉《ことは》の云《い》ひ方《かた》や順序《じゆんじよ》を工夫《くふう》して紙片《しへん》の類《るい》に書《か》きつけて（——頭《あたま》の中《なか》に覺《おぼ》えて居《ゐ》られれば尙《な》ほ結構《けつこう》）置《お》き、其《そ》れによつて暗示《あんじ》の言葉《ことば》や氣合《きあひ》を與《あた》えてやるが宜《よ》い、其《そ》うすれば工夫《くよう》も積《つ》むし又失敗《またしつぱい》も無《な》い。

又病人《またびようにん》の中《うち》には病人自身《びようにんじしん》は施術者《せじつしや》を信用《しんよう》し且《か》つ病氣《びようき》も全治《ぜんじ》すると信用《しんよう》して居《ゐ》ながら、何《ど》うしても腹《はら》の中《なか》の蟲《むし》（潜《せん》在意識《ざいいしき》）が「自分《じぶん》の病氣《びようき》は多年《たねん》の難疾《なんしつ》で醫者《いしや》や博士《はかせ》にも見離《みはな》されたのだから到底《とて》も治《なを》らない」と斷念《あきらめ》て居《ゐ》る者《もの》が有《あ》るが（慢性患者《まんせいかんじや》の多《おを》くは皆然《みなしか》り）之《こ》れが一番厄介《いちばんやつかい》なものである、斯《こ》ふ云《い》ふ人々《ひと〴〵》には仲々《なか〳〵》普通《ふつう》の氣合《きあひ》と暗示《あんし》だけでは効《き》かぬ場合《はあひ》も多《おを》いが次《つき》の如《ごと》く暗示《あんじ》すれば大抵數回《たいていすうくわい》の施術《せじつ》で輕快全治《けいくわいぜんぢ》するものである、假《か》りに相手《あいて》が慢性《まんせい》の胃《ゐ》腸病患者《てうびつかんじや》で醫者《いしや》も見離《みはな》したと云《い》ふ樣《よう》な人《ひと》を例《れい》に用《もち》ふるならば「今我輩《いまわがはい》が君《きみ》の病氣《びようき》を觀察《くわんさつ》するに茲《こゝ》に一つ重大《ぢゆうだい》な事《こと》がある、（コレハ潜在意識《せんざいいしき》ヲ威《おど》ス一ツノ手段《しゆだん》ノ言葉《ことは》デアル、萬事《はんじ》此筆法《このひつぽう》デ行《ゆ》カナケレバナラヌ）——其《そ》れは君《きみ》に一ツの惡《わ》るい神經《しんけい》が有《あ》つていつも其神經《そのしんけい》が病氣《びようき》を重《おも》らせて居《ゐ》る、其《そ》の證據《せうこ》には君自身《きみじしん》は早《はや》く治《なほ》り度《た》い早《はや》く全快《ぜんかい》したいと思《おも》ふに拘《かゝは》らず其《そ》の神經《しんけい》が邪魔《じやま》をして居《ゐ》る許《はか》りに却《かへ》つて君《きみ》の病勢《びようせい》は重《おも》る許《はか》りでは無《な》いか、其《そ》の惡《わ》るい神經《しんけい》を今我《いまわ》が輩《はい》が摑《つか》み出《だ》してやるから其心算《そのつもり》で居《ゐ》給《たま》へ（茲《こゝ》デ心經《しんげう》又《また》ハ幽齊之辭《ゆうさいのことは》デモ讀《よ》ンデ神佛《しんぶつ》ノ御加護《ごかご》ヲ乞《こ》フト共《とも》ニ一種莊重《しゆさうちよう》ノ念《ねん》ヲ抱《いだ》カシメテヤル）——元來人間《がんらいにんげん》の腹《はら》の中《なか》には潜在意識《せんざいいしき》と云《い》つて五官以外《くわんいぐわい》に隠《かく》れて居《ゐ》る意識《いしき》がある、其《そ》れが即《すなは》ち君《きみ》の病氣《びようき》を惡《わ》るくする腹《はら》の中《なか》の蟲《むし》と云《い》ふ奴《やつ》である、君自身《きみじしん》ては氣《き》が附《つ》かなんで居《ゐ》ても其《そ》う云《い》ふ惡《わ》るい神經《しんけい》があるんだ、之《こ》れを取《と》り去《さ》るには先《ま》づ君《きみ》の五官作用《くわんさよう》を爲《な》す眼《め》と耳《みゝ》と鼻《はな》と舌《した》とを無《な》いものにして表面意識《ひようめんいしき》を去《さ》らなければ、出《で》て來《こ》ない、ドレ一つ行《や》つてやろふか（ト云《い》ヒナガラ第《だい》一ニ眼《め》ニ二聲《せい》ノ氣合《きあひ》ヲ掛《か》ケ第《だい》二ニ双方《さうはう》ノ耳《みゝ》ニ一聲《せい》ヅヽノ氣合《きあひ》ヲ掛《か》ケ第《だい》三ニ鼻《はな》ニ二聲《せい》ノ氣合《きあひ》ヲ掛《か》ケ第《だい》四ニ口《くち》ヲ開《ひら》カシメテ二三聲《せい》ノ氣合《きあひ》ヲ掛《か》ケテヤル）——之《こ》れで表面意識《ひやうめんいしき》が去《さ》つたから後《あと》に殘《のこ》つて居《ゐ》るのは先刻《さつき》話《はな》した潜在意識《せんざいいしき》である（ト云《い》ヒナガラ如意《によい》カ扇子《せんす》ノ樣《よう》ナモノデ眉間《みけん》ノ部《ぶ》ヲ一二回《くわい》輕《かる》ク撫《な》デヽヤルノデアル）今我輩《いまわがはい》が其《そ》の潜在意識《せんざいいしき》に物《もの》の道理《だうり》を話《はな》してやる、コレ〇〇君《くん》の身體《しんたい》に宿《やど》つて居《ゐ》る潜在意識《せんざいいしき》よ、貴樣《きさま》は常《つね》に腹《はら》の中《なか》に隠《かく》れて惡觀念《あくくわんねん》と化《くわ》し、〇〇君《くん》の病氣《びようき》を惡《わ》るくさせて居《ゐ》るでは無《な》いか、〇〇君《くん》の表面意識《ひつめんいしき》は常《つね》に早《はや》く治《なほ》り度《た》い治《なほ》り度《た》いと思《おも》つて居《ゐ》るのにも拘《かゝは》らず貴樣《きさま》と云《い》ふ惡潜在意識《あくせんざいいしき》が有《あ》る許《ばか》りに「何《ど》うも治《なほ》らないか知《し》らん」と思《おも》つたり「段々《だん〳〵》惡《わ》るくなるだらふ」等《など》と想像《そうぞう》して居《ゐ》るから、折角《せつかく》の治療《ちれう》も効果《こうくわ》が擧《あ》がらぬのである、謂《い》はゞ〇〇君《くん》の心持《こゝろもち》では「治《なほ》り度《た》い」と思《おも》ふのを貴樣《きさま》が腹《はら》の中《なか》に居《ゐ》て「治《なほ》つては不可《いけ》ない」と云《い》つて引《ひ》き戻《もど》して居《ゐ》る様《よう》なものである、よつて今日《こんにち》より貴様《きさま》の如《ごと》き不屆者《ふとゞきもの》は○○君《くん》の體内《たいない》に置《お》く譯《わけ》には行《ゆ》かないから直《たゞ》ちに出《で》て行《ゆ》け、何《なに》、出《て》て行《ゆけ》ない 其《そ》れも其《そ》うだらふ永《なが》い月日《つきひ》の間《あいだ》○○君《くん》の神經《しんけい》に巣《す》を作《つく》つて居《ゐ》たんだから唯《たゞ》では出《で》て行《ゆ》けまい、ヨシ我《わ》が輩《はい》が貴様《きさま》を退治《たいじ》する爲《た》めに眞言《しんごん》の密法《みつほう》たる九字《じ》を切《き》つてやるから――（ト云《い》フ風《ふう》ニ威《おど》シテ略式《りやくしき》ノ九字《じ》ヲ切《き》ツテヤル、九字《し》ヲ切《き》リ終《おわ》ツタナラバ勿體《もつたい》ラシク）其《そ》れ見《み》よ今我《いまわ》が輩《はい》の切《さ》つた九字《じ》の功徳《くどく》によつて貴様《きさま》は逃《に》げ出《だ》し掛《か》けて居《ゐ》るでは無《な》いか、――未《いま》だ胴體《どうたい》は出《て》たが尾《しつほ》が殘《のこ》つて居《ゐ》るぞ、ヨシ其《そ》の尾《お》は我輩《わがはい》の氣合《きあひ》の一聲《いつせい》で引拔《ひきぬい》いて放《ほつ》り出《だ》してやろふ、「エーイッ」（ト眉間《みけん》ニ氣合《きあひ》ヲ掛《か》ケテ更《さら》ニ口調《くてう》ヲ改《あら》タメ）――いや仲々《なか〳〵》骨《ほね》が折《お》れた、之《こ》れで漸《ようや》く○○君《くん》の腹《はら》の中《なか》の惡《わ》るい神經《しんけい》、つまり今日迄《こんにちまで》君《きみ》の病氣《びようき》を惡《わ》るくした惡潜在意識《あくせんざいいしき》を根本《こんほん》から除《さ》つて仕舞《しま》つたから、今度《こんど》殘《のこ》つて居《ゐ》る靈魂《たましひ》は眞正《しんせい》の○○君本來《くんほんらい》の魂《たましひ》であるから今《いま》こそ君《きみ》の病氣《びようき》を根本《こんほん》から治《なほ》してやらふ、ドレ胃《ゐ》を抑《をさ》えさせて呉《く》れ給《たま》へ、ナル程《ほど》之《こ》れは大分《たいぶ》胃《ゐ》が衰弱《すいじやく》して居《ゐ》るネ、今此衰弱《いまこのすいじやく》した胃《ゐ》に向《むか》つて我輩《わがはい》が法術《ほうじつ》を掛《か》けて三聲《せい》の氣合《きあひ》を打込《うちこ》めば、打込《うちこ》んだ氣合《きあひ》が君《きみ》の胃《ゐ》の中《なか》へ活力《くわつりよく》さなつて這入《はい》つて行《ゆ》く（ト輕《かる》く胃部《ゐぶ》ニ靈氣能力《れいきのうりよく》ヲ傳《つた》ヱナガラ其《そ》レト同時《どうじ》ニ例《れい》ニヨツテ眉間《みけん》ノ間《あいだ》へ一聲《いつせい》胃部《いぶ》へ二聲《にせい》ノ氣合《きあひ》ヲ掛《か》ケテ置《お》イテ）――サア之《こ》れで多年《たねん》苦《くる》しんで醫者《いしや》に見離《みはな》された胃《い》も改造《かいぞう》されたのだ、今我輩《いまわがはい》の打込《うちこ》んだ氣合《きあひ》の第一聲《だいいつせい》は胃《ゐ》に活力《くわつりよく》を與《あた》へたのだから今日《こんにち》からは胃《ゐ》が盛《さかん》に大活動《たいくわつどう》を始《はじ》めて喰《た》べたものを盡《ことごと》く消化《せうくわ》して仕舞《しま》ふ、餘《あま》り消化《せうくわ》し過《す》ぎると空腹《すきはら》を感《かん》じ易《やすい》が、面白《おもしろ》がつて無暗《むやみ》に喰《た》べては不可《いけ》ぬぞ、第二聲《だいにせい》の氣合《きあひ》は君《きみ》の胃《ゐ》の內部《ないぶ》のタダレて居《ゐ》たのを固着《こちやく》させて內壁《ないへき》を强靱《けつしん》にさせたのだから今日《けふ》からは何《ど》んな硬《かた》いものを喰《た》べても宜《よ》い――ダガ折角治《せつかくなほ》り掛《か》けた所《ところ》だからマア硬《かた》いものはモウ一寸待《ちよつとま》つて呉《く》れ給《たま》へ、第三聲《だいせい》は今迄君《いままできみ》の胃《ゐ》を病《や》ませたり、胸《むね》を燒《や》かせたりした惡《わ》るい神經《しんけい》を殺《ころ》して仕舞《しま》つたのだから、モウ今日《けよ》からは胸《むね》がヤケるとか胃《い》が痛《いた》いとか云《い》ふ事《こと》は根切《ねぎ》りに無《な》くなつて仕舞《しま》ふのだ、論《ろん》より證據《せつこ》だサア自分《しぶん》で自分《じぶん》の胃《ゐ》を押《おさ》えて見給《みたま》へ今迄一寸押《いまゝでちよつとお》しても痛《いた》んだ胃《ゐ》がイクラ强《つよ》く押《お》しても何共無《なんともな》いから(ト胃部《ゐぶ》ヲ押《お》サヘシメテ見《み》ル、大低《たいてい》ハ痛《いた》ミノ除《と》レルモノデアルガ仲《なか》ニハ未《いま》ダ少々痛《せうくいた》イ等《など》ト云《い》フ人《ひと》モアルカラ其《そ》ウ云《い》ウ場合《はあひ》ニハ更《さら》ニ三四聲《せい》胃部《ゐぶ》ト眉間《みけん》へ氣合《きあひ》ヲ掛《か》ケテ)――サア今度《こんど》は何共無《なんともな》いだろう、見《み》よ我輩《わがはい》の法術《ほうしゆつ》は斯如《かくのごと》く偉効《ゐかう》が有《あ》るでは無《な》いか、分《わか》つたかね、嬉《うれ》しい、治《なほ》り度《た》いと思《おも》つたら更《さら》に五六回來《くわいき》給《たま》へ根治《こんぢ》するから――と云《い》つた風《ふう》に暗示《あんじ》を與《あた》へたり氣合《きあひ》を掛《か》けたりするのである、本法中《ほんはうちう》で眼耳鼻舌《めみゝはなした》に氣合《きあひ》を掛《か》けて尙《な》ほ右《みぎ》の如《ごと》き暗示《あんじ》と氣合法《きあひはふ》を用《もち》ふるは不肖素禪《ふせうそぜん》が某高級神《ほうかうきゆうしん》よりの直接神示《ちよくせつしんじ》に基《もと》づく秘法《ひほう》であるが、此法《このほう》を以《もつ》てすれば如何《いか》なる頑固《がんこ》の疑《うたが》ひ深《ぶか》い人《ひと》でも、强情張《がうぜうば》りの人《ひと》にでも必卓拔《かならずたくはつ》な効果《こうくわ》を示《しめ》すものである、右《みぎ》の暗示《あんじ》方法を貳拾數回御《すうかいご》精讀《せいどく》あらば書中《しよちう》の眞《しん》意《い》も御《お》分《わか》りになるだらふと思《おも》ふが、唯單《たゞたん》に二回《くわい》や三回表面的《くわいひようめんてき》に讀《よ》んだだけでは斷《だん》じて御《お》判《わか》りにはならぬ。

吾人《ごじん》が日常《にちぜう》の治療《ちれう》に際《さい》し最《もつと》も苦心《くしん》を要《えう》する事《こと》は「此人《このひと》には如何《いか》なる態度《たいど》の暗示《あんじ》を用《もち》ふれば宜《よ》いか」と云《い》ふ事《こと》であつて、暗示《あんじ》法程多大《ほつほどただい》の苦心《くしん》を要《えう》する事《こと》は無《な》い、時《とき》によれば我輩等《わがはいら》でも暗示《あんじ》の言葉《ことば》に迷《まよ》ふ事《こと》が有《あ》るが斯《こ》ふ云《い》ふ時《とき》は仕方《しかた》が無《な》いから前述《ぜんじゆつ》の如《ごと》く靜《しづか》に病人《びようにん》に目《め》を閉《と》じさせて二三聲《せい》の氣合《きあひ》を浴《あ》びせかけ、靜座《せいざ》呼吸法《こきゆうほう》をさせながら呼《こ》吸《きう》の數《すう》でも數《かぞ》えしめて居《ゐ》る間《ま》に、自分《じぶん》は隣室《りんしつ》で精神《せいしん》を統一《とういつ》し暗示《あんじ》の言葉《ことば》を考《かんが》へて、巧《うま》い工夫《くふう》のついてから施術《せじゆつ》に取《と》り掛《かゝ》るのである。

又何《またど》うしても巧《うま》い言葉《ことば》が考《かんが》へ出《だ》せない場合《はあひ》には、下手《へた》な事《こと》を言《い》つて却《かへ》つて先方《せんほう》の潜在意識《せんざいいしき》に馬鹿《ばか》にされては不可《いけ》ないから、其《そ》う云《い》ふ場合《はあひ》には唯單《たゞたん》に患部《かんぶ》に靈氣《れいき》能力《のうりよく》を傳《つた》えて眉間《みけん》に五六聲《せい》の氣合《きあひ》を掛《か》けて置《お》いた方《ほう》が宜《よ》い、其《そ》れでも八分《ぶ》通《ごう》りの効果《かうくわ》が現《あら》はれるものである、下手《へた》な迷《まよ》ひ言《ごと》を云《い》ひ聞《き》かすよりも却《かへ》つて宜《よ》い、然《しか》し最初練習《さいしよれんしゆう》の間《あひだ》だけは笑《わら》はれても仕方《しかた》が無《な》いから思《おも》ひ切《き》つて考《かんが》へた通《ごう》りの暗示《あんじ》を與《あた》えるが宜《よ》い、其《そ》うして絶《た》えず工夫《くふう》を積《つ》まねばならぬ。

兎《と》に角病氣治療法中《かくびようきられうほうちう》一番難《ばんむ》づかしい事《こと》は暗示法《あんじほう》（態度《たいど》又《また》は言語《げんご》による）であると云《い》ふ事《こと》を心得《こゝろえ》て居《ゐ》て貰《もら》ひ度《た》い折《せつ》

角骨《かくほね》を折《お》つて神佛《しんぶつ》の御加護《ごかご》を願《ねが》つても、誤《あや》まつた暗示《あんじ》を掛《か》ければ却《かへ》つて神佛《しんぶつ》を御逆用申《ごぎやくようもふ》す事《こと》になる場合《はあひ》もあるのだから、能《よ》く〳〵工夫《くふう》に工夫《くふう》を積《つ》まねばならぬ、工夫《くふう》を積《つ》み研究《けんきゆう》を怠《おこた》らなければ何人《なんぴと》と云《い》へ共必《ともかなら》ず其秘《そのひ》訣《けつ》を體得《たいとく》し得《う》るものである、此《こ》の暗示《あんじ》法《ほう》に就《つ》いては後章《こうせう》「治療秘訣《ちれうひけつ》」の部《ぶ》に於《お》いて貴重《きちよう》なる實際《じつさい》の要項《えうこう》があるから、心《こゝろ》して御讀破《ごどくは》あれ。

音《おん》靈《れい》法《ほう》

音靈法《おんれいほう》　音靈法《おんれいほう》（音靈《おとだま》の法《ほう》）とは病者《びやうしや》をして一定《いつてい》の「音《おと》」を一定時《いつていじ》間《かん》の間《あひだ》だけ聽《き》かしめて置《お》く事《こと》である、之《こ》れは施術時《せじゆつじ》間中《かんちゆう》又《また》は施術前後《せじゆつぜんご》でも宜《よ》い、又《また》何《ど》んな姿勢《しせい》でも構《かま》はないから、（相成《あいな》るべくは靜座《せいざ》法《ほう》、又《また》は臥式腹式《ぐわしきふくしき》法《ほう》）患者自身《くわんじやじしん》をして手先《てさき》を患部《くわんぶ》（例《たと》へば胃《ゐ》の惡《わ》るい人《ひと》は胃部《ゐぶ》へ、心臟《しんぞう》の惡《わ》るい人《ひと》ならば心臟部《しんぞうぶ》へ）に輕《かる》く當《あ》てしめながら一定《いつてい》の音《おと》を一定《てい》時間《じかん》だけ聽《き》いて居《ゐ》させるのである、音《おと》ならば何《なん》の音《おと》でも宜《よろし》いが唯必《たゞかなら》ず一定時《ていじ》間《かん》の間《あいだ》だけ繼續《だんぞく》する音《おと》で無《な》くてはならぬ、例《たと》へば小川《おがわ》のせせらぐ音《おと》でも點滴《てんてき》のしたたる音《おと》でも時計《とけい》の音《おと》でも何《なん》でも宜《よ》いが便《べん》宜上《ぎぜう》多《おを》くは時計《とけい》の振子《ふりこ》又《また》はセコンドの音《おと》が宜《よ》いものである。聽《き》く方《ほう》の人《ひと》は時間中其音《じかんちゆうそのおと》（時計又《とけいまた》は清流《せいりゆう》の音等《おとさう》）さえ忘《わす》れぬ様《やう》に聴《き》いて居《ゐ》ながら手先《てさき》で患部《くわんぶ》を押《おさ》えて居《お》れば宜《よ》いのであるから簡單《かんたん》である、時間《じかん》は病人《びやうにん》の苦《くる》しくない程度《ていど》の長《なが》さの時間《じかん》が宜《よ》いのであるから大低《たいてい》（一日《じつ》に二三回宛《くわいあて》）十五分乃至《ふんないし》四五十分《ぶん》が適當《てきたう》である、然《しか》し施術者《せじゆつしや》に時間《じかん》の尠《すくな》い場合《ばあひ》は治療中《ちれうちう》の數分間《すうふんかん》だけでも宜《よ》い、殊《こと》に施術《せじゆつ》の第《だい》一歩《ぽ》に於《お》いて二三分間《かん》の音靈法《おんれいほう》をもつて患者《くわんじや》の精《せい》神《しん》を統一《とういつ》せしめ次《つぎ》に氣合《きあひ》の二三聲《せい》を浴《あ》びせかけるのは妙策《みやうさく》である、又患者《またかんしや》に單獨《たんどく》で此法《このほう》を行《や》らせる際時《さいとき》によつては靈動《れいどう》を起《おこ》したり汗《あせ》が出《で》たり涕涙《ているい》したり其他《そのた》肉體上《にくたいじやう》に多少《たせう》の變化《へんくわ》の起《お》きる事《こと》があるかも知《し》れぬが決《けつ》して其等《それら》の事《こと》に懸念《けねん》する必要《ひつえう》は無《な》い、唯々《たゞ〳〵》默つて適當《てきとう》の姿勢《しせい》の下《もと》に一定《てい》の音靈《おんれい》さへ聽《き》かしめて置《お》けば宜《よ》いのである。

又患者《またかんしや》が重態《じゆうたい》で何《ど》うしても自《みづか》ら音靈法《おんれいほう》の出來《でき》ぬ人《ひと》に對《たい》しては代人《だいにん》（なるべく肉親關係《にくしんくわんけい》又《また》は親友《しんゆう》）が病人《びやうにん》の枕頭《まくらもと》に於《お》いて病人《びやうにん》に代《かわ》つて手《て》を患部《くわんぶ》に當《あ》てゝやりながら音靈《おんれい》を聽《き》いて居《ゐ》ても宜《よ》い、又《また》一時《じ》に數人《すうにん》又《また》は數《すう》十人《にん》に對《たい》して行《や》らせても効果《こうくわ》は同《どう》一である、此法《このほう》は時間《じかん》と空間《くうかん》とを超越《てうえつ》した「靈《たま》」の妙作《みようさ》であるから何《なん》十里《り》何《なん》千里《り》を隔《へだ》てゝも構《かま》はない。

何故《なにゆえ》に斯《か》かる手輕《てがる》な方法《ほう〳〵》が治病矯癖《ちびやうきようへき》に卓効《たくこう》が有《あ》るかと云《い》ふに一は以《もつ》て患者《くわんじや》の表面意識《ひようめんいしき》を脱却《だつきやく》せしめて潜在意識《せんざいいしき》を誘發《ゆうはつ》すると云《い》ふ事《こと》もあるが（催眠術《さいみんじゆつ》の聽音法《ちやうおんほう》と同《どう》一意味《いみ》に於《お》いて）――併《しか》し其《そ》ふ云《い》ふ分《わか》り切《き》つた事《こと》よりも更《さら》に難《む》

づかしい且《か》つ神秘的《しんぴてき》の理由《りゆう》のある事《こと》であつて元來《ぐわんらい》「音《おん》」は所謂般若心經《いわゆるはんにやしんきやう》にある不垢不淨不增不減《ふこうふじやうふぞうふげん》のものであつて清淨極《せいじやうきわ》まるものである、而《しか》して清淨《せいぜう》は又宇宙《またうちう》の本體《ほんたい》である、即本來清淨極《すなはちほんらいせいじやうきわ》まる第《だい》一義諦《ぎてい》の化現《けげん》であるから眞《しん》に「音《おん》」に徹《てつ》すれば宇宙《うちう》の本體《ほんたい》（天御中主神《あめのみなかぬしのかみ》………）に徹《てつ》する事《こと》が出來《でき》るのである、宇宙《うちう》の本體《ほんたい》に徹《てつ》すれば色即是空《しきそくぜくう》、空即是色《くうそくぜしき》、身心一如《しんしんいつじよ》で病氣《びやうき》も無《な》ければ健康《けんこう》もない無老死《むらうし》亦無老死盡《やくむらうしじん》である………屁理窟《へりくつ》を云《い》へばザツト斯《か》うでも云《い》ふより外《ほか》に仕方《しかた》が無《な》いが兎《と》に角音靈法《かくおんれいはふ》は之《こ》れを氣長《きなが》く修《しつ》する時《とき》は單《たん》に此《こ》の一法《はふ》を以《もつ》てするも如何《いか》なる病氣《びやうき》に對《たい》しても卓効《たくかう》を奏《そう》するものであると云《い》ふ事《こと》を御記《こき》憶願《おくねが》ひたい、況《いは》んや我《わ》が治療秘訣《ちれうひけつ》に於《お》いては萬般《はんぱん》の靈法《れいはふ》を取捨《しゆしや》應用《おうよう》して機《き》に臨《のぞ》み變《へん》に處《しよ》せしむるのであるから神効佛果《じんかうぶつくわ》の著《いち》じるしきは言《げん》を俟《ま》たぬ。

治《ち》療《れう》法《はふ》秘《ひ》訣《けつ》

以上數項《いじやうすうかう》に亘《わた》つて述《の》べてある諸方法《しよはつはふ》が病氣治療法《びやうきちれうはふ》の根本《こんぽん》である、九字《じ》の神秘《しんぴ》を始《はし》めとして幽齊施術《いつさいせじゆつ》の神德《しんとく》の著《いち》じるしき、般若心經讀誦《はんにやしんきやうどくしよう》の佛德顯赫《ぶつとくけんかく》なるを始《はし》め氣合術《きあひじゆつ》、靈氣能力《れいきのうりよく》、暗示法《あんじはふ》、音靈法等《おんれいはふとう》に至《いた》る迄《まで》、其《そ》の中《うち》の一法《はふ》を以《もつ》てするも能《よ》く患《わづらひ》を去《さ》り病《いたつき》を治《ぢ》する事神技《ことしんぎ》に等《ひと》しきものが有《あ》るのであつて、現《げん》に著名《ちよめい》なりと稱《しよう》せらるゝ第《だい》一流《りう》の精《せい》神療法家《しんれうはふか》の多《おほ》くに置《お》いてすら此中《このうち》の一二法《はふ》を以《も》つて萬能《はんのう》の如《ごと》く心得《こゝろえ》て居《ゐ》る程《ほど》である。

既《すで》に諸君《しよくん》は前述《ぜんじゆつ》の諸法《しよはふ》を讀破《どくは》せられたのであるから此上《このうへ》は唯實驗《たゞじつけん》且《か》つ工夫《くふう》修養《しうやう》して體得《たいとく》せらるれば宜《よ》い、丁度之《ちやうどこ》れを醫學《いがく》に例《たと》へて云《い》へば恰《あたか》も醫科大學《いくわだいがく》でも卒業《そつげふ》して、此《こ》れからは實地《じつち》研究《けんきう》の爲《た》め更《さら》に大病院《だいびやうゐん》にでも勤務《きんむ》實習《じつしふ》するか又《また》は郷里《きやうり》に歸《かへ》つて習《なら》つた事《こと》を應用《おうよう》の上《うへ》開業《かいげふ》でもしやふかと云《い》ふ樣《やう》なものである。

就《つ》いては以上《いじやう》御教示《ごきやうじ》申《まを》した諸術《しよじゆつ》を如何《いか》に取捨《しゆしや》應用《おうよう》すべきかと云《い》ふ問題《もんだい》であるが之《こ》れは矢張《やは》り相手《あいて》により病狀《びやうじやう》により一定《てい》する譯《わけ》には行《ゆ》かぬが段段經驗《だん〳〵けいけん》を積《つ》むに從《したが》つて其眞髓《そのしんずい》(コツ)は會得《ゑとく》されるものであるから、今茲《いまこゝ》で我輩《わがはい》が下《へ》手《た》な例《れい》を示《しめ》すよりも、却《かへ》つて諸君《しよくん》の工夫《くふう》の方《はう》が新進《しんく》くで宜《よ》いかも知《し》れぬが、兎《と》に角自《かくみづか》ら秘訣《ひけつ》なりと信《しん》ずる數例《すうれい》を掲《あ》げて御參考《ごさんかう》に供《きやう》したいと思《おも》ふ、兼《かね》て前章《ぜんしやう》に於《お》いても『眞《しん》に熟達《じゆくたつ》して來《く》れば一一神佛《しんぶつ》の御加護《ごかご》を願《ねが》はずとも、單《たん》に氣《き》合《あひ》の掛聲並《かけごえなら》びに巧《たく》みなる暗示法《あんじはふ》だけでも十分《ぶん》である』と述《の》べて置《お》いたが然《しか》し之《こ》れは自分《じぶん》の技倆《ぎりやう》に確信《かくしん》のついた後《のち》の事《こと》であつて、最初《さいしよ》は矢張《やは》り本書《ほんしよ》の順序《じゆんじよ》を踏《ふ》んで幽齊之辭又《いうさいのことばまた》は般若心經《はんにやしんきやう》から這入《はい》つたが宜《よ》い、今假《いまか》りに前《まへ》に述《の》べた諸法《しよはふ》(卽《すなは》ち九字《じ》を切《き》り、神威《しんゐ》又《また》は佛德《ぶつとく》の御加護《ごかご》を乞《こ》ひ氣合術《きあひじゆつ》、靈氣能力《れいきのうりよく》、暗示法《あんじはふ》音靈法《おんれいはふ》等《とう》應用《おうよう》の事《こと》を盡《ことごと》く應用《おうよう》して一重態《じうたい》なる肋膜炎《ろくまくえん》(濕性肋膜《しつせいろくまく》の場合《はあひ》)患者《くわんじや》の治療《ちれう》に從事《じうじ》したとする。

(一)患者《くわんじや》の室《しつ》に入《はい》ると同時《ごうじ》に略式九字《りやくしきじ》を切《き》り、且《か》つ之《こ》れを戻《もど》し、(二)靜《しづか》に病者《びやうしや》の枕頭《ちんこう》に座《ざ》して輕《かる》く病者《びやうしや》の眼《め》を閉《さ》ざさしめ『施術《せじゆつ》の終《をは》る迄《まで》は如何《いか》なる變事《へんじ》あるとも眼《まなこ》を開《ひら》く勿《なか》れ』と暗示《あんし》し且《か》つ病者《びやうしや》の手《て》を以《もつ》て輕《かる》く患部《くわんぶ》に當《あ》てしめる、

(三)適當《てきたう》の音靈《おんれい》を(時計《とけい》の振子《ふりこ》の音《おと》又《また》は其他《そのた》)聽《き》かしめ且《か》つ『病氣《びやうき》を治《なほ》したいと思《おも》ふならば此音靈《このおんれい》を一生懸命《しやうけんめい》に聽《き》いて居《お》れ、此音靈《このおんれい》さえ聽《き》き落《おと》さぬ樣《やう》に注意《ちうい》して居《お》れば宜《よ》い、自分《じぶん》の病氣《びやうき》が治《なほ》るか知《し》らん治《なほ》らないか知《し》らん等《など》と云《い》ふ事《こと》は何《ど》う考《かんか》へても宜《よ》い、又我輩《またわがはい》の法力技倆等《ほふりきぎりやうとう》はいくら疑《うたぐ》つても構《かま》はぬから唯音靈《たゞおんれい》だけを聽《き》き落《おと》さぬ樣《やう》にせよ』と暗示《あんじ》し、(四)眉間《みけん》に二三聲《せい》の氣合《きあひ》を浴《あ》びせ、(五)靜《しづか》に自己《じこ》の位置《いち》を換《か》えて床前《とこまえ》に端座《たんざ》して『幽齊施術《いうさいせじゆつ》』又《また》は『磐若《はんにや》心經《しんきやう》の讀行《どくぎやう》』を爲《な》す事式法《ことしきほふ》の如《ごと》く、(六)右終《みぎをは》らば又《また》二三聲《せい》の氣合《きあひ》を眉間《みけん》に掛《か》けて後壯重《のちさうちよう》に口《くち》を開《ひら》いて『聞《き》けば君《きみ》は濕性《しつせい》の肋膜炎《ろくまくえん》だと云《い》ふ事《こと》だ、つまり肋膜《ろくまく》に水《みづ》がたまつて炎衝《えんしやう》を起《おこ》すんだ、其《そ》の爲《た》めに發熱《はつねつ》も高《たか》ければ又呼吸《またこきう》も苦《くる》しく患部《くわんぶ》も痛《いた》むのだ、延《ひ》いては血液《けつえき》の循環《じゆんくわん》も整《とゝの》はなければ心臟《しんざう》も痛《いた》み肺迄《はいまで》も惡《わ》るくなると云《い》ふ結果《けつくわ》だから、今我輩《いまわがはい》の法力《はふりき》を以《もつ》て、震威《しんゐ》一喝《かつ》を喰《くら》はして君《きみ》の病氣《びやうき》を根治《こんぢ》させてやろふか、羯諦羯諦《ぎやあてぎやあて》波羅羯諦《はらぎやあて》、波羅僧羯諦菩提薩婆《はらそぎやあてぼちそわ》訶《か》、々々〱々〱(施術者《せじゆつしや》が敬神者《けいしんしや》ならば幽齊之辭中《いうさいのことばちう》の適宜《てきぎ》の句《く》を高誦《かうしよう》して聞《き》かせ且《か》つ又此際《またこのさい》特《とく》に表面意識《へうめんいしき》を脫却《だつきやく》させる必要《ひつえう》があるならば前章《ぜんしやう》に述《の》べてある通《とほ》り眼《め》、耳《みゝ》、鼻《はな》、舌等《したとう》に氣合《きあひ》を掛《か》けてやつて次《つぎ》に惡潛在意識《あくせんざいいしき》を追《お》ひ出《だ》

して置《お》くが宜《よ》い。)……先《ま》づ第《だい》一に肋膜《ろくまく》にたまつて居《ゐ》る水《みづ》を我《わ》が輩《はい》の氣合《きあひ》によつて尿《ねう》にして排泄《はいせつ》せしめてやる「エーイッ」第《だい》二には肋膜《ろくまく》の痛《いた》みを止《と》めてやる「エーイッ」第《だい》三には發熱《はつねつ》を下《さ》げてやる、然《しか》し一度《ど》で平熱《へいねつ》にしても餘《あま》り早《はや》く治《なほ》り過《す》ぎる恐《おそれ》があるから今日《けふ》は一度《ど》五分《ぶ》だけ下《さ》げてやろふ、今見《いまみ》れば丁度《ちやうど》四十度《ど》の發熱《はつねつ》だから之《こ》れが後《こ》刻迄《こくまで》には卅八度《ど》五分《ぶ》迄下《までさ》がる様《やう》にするのだ『エーイッ』『エーイッ』今度《こんど》は血液《けつえき》の循環《じゆんくわん》を宜《よ》くして總《す》べての身體《しんたい》の機關《きくわん》が整《とゝの》えてやろふ「エーイッ」、サア之《こ》れで肋膜《ろくまく》の水《みづ》は皆小便《みなせうべん》になつて排出《はいしゆつ》され又痛《またいた》みも止《と》まり熱《ねつ》も下《さ》がり心臟《しんざう》も丈夫《じやうぶ》になつて血液《けつえき》の循環《じゆんくわん》も宜《よ》く平體《へいたい》に復《ふく》するからズン〳〵快復《くわいふく》する、其《そ》れに先刻《さつき》食慾《しよくよく》が衰《おとろ》えたと云《い》つたネ、ヨシ胃《ゐ》に活力《くわつりよく》を與《あた》へて食慾《しよくよく》を增進《ぞうしん》させてやろふ、ドレ胃《ゐ》の部《ぶ》を出《だ》し給《たま》へ……コラ手《て》を患部《くわんぶ》から離《はな》しては不可《いけ》ぬでは無《な》いか、空《あ》いて居《ゐ》る手《て》の方《はう》で胸《むね》をひろげれば宜《よ》い、ヨシソラ君《きみ》の胃《ゐ》へ我《わ》が輩《はい》の活力《くわつりよく》を打《う》ち込《こ》むぞ「エーイッ」(と胃部《ゐぶ》え氣合《きあひ》を掛《か》ける)サア此《こ》の氣合《きあひ》が盡《こと〴〵》く君《きみ》の胃《ゐ》の中《なか》へ活力《くわつりよく》となつて這入《はい》つたんだから今《いま》から君《きみ》の胃《ゐ》は盛《さか》んに活動《くわつどう》して喰《た》べたものは盡《こと〴〵》く消化《せうくわ》される、序《ついで》に腸《ちやう》も丈夫《じやうぶ》になる様《やう》に氣合《きあひ》を掛《か》けてやろふ下腹《したはら》を出《だ》し給《たま》へ(と云《い》ひながら共《とも》に手傳《てつだ》つて下腹《したはら》を出《だ》してやり)羯諦《ぎやあて》〳〵……菩《ほ》提《ち》薩《そ》婆《わ》訶《か》「エーイッ」(と下腹《したはら》えも一聲《せい》を浴《あ》びせ)、サア之《こ》れで君《きみ》の腸《ちやう》は改造《かいざう》されたから胃《ゐ》で消化《せうくわ》された食物《しよくもつ》の滋養分《じやうぶん》は盡《こと〴〵》く腸《ちやう》に吸收《きうしう》されるから營養《えいやう》が宜《よ》くなつて・メキ

〳〵する程快復《ほどくわいふく》が早《はや》いし、又腸《またちやう》の活動《くわつどう》も激《はげ》しくなるから、今度《こんど》から腹《ちやう》の中《なか》の瓦斯《ぐわす》や殘滓《ざんさい》は滯《とどこほ》る事無《ことな》く排泄《はいせつ》される事恰《ことあたか》も下水道《げすゐだう》の大掃除《おほそうぢ》の樣《やう》だ、今迄滯《いままでとどこ》つたものもズル〳〵と盡《ことごと》く出拂《ではら》つて腹《はら》の中《なか》が清々《せい〳〵》する（凡《およ》ソ比例《ひれい》ニ基《もと》ズケル樣《やう》ナ暗示《あんじ》ヲ爲《な》シ且《か》ツ此暗示《このあんじ》中《ちう》ハ絶《た》エズ各患部要所《かくくわんぶえうしよ》ニ向《むか》ツテ輕《かる》ク手先《てさき》ヲ宛《あ》テテ、ブル〳〵手先《てさき》ヲ振《ふる》ワセナガラ靈《れい》氣能力《きのうりよく》ヲ思念《しねん》行氣《かうき》スル事《こと》ヲ忘《わす》レテハナラヌ）——何《ご》ウダ、モウ膜肋《ろくまく》の痛《いた》みは薄《うす》くなつたろふ）斯《か》クスレバ必《かなら》ズ痛《いた》ミガ除《のぞか》レルモノデアル）其《そ》の通《とほ》り外《ほか》も一所《しよ》に皆治《みななほ》つて行《ゆ》くのだ、モウ安心《あんしん》して宜《よ》い——之《こ》れで施術《しじゆつ》は終《をは》つたから今我輩《いまわがはい》がエーイと一聲氣合《こゑきあひ》を掛《か》けるから其《そ》れと同時《どうし》に君《きみ》も力《ちから》一杯《はい》パッと眼《め》を開《あ》き給《たま》エ『エーイッ』（ト眉間《みけん》エ掛《か》ケルノデアル）——』是《こ》れが即《すなは》ち各法《かくはふ》を盡《ことごと》く應用《おうよう》した治療法《ちれうはふ》である、一寸《ちよつと》讀《よ》んだだけでは繁雜極《はんざつきは》まる樣《やう》に想《おも》はれるが拾數回《すうくわい》熟《な》るれば苦《く》も無《な》く出來《でき》る、併《しか》し前《まへ》にも述《の》べた通《とほ》り其眞髓《そのしんずい》（コツ）が體驗出來《たいけんでき》る樣《やう》になれば一々各法《かくはふ》を併用《へいよう》しなくとも宜《よ》い例《たと》へば幽齋施術《いうさいしじゆつ》と氣合及暗示《きあひおよびあんじ》だけでも宜《よ》ければ又單《またたん》に氣合《きあひ》の掛聲《かけごゑ》と暗示《あんじ》だけで宜《よ》い事《こと》もある、乃《ない》至音靈法《しおんれいはふ》だけを以《も》つても十分《ぶん》なる効果《かつくわ》を現《あら》はす事《こと》もある（本院講習錄下卷《ほんゐんかうしふろくげかん》第《だい》四十四頁《ぺいじ》、氣合術應用病氣惡癖治療《きあひじゆつおうようびやうきあくへきちれう》法《はふ》の部《ぶ》を必《かなら》ず再《まい》三再《さい》四參照《さんしやう》の事《こと》）

遠《えん》隔《かく》療《れう》法《はふ》

遠隔療法《えんかくれうはふ》の方法《はうはふ》

前回《ぜんくわい》に述《の》べた事《こと》は皆患者《みなくわんじや》を傍《そば》に置《を》いて爲《な》す直接治療《ちよくせつちれう》の方法《はうはふ》であるが、遠隔療法《えんかくれうはふ》は施術《しじゆつ》者《しや》と患者《くわんしや》とは遠《とほ》く離《はな》れて居《ゐ》てやるのだから其方法《そのはうはふ》を異《こと》にする、遠隔療法《えんかくれうはふ》の効果《かうくわ》は施術者《しじゆつしや》の念力《ねんりき》さえ強《つよ》ければ直接《ちよくせつ》治療《ちれう》と同様《どうやう》の効果《かうくわ》を示《しめ》すものであるが、其《そ》れ迄《まで》の程度《ていど》に達《たつ》する迄《まで》には仲々容易《なか〱ようい》ならぬ事《こと》であるが、併《しか》し又遠隔療《またえんかくれう》法《はふ》は誰《たれ》が行《や》つても相當《さうたう》の効果《かうくわ》（直接治療程迄《ちよくせつちれうほどまで》は行《ゆ》かず共《とも》——時《とき》により却《かへ》つて下手《へた》な直接治療《ちよくせつちれう》よりも効果《かうくわ》の著《いち》じるしきものあり）——はあるものであるから、研道《けんだう》の士《し》は左記《さき》に從《したが》つて漸次《ぜんじ》法力念力《はふりきねんりき》を增《ま》すが宜《よ》い。

遠隔治療《えんかくちれう》は直接治療《ちよくせつちれう》と異《ことな》つて傍《そば》に病人《びやうにん》が居《ゐ》ないのであるから、氣合《きあひ》や暗示《あんじ》又《また》は靈氣能力《れいきのうりよく》の必要《ひつえう》はない、唯熱烈《たゞねつれつ》なる信仰《しんかう》と神佛《しんぶつ》の御加護《ごかご》に御《お》すがり申《まを》すのと、靈秘的《れいひてき》の音靈法《おんれいはふ》によるのである。

施術者《しじゆつしや》の必要《ひつえう》とするものは本人《ほんにん》（病者《びやうしや》）の寫眞又《しやしんまた》は手形《てがた》（手形《てがた》とは女《をんな》ならば右《みぎ》の手《て》、男《をとこ》ならば左《ひだり》の手《て》の掌《ひら》から指《ゆび》先《さき》まで一面《めん》に墨《すみ》を塗《ぬ》つて之《こ》れを白紙《はくし》の上《うへ》にベタリと押《お》した手《て》の形《かた》）及病人《およびびやうにん》の住所氏名《じうしよしめい》、生年月日《せいねんぐわつぴ》、病名及症《びやうめいおよびしやう》状《じやう》、發病年月等《はつびやうねんげつとう》である、故《ゆゑ》に一番便利《ばんべんり》なのは寫眞又《しやしんまた》は手形《てがた》の横《よこ》へ以上《いじやう》の數項《すうかう》を書《か》き込《こ》ましめて送附《そうふ》させるのであ

る、而《しか》して施術者《しじゆつしや》から病人《びやうにん》に宛《あ》てては『何月何日《なんげつなんにち》の午前《ごぜん》又《また》は午後《ごご》何時《なんじ》より何時間《なんじかん》（普通遠隔療法《ふつうえんかくれうはふ》の施術時間《しじつじかん》は廿

（1）

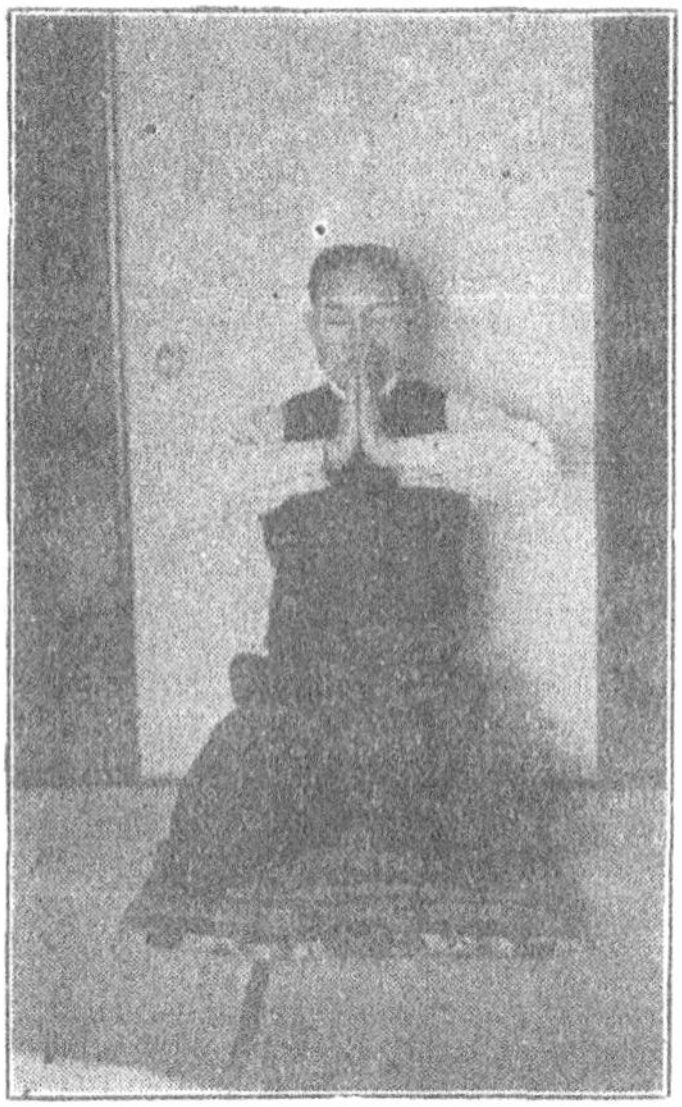

遠隔療法施術の圖

（2）

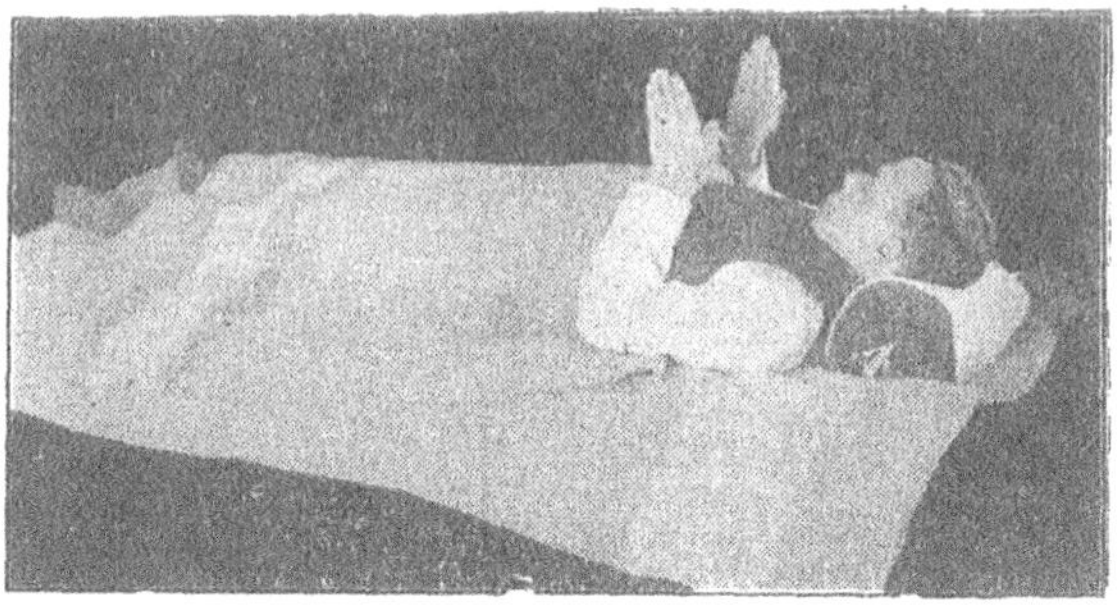

分乃至《ぶんないし》四十分《ぶん》（の間施術《あひだしじつ》するから其《そ》の間《あひだ》は左圖《さづ》の樣《やう》な姿勢《しせい》の下《もと》に、音靈法《おんれいはふ》に從《したが》つて適宜《てきぎ》の音《おん》を聽《き》いて居《お》れ』と申《まをし》送《おく》つて置《お》くのである、受術者《じゆじゆつしや》（病人《びやうにん》）の姿勢《しせい》は大略左圖《たいりやくさづ》に示《しめ》すが如《ごと》き姿勢《しせい》を以《もつ》て最《もつと》も宜《よろ》しとするけれ共《ども》、然《しか》し必《かなら》ずしも一定《てい》したものでは無《な》い、要《えう》するに不眞面《ふまじめ》な態度《たいど》でさえ無《な》ければ何《ど》んな風《ふう》にでも適宜《てきぎ》の姿勢《しせい》でよいが、唯腕《たゞうで》から先《さき》（手《て》）だけは指《ゆび》を揃《そろ》えて前方《ぜんぱう》に出《だ》さしめて置《お》く。〔又《また》一方《はう》の手《て》を患部《くわんぶ》に當《あ》て置《お》くも宜《よろ》し〕

尙は之等の姿勢や要領及遠隔療法の一般原理等に就いては別に本院の『遠隔療法受術心得』と云ふ印刷物があるから、御希望者には御參考の爲め實費で御分《おわけ》讓申すから、『遠療受術心得等送れ』と云ふ意味を書いて二錢切手二枚同封の上、支部長の肩書と住所氏名を明瞭に書いて御申込みを願ひたい。

施術者《しじゆつしや》は定刻前《ていこくぜん》に於《お》いて其《そ》れ〴〵用意《ようい》を整《とゝの》え（神佛《しんぶつ》に對《たい》する）定刻《ていこく》が至《いた》つたならば病人《びやうにん》の寫眞又《しやしんまた》は手形《てがた》を床《とこ》の間《ま》に安置《あんち》し、第《だい》一に略式九字《りやくしきじ》を切《き》り且《か》つ之《こ》れを戻《もど》して次《つぎ》に本人《ほんにん》の住所氏名《じつしよしめい》、生年月日《せいねんぐわつぴ》、病名等《びやうめいとう》を讀《よ》み次《つ》に時間中《じかんちう》は熱烈《ねつれつ》に神佛《しんぶつ》の御加護《ごかご》を乞《こ》ふのである（即施術者《すなはちしじゆつしや》が神道者《じんだうしや》ならば幽齋《いうさい》の辭《じ》、佛敎者《ぶつけうしや》ならば磐若心經《はんにやしんきやう》、此方法《このはうはふ》は既《すで》に說《と》ける直接治療《ちよくせつちれう》の場合《ばあひ》と同《どう》一なり）

多數《たすう》の患者《くわんじや》に對《たい》し一々斯《か》くの如《ごと》き方法《はうはふ》を採《と》る事《こと》は到底出來得《たうていできう》べき事《こと》でも無《な》く且《か》つ其《そ》う云《い》ふ必要《ひつえう》もないから、何葉《なんまい》の寫眞《しやしん》でも又《また》は手形《てがた》でも床前《とこまへ》に並《なら》べて一々本人《ほんにん》の住所氏名《じうしよしめい》、生年月《せいねんげつ》、病名症狀等《びやうめいしやうじやうとう》を讀《よ》んで施術《しじゆつ》に取《と》り掛《かゝ》るのである、何《い》づれにするも神威佛德《しんいぶつとく》に差異《さい》のあるべきわけは無《な》いから、其點《そのてん》に心配《しんぱい》は要《い》らぬ。

普通遠隔療法《ふつうえんかくれうはふ》は一日《にち》一二回《くわい》、五日間《かかん》を一期《き》十日間《かかん》を二期《き》として行《おこな》はれて居《ゐ》るものであるが然《しか》し其《そ》れは施術者《しじゆつしや》と受《じゆ》術者《じゆつしや》の適宜《てきぎ》に定《さだ》むべき事《こと》である、又受術者《またじゆじつしや》が別項《べつかう》の通《とほ》りの姿勢《しせい》で受術《じゆじつ》すると時間中《じかんちう》には手先《てさき》がふるえるとか合掌《がつしやう》するとか合掌《がつしやう》が離《はな》れるとか乃至《ないし》手《て》を以《もつ》て疊《たゝみ》を叩《たゝ》くとか其他《そのた》種々《しゆ〳〵》なる靈動的變化《れいどうてきへんくわ》の起《おこ》る人《ひと》もあるが其《そ》れ等《ら》の事《こと》は動《どう》作《さ》の成行《なりゆき》にまかして置《お》けば宜《よ》いので何等《かんら》心配《しんぱい》するに足《た》らぬ事《こと》である、又靈動《またれいどう》の起《お》きない人《ひと》も有《あ》るが、其《そ》れも疑念《ぎねん》は要《い》らぬ、靈動《れいどう》が起《お》きたから効《かう》が有《あ》つた、靈動《れいどう》が起《お》きなかつたから効《かう》が無《な》かつたと云《い》ふものでは無《な》い、次《つぎ》に施術《しじつ》者《しや》は一定《てい》の時間《じかん》が終《をは》つたならば衷心《ちうしん》より神佛《しんぶつ》に御禮《おれい》を申上《まをしあ》げて式《しき》を閉《と》ぢ手形又《てがたまた》は寫眞《しやしん》を丁重《ていちやう》に片附《かたづ》けて置《お》くのである、尚《な》ほ遠隔療法《えんかくれうはふ》の際《さい》に施術者《しじつしや》の時計《とけい》の時間《じかん》と受術者《じゆじつしや》の時間《じかん》の相異《さうい》する事《こと》が多《おほ》いが、元《もと》より之等《これら》の事《こと》は時間空《じかんくう》間《かん》を超越《てうえつ》した事《こと》であるから多少《たせう》の相違《さうゐ》は更《さら》に構《かま》はぬものである、形式上《けいしきじやう》の事《こと》は大體右《だいたいみぎ》の通《とほ》りであるが要《えう》するに施《し》術者《じつしや》が自己《しこ》の念力《ねんりき》を神佛《しんぶつ》に通《つう》じて『キット治《なほ》してやる』と云《い》ふ靈波《れいは》？を起《おこ》し、受術者《じゆじつしや》は『治《なほ》り度《た》い』と云《い》ふ思念《しねん》を起《お》せば必《かなら》ず双互《さうご》の靈波思念《れいはしねん》は感應《かんおう》すべきものである。

尙《な》ほ歸神法《きしんはふ》を修《しう》して目《ま》の當《あた》り降神《かうしん》せる御靈《ぎよれい》に病者《びやうしや》の御透視《おんとをし》を願《ねが》つて治療《ちれう》を御依頼《ごいらい》申《まを》す遠隔療法《えんかくれうはふ》の方法《はうはふ》も有《あ》るが之《こ》れは到底普通《たうていふつう》の人《ひと》には出來《でき》ぬ事《こと》であつて、而《しか》も天才的《てんさいてき》に靈力《れいりき》の發達《はつたつ》した人《ひと》が散々《さん〴〵》鎭魂歸神法《ちんこんきしんはふ》の修業《しうげふ》に泣《な》いた上《うへ》の事《こと》である、唯茲《たゞここ》には其《そ》う云《い》ふ方法《はうはふ》もあると云《い》ふ事《こと》を御參考《ごさんかう》の爲《た》め述《の》べて置《お》くだけである。遠隔療法《えんかくれうはふ》は直接治療《ちよくせつちれう》の場合《ばあひ》と異《ことな》つて其効果《そのかうくわ》を直《す》ぐ目《よ》の當《あた》り見聞《みき》きする事《こと》は出來《でき》ぬが、施術者《しじつしや》の念力《ねんりき》に至誠《しせい》なるものあらば必《かなら》ず卓効《たくかう》を奏《そう》すべきものである事《こと》を斷言《だんげん》して置《お》く。

秘《ひ》訣《けつ》と要《えう》項《かう》

服装態度及言語《ふくさうたいどおよびげんご》　施術者《しじつしや》の服裝《ふくさう》は敢《あ》えて一定《てい》するの必要《ひつえう》もないが、然《しか》し何人《なにびと》と云《い》へ共羽織《ともはおり》に袴位《はかまぐらい》は着用《ちやくよう》しなければならぬ、之《こ》れは獨《ひと》り御加護《ごかご》を乞《こ》ひ奉《たてまつ》る神佛《しんぶつ》に對《たい》して不敬《ふけい》なるのみならず又患者《またくわんじや》に對《たい》しても重味《おもみ》が無《な》い、患者《くわんしや》に對《たい》しては常《つね》に一種《しゆ》の權威《けんゐ》と重味《おもみ》が必要《ひつえう》であつて權威《けんゐ》と重味《おもみ》が無《な》ければ相手《あひて》が如何《いか》に此方《こちら》を信用《しんよう》しよふと思《おも》つても腹《はら》の中《なか》の潛在意識《せんざいいしき》が承知《せつち》しないから馬鹿《はか》にされ易《やす》い、一旦先方《たんせんぱう》の潛在意識《せんざいいしき》に馬鹿《はか》にされると掛《か》ける氣合《きあひ》や暗示《あんし》の値打《ねうち》が尠《すくな》くなるから何《ど》うしても効果《かうくわ》も薄弱《はくじやく》である、其《そ》れには先《ま》づ日常平素《にちじやうへいそ》に於《お》いて人格品性《じんかくひんせい》の修養向上《しうやうかうじやう》を計《はか》らねばならぬ、而《しか》して施術《しじつ》の際《さい》は沈着《ちんちやく》にして悠揚迫《ゆうようせま》らざるの態度《たいど》と、重々《おも〳〵》しき莊重《さうちやう》なる言語《げんご》を使用《しよう》しなくては不可《いか》ぬ、殊《こと》に自分《じぶん》は神佛《しんぶつ》の御力《みちから》と同體《ごうたい》して施術《しじつ》するのであるから、多《おほ》くの場合《ばあひ》言語《げんご》は必《かなら》ず命令的《めいれいてき》で無《な》くてはならぬ、『痛《いた》みが除《ご》れましたか』と云《い》ふよりは『何《ど》うだ痛《いた》みは除《のぞか》れたらふ』と壓《あつ》し、『足《あし》を御延《おの》ばしなさいましモウ大丈夫《だいじやうぶ》ですから』と云《い》ふよりは『サア足《あし》を延《の》ばして見《み》ろ、大丈夫《たいじやうぶ》だ』——と云《い》ふ風《ふう》にあつて欲《ほし》しい、生《なま》じい病人《びやうにん》に敬語《けいご》を使《つか》つたり、ペコ〳〵頭《あたま》を下《さ》げては却《かへ》つて神威佛徳《じんゐぶつとく》を冒瀆《はつざく》するの恐《おそれ》があるのみならず効果《かつかつ》も薄《うす》い、但之《たゞしこ》れは施術中《ししつちう》の事《こと》であつて施術後《しじつご》は又更《またあらた》めて態度《たいど》を平常《へいじやう》に復《ふく》さねばならぬ。

尚《な》ほ態度《たいど》を整《とゝの》える必要上扇子又《ひつえうじやうせんすまた》は如意《じよい》を持《も》つて、且《か》つ之《こ》れを利用《りよう》して重々《おも〳〵》しく患部《くわんぶ》を撫《な》でたり眉間《みけん》を撫《な》でたりするのも妙策《めうさく》である、すべて之《こ》れに類《るゐ》した諸事《しよじ》は皆各自《みなかくじ》の工夫《くふう》と體驗《たいけん》に俟《よ》たねばならぬ。

無經驗者最初《むけいけんしやさいしよ》の旋術《しじつ》

無經驗《むけいけん》の人《ひと》が始《はし》めて施術《しじつ》して見《み》やふと思《おも》ふならばなるべく自己《じこ》の近親者又《きんしんしやまた》は家族《かぞく》よりも、全然赤《ぜん〳〵あか》の他人《たにん》が宜《よ》い、而《しか》もなるべくは平常相知《へいじやうあひし》らざる間柄《あひだがら》の者《もの》が宜《よ》い、其《そ》うして病氣《びやうき》は頭《あたま》が痛《いた》いとか、腹《はら》が痛《いた》いとか、神經痛《しんけいつう》で痛《いた》いとか、打身《うちみ》で痛《いた》いと云《い》ふ樣《やう》に痛《いた》むところの病氣《びやうき》が宜《よ》い、相手《あひて》が平常餘《へいぜうあま》り心安《こゝろやす》く無《な》い人《ひと》で且《か》つ痛《いた》む病氣《びやうき》に對《たい》してならば何《ど》んな無經驗者《むけいけんしや》でも必《かなら》ず百發《はつ》百中《ちう》に全治《ぜんぢ》せしめ得《え》らるゝものである、其《そ》う云《い》ふ人《ひと》を二三人全治《じんせんち》させてやれば其《そ》のうちには必《かなら》ず一つの眞髓《しんずい》（コツ）が分《わか》つて來《く》るから勇氣《ゆつき》百倍《はい》して「ヨシ何《ど》んな病人《びやうにん》でもキット治《なほ》して見《み》せる」と云《い》ふ意氣《いき》を生《しやう》じて來《く》るから、さあ其《そ》の次《つぎ》からは肉親《にくしん》のものでも親友《しんいう》でも見事《みごと》に治《なほ》せるものである、何事《なにごと》も第《だい》一步《は》が肝要《かんえう》であるから必《かなら》ず此點《このてん》は御留意《ごりうい》を乞《こ》ひ置《お》く次第《しだい》である。

第《だい》一步《ぽ》の失策《しつさく》　假《か》りに第《だい》一步《ほ》の最初《さいしよ》に於《お》いて治療成績《ちれうせいせき》が巧《うま》く行《ゆ》かなかつたにせよ、斷《だん》じし失望《しつばう》しては相成《あひな》らぬ、我《わ》が天玄洞《てんげんどう》の會員中《くわいゐんちう》には本治療秘訣書《ほんちれうひけつしよ》によらずして唯單《たゝたん》に講習錄下卷第《かうしつろくげくわんだい》四十四頁《ぺいし》の治療法《ちれうはふ》だけの方法《はうはふ》を以《もつ》てしても尚《な》ほ大成功《だいせいこう》を納《おさ》めて居《ゐ》る人々《ひと〴〵》が多《おほ》いのであるから、一心《しんつ》倦まずしてやれば必《かなら》ず體驗《たいけん》を積《つ》んで相當《さうたう》の大伎倆《たいきりやう》になり得《う》るものである、二回《くわい》や三回《くわい》の失敗《しつぱい》に失望《しつばう》して廢《や》める樣《やう》な事《こと》では救世濟民《きうせいさいみん》の本願《ほんぐわん》に添《そ》ふ事《こと》は出來《でき》ぬのみならず、其《そ》う云《い》ふ薄弱《はくじやく》な意志《いし》では人世《じんせい》に何事《なにごと》をも爲《な》し得《う》ぬであらふ。

◇小人數《せつにんず》と多人數《たにんず》の場合《ばあひ》、小人数《せつにんず》治療《ちれう》の場合《ばあひ》には一人《ひとり》〳〵別々《べつ〳〵》に各法《かくはふ》（九字《じ》、幽齋《いつさい》、心經其他《しんきやうそのた》）を行《おこな》つても宜《よ》いが、一日《にち》に何《なん》十人何百《にんなん》人《にん》と云《い》ふ多勢《おほぜい》が押掛《おしか》けて來《く》る樣《やう》になれば個々別々《こゝべつ〳〵》に修法《しつほふ》する事《こと》は出來《でき》ぬから其《そ》う云《い》ふ場合《ばあひ》には「毎日何時《まいにちなんじ》より何時迄施術《なんじまでせじゆつ》」と云《い》ふ事《こと》を豫《あらか》じめ發表《はつぴよう》して置《お》いて、拾數人位宛《じうにんくらゐづつ》を一回《くわい》に施術《せじゆつ》するのである。即《すなは》ち拾數人《すうにん》を一室《しつ》に導《みちび》き、例《れい》によつて各《おの〳〵》を瞑目《めいもく》せしめ　靜座《せいざ》法《ほふ》の姿勢《しせい》又《また》は適宜《てきぎ》の姿勢《しせい》（足《あし》の動《うご》かぬ人《ひと》は足《あし》を投《な》げ出《だ》しにせしめ、身動《みうご》きの出來《でき》ぬ人《ひと》は橫臥《わうぐわ》せしむ）に置《お》いて、各自《かくじ》に呼吸《こきふ》の數《かず》を數《かぞ》えしむるか又《また》は音靈法《おんれいほふ》によらしめ、然《しか》る後《のち》各自《かくじ》の眉間《みけん》に二聲位宛《こゑくらゐづつ》の氣合《きあひ》を掛《か》け置《お》き、自分《じぶん》は直《たゞ》ちに床《とこ》の間《ま》又《また》は正面《しやうめん》に向《むか》つて用意《ようい》に取掛《とりかゝ》る（即《すなは》ち九字切《しき》り幽齋《いうさい》、心經《しんきやう》）のである。此際病人《このさいびやうにん》に一々病氣《びやうき》の樣子《やうす》を聞《き》くのは大變《たいへん》であるから其《そ》の以前《まへ》各病人《かくびやうにん》の病氣及病狀《びやうきおよびしやうじやう》經過等《けいくわとう》に就《つ》いては、適宜《てきぎ》の紙片《しへん》に書《か》き込《こ》ましめて、之《こ》れを懷《ふところ》へ入《い》れて置《お》かせるのである。而《しか》して順次甲《じゆんじかふ》の懷《ふところ》から紙片《しへん》を取《と》り出《だ》して病氣《びやうき》の樣子《やうす》や症狀《しやうじやう》を知《し》つて適宜《てきぎ》に施術《せじゆつ》（暗示《あんじ》、靈氣能力等《れいきのうりよくとう》）するのである。終《をは》つたならば講《かう》習錄下卷病氣治療秘訣《しふろくげくわんびやうきちれうひけつ》第五十一頁第二行目《ぺいじだいぎやうめ》の方法《はつほふ》に從《したが》つて輕《かる》く兩肩《りやうかた》を叩《たゝ》いて眼《め》を開《ひら》かしめ且《か》つ二三回《くわい》の深呼吸《しんこきう》をさせて退出《たいしゆつ》させるのである。甲《かふ》が終《をは》つたならば乙《おつ》に移《うつ》り（九字《じ》、幽齋《いつさい》、等《とう》は最初《さいしよ》一同《どう》に對《たい》して爲《な》したる事故最後《ことゆゑさいご》迄必要無《までひつえうな》し）丙《へい》に移《うつ》り丁《てい》に移《うつ》るのである。盡《こと〴〵》く終《をは》つたならば又次《またつぎ》に控《ひか》えて待《ま》つて居《ゐ》る患者《くわんじや》に對《たい》して前回《ぜくわい》の如《ごと》く修法《しうほふ》（九字《じ》、幽齋等《いうさいとう》）施術《せじゆつ》するのである。斯《か》くの如《ごと》く多數《たすう》を一室《しつ》に集《あつ》めて施術《せじゆつ》する際《さい》に一寸《ちよつと》した手加減《てかげん》で非常《ひじやう》なる好成績《かうせいせき》を示《しめ》す事《こと》がある。其《そ》れは其《そ》の前日《ぜんじつ》の受療者中極《じゆれうしやちうきは》めて經過良好《けいくわりやうかう》と想《おも》はれる一人《ひとり》に對《たい》しては特《とく》に病氣輕快《びやうきけいくわい》の模樣《もやう》を質問《しつもん》するのであるが幸《さいはひ》に「スッカリ痛《いた》みが除《と》れました」とか「腰《こし》の立《た》ためのが立《た》つ樣《やう》になりました」と云《い》ふ樣《やう》な快報告《くわいはうこく》があつたならば特《とく》に目《め》立《だ》たぬ樣《やう》に而《しか》も多少誇張《たせうこちやう》しても宜《よ》いから其《そ》れとなく上手《じやうず》に他《た》の患者《くわんじや》の前《まへ》で發表《はつぴやう》をするのである。例《たと》へば「何《なに》、痛《いた》みはスッカリ除《と》れた？　何《なに》、拾年來《ねんらい》立《た》たなかつた腰《こし》が立《た》つた？」と云《い》ふ樣《やう》に半質問的《なかはしつもんてき》に他《た》の患者《くわんじや》に聞《きこ》える樣《やう》にやれば、此《こ》の事實談《じじつだん》の爲《た》めに全部《ぜんぶ》の患者《くわんじや》の潜在意識《せんざいいしき》は「あの人《ひと》の痛《いた》みが除《と》れてあの腰《こし》が立《た》つとすれば俺《おれ》の病氣《びやうき》はモット苦《く》も無《な》く治《なほ》るだらふ」と譯《わけ》も無《な》く感心《かんしん》して全部意外《ぜんぶいぐわい》の治療成績《ちれうせいせき》を擧《あ》げ得《う》るものである。

（右ハ肺患及胃腸病者ニ對シテ施術中ノ圖ナリ、右手ニハ如意ヲ持チテ輕ク胃腸部ヲ壓シ、左手ニハ珠數ヲ持チテ肺部ニ靈氣能力ヲ傳フ。）

◇知《し》つて置《お》かねばならぬ病理學《びやうりがく》、如何《いか》に治療法《ちれうほふ》が上手《じやうず》で且《か》つ熟達《じゆくたつ》せるにもせよ何《ど》うしても知《し》つて置《お》かねばならぬ事《こと》がある。其《そ》れは人體《じんたい》の生理及病理《せいりおよびびやうり》である病理及生理等《びやうりおよびせいりとう》は常識上必須《じやうしきじやうひつす》の事《こと》であつて、本秘訣書《ほんひけつしよ》としては範圍外《はんゐぐわい》の事《こと》ではあるが念《ねん》の爲《た》め書《か》き添《そ》えて置《お》きたいと思《おも》ふ。其《そ》れも唯單《たゞたん》に頭《あたま》が痛《いた》いとか腹《はら》が痛《いた》いとか、胃《ゐ》が弱《よは》いとか風邪《かぜ》を引《ひ》いたと云《い》ふ事位《ことくらゐ》ならば、さして病理學《びやうりがく》の必要《ひつえう》も無《な》いが復雑《ふくざつ》した病氣《びやうき》に對《たい》しては何《ど》うしても多少《たせう》の生理學《せいりがく》及《およ》び病理學《びやうりがく》を知《し》らなければ第《だい》一番《ばん》に必要《ひつえう》な例《れい》の暗示《あんじ》の言葉《ことば》が掛けられぬ。況《いは》んや胃《ゐ》の腑が何處《どこ》にあつて十二指腸《しちやう》や盲《もう》腸《ちやう》が何處《どこ》にあるかも知《し》らないでは寧《むし》ろ療治《れうぢ》が滑稽《こつけい》になる。既《すで》に本院講義録下卷《ほんゐんこうぎろくげくわん》の病氣治療悪癖矯正法《びやうきちれうあくへきけうせいほふ》を見《み》ても又《また》本秘訣書《ほんひけつしよ》を見《み》ても分《わか》る通《とほ》り、暗示上如何《あんじじやういか》に病理學《びやうりがく》の必要《ひつえう》であるかゞ御分《おわか》りの事《こと》と思《おも》ふが、假《か》りに淋病患者《りんびやうくわんじや》を治《ち》療《れう》するにしても暗示《あんじ》が唯《たゞ》「君《きみ》の淋病《りんびやう》は全治《ぜんぢ》する」と云《い》ふよりは「君《きみ》の局所《きよくしよ》の尿道中《ねうだうちう》には無數《むすう》の淋病菌《りんびやうきん》がはびこつて居《ゐ》るから、今我輩《いまわがはい》が局所《きよくしよ》に一喝《かつ》の氣合《きあひ》を與《あた》えて其《そ》の氣合《きあひ》の活力《くわつりよく》を以《も》て病菌《びやうきん》を全滅《ぜんめつ》させてやる……サア此《こ》の全《ぜん》滅《めつ》した黴菌《ばいきん》は我《わ》が輩《はい》が又《また》一喝《かつ》を浴《あ》びせると盡《ことごと》く尿《によう》と共《とも》に排泄《はいせつ》されてしまふから尿道中《によつだうちう》には半個《はんこ》の病菌《びやうきん》も殘《のこ》らない樣《やう》になる、云《い》はゞ君《きみ》を病《や》ませた淋病《りんびやう》の毒《どく》を根切《ねぎ》りにさせて、大掃除《おはさうぢ》をする樣《やう》なものである……從《したが》つて尿道《にようだう》の狹《せま》くなつたりタダレたのも治《なほ》つてウミも止《と》まり痛《いた》みも無《な》くなるヱーイツ、……さあ是《こ》れだけ氣合《きあひ》を掛《か》けてすべての病《びやう》狀《じやう》を治療《ちれう》したんだから、今度《こんど》は君《きみ》が心中《しんちう》で逆《ぎやく》に、いくら痛《いた》いと思《おも》つても又《また》いくらウミが出《で》ると思《おも》つても宜《よ》い、君《きみ》がいくら自分《じぶん》の病氣《びやうき》を苦《く》にしても構《かま》はん……モウ我《わ》が輩《はい》が治療《ちれう》したからはズン／＼全治《ぜんぢ》して行《ゆ》くから」と云《い》ふ樣《やう》に病理《びやうり》から押《お》して暗示《あんじ》を掛《か》ければ殆《ほとん》ど百發《はつ》百中《ちう》である。今日多《こんにちおほ》くの精神療法家《せいしんれうほふか》は唯《たゞ》「治《なほ》る、治《なほ》る」と暗示《あんじ》する許《ばか》りで、病理《びやうり》から割出《わりだ》した暗示法《あんじはふ》を知《し》らないから、即《すなは》ち病理《びやうり》の研究《けんきう》が足《た》り無《な》いから治療成績《ちれうせいせき》が惡《わる》いのである。我《わ》が輩如《はいごと》きものゝ治療《ちれう》が幸《さいはひ》にも「神技《しんぎ》に等《ひと》し」等《など》とオダテられて居《ゐ》るのも畢竟《ひつきやう》は神佛《しんぶつ》の御加護《ごかご》と究理的暗示《きうりてきあんじ》以外《いぐわい》には何《なに》ものも無《な》いのである。病理上《びやうりじやう》の事《こと》に就《つ》いては専門家《せんもんか》程迄《ほどまで》精《くは》しく知《し》らずとも宜《よ》いが、人《ひと》として常識上必要《じやうしきじやうひつえう》の事《こと》だけは是非共御研究願《ぜひともごけんきうねが》ひたい。

更《さら》に一番宜《ばんよ》いのは、出來《でき》る事《こと》なら其病人《そのびやうにん》の病氣及治療方針等《びやうきおよびちれうはうしんとう》は其人《そのひと》の主治醫《しゆぢい》と相談《さうだん》するのである。之《こ》れは普通《ふつう》の場合仲々困難《ばあひなか／＼こんなん》の事《こと》であるが、例《たと》へば此《こ》の胃病者《ゐびやうしや》は「内壁《ないへき》がタダレて居《ゐ》るのか、胃酸《ゐさん》の分秘《ぶんぴ》が多過《おほす》ぎるのか、胃《ゐ》に活力《くわつりよく》が無《な》いのか、胃《ゐ》が擴張《くわくちやう》し過《す》ぎて居《ゐ》るのか……」を尋ねて置《お》いてから後《のち》に其《そ》れに適應《てきおう》した暗示《あんじ》を用《もち》ふるのである。

尚《な》ほ餘計《よけい》なオセツカイではあるが一二の病例《びやうれい》に對《たい》する暗示《あんじ》の方針《はうしん》を掲《かゝ》げて置《お》くが之《こ》れは必《かなら》ずしも斯《か》ふと一定《てい》した譯《わけ》では無《な》く、其場合《そのばあひ》や病狀《びやうじやう》によつて工夫《くふう》しなければならぬ。(尚《な》ほ序《ついで》に申添《まをしそ》えて置《お》くが病理學《びやうりがく》の研究《けんきう》には多數《たすう》の醫學上《いがくじやう》の出版物《しゆつぱんぶつ》もあるけれ共《ども》、通普《ふつう》の簡單《かんたん》なるものは市井《しせい》の書店《しよてん》にある「家庭醫學書《かていいがくしよ》」的《てき》のもので十分《ぶん》である)

（例《れい》）急性《きふせい》又《また》は慢性《まんせい》胃病《ゐびやう》——普通《ふつう》胸《むね》のヤケル胃酸過多症《ゐさんくわたしやう》の胃《ゐ》は胃中《ゐちう》に於《お》ける胃酸《ゐさん》の分泌《ぶんぴ》が多過《おほす》ぎるもの故《ゆゑ》分泌線《ぶんぴせん》を細《ほそ》くして適度《てきど》に分泌《ぶんぴ》する様《やう》に暗示《あんじ》す、（ロ）消化不良者《せうくわふりやうしや》の胃《ゐ》には活力《くわつりよく》の暗示《あんじ》と共《とも》に食慾増進《しよくよくぞうしん》の暗示《あんじ》、（ハ）胃擴《ゐくわく》張者《ちやうしや》には活力《くわつりよく》を與《あた》ふると共《とも》に内壁《ないへき》を強靱《きやうじん》ならしめ漸次《ぜんじ》收縮《しうしゆく》する暗示《あんじ》、（ニ）胃痛者《ゐつうしや》には胃《ゐ》を痛《いた》ます神經《しんけい》を除《と》り抵《てい》抗力《こうりよく》を増《ま》す暗示《あんじ》、（ホ）一般胃弱者《はんゐじやくしや》には活力《くわつりよく》と内壁強靱《ないへききやうじん》の暗示《あんじ》、（ヘ）胃癌《ゐがん》には癌《がん》が血行《けつかう》と共《とも》に溶《と》け去《さ》つて、毒素《どくそ》は尿《によう》になつて排泄《はいせつ》され漸次《ぜんじ》癌《がん》は小《ちひ》さくなつて遂《つひ》には痕跡《こんせき》をも止《とゞ》めぬ暗示《あんじ》、（ト）以《い》下病症《びやうしやう》の狀態《じやうたい》により適宜《てきぎ》暗《あん》示《じ》す。

（例《れい》）神經衰弱《しんけいすゐじやく》——（イ）不眠症者《ふみんしやうしや》は多《おほ》く神經過敏《しんけいくわびん》なる故《ゆゑ》神經《しんけい》の遲鈍《ちどん》になる暗示《あんじ》と共《とも》に夜間就眠《やかんしうみん》の定刻《ていこく》に至《いた》れば眠《ねむ》くて困《こま》る位《くらゐ》の神經《しんけい》を呼《よ》び出《だ》す暗示《あんじ》、（ロ）頭痛者《づつうしや》には頭《あたま》の中《なか》の叢雲《むらくも》を吹《ふ》き拂《はら》つてやるが如《ごと》く暗示《あんじ》し且《か》つ痛《いた》ましむる神經《しんけい》を根切《ねぎ》りに除《と》つてやるが如《ごと》く暗示《あんじ》す、（ハ）多《おほ》く此病《このやまひ》は胃腸病《ゐちやうびやう》を伴《ともな》ふもの故《ゆゑ》胃腸《ゐちやう》の健全及消化力《けんぜんおよびせうくわりよく》の旺盛《わうせい》と食慾増進《しよくよくぞうしん》を暗示《あんじ》す、（ニ）生殖器障害《せいしよくきしやうがい》（陰萎《ゐんい》、早漏《さうらう》、夢精《むせい》）を伴《ともな》ふものには對症的《たいしやうてき》に暗示《あんじ》すると共《とも》に精力増進《せいりよくぞうしん》し性慾《せいよく》の旺盛《わうせい》を暗示《あんじ》す、（ホ）記憶力《きおくりよく》の増進《ぞうしん》と斷行力《だんかうりよく》の増進《ぞうしん》とを暗示《あんじ》し且《か》つ又《また》頭腦《づなう》の明晰《めいせき》、腦力増進《なうりよくぞうしん》を暗示《あんじ》す、（ヘ）夜間《やかん》妄想《もうさう》を起《おこ》す神經及夢《しんけいおよびゆめ》を見《み》る神經《しんけい》を除《と》るが如《ごと》く暗示《あんじ》し且《か》つ熟睡《じゆくすゐ》せしむる様暗示《やうあんじ》す、（ト）體力腦力《たいりよくなうりよく》の増《ぞう》進《しん》と共《とも》に全身《ぜんしん》の神經系統《しんけいけいとう》を健全《けんぜん》ならしめ血液《けつえき》の循環《じゆんくわん》を盛《さかん》ならしむ、(チ)以下病症《いかびやうしやう》の狀態《じやうたい》により適宜《てきぎ》暗示《あんじ》す。

(例《れい》) 腎臟炎《じんぞうえん》 (イ)此症《このやまひ》の多《おほ》くは身體《しんたい》に水分多《すゐぶんおほ》くなりてムクムもの故其全身《ゆゑそのぜんしん》にみなぎれる水分《すゐぶん》を尿《によう》と共《とも》にドシドシ排泄《はいせつ》せしむるが如《ごと》く暗示《あんじ》す、(ロ)血行《けつかう》を盛《さかん》ならしむると共《とも》に心臟《しんぞう》に活力《くわつりよく》を與《あた》へて心臟筋《しんぞうきん》を丈夫《ぢやうぶ》ならしむるが如《ごと》く暗示《あんじ》す、(ハ)血壓《けつあつ》を下降《かかう》せしめ且《か》つ尿中《にようちう》の蛋白質《たんぱくしつ》を漸次《ぜんじ》絶無《ぜつむ》せしむ、(ニ)以下其症狀《いかそのしやうじやう》に因《よ》る。

× × × × ×

(例《れい》) 脚氣《かつけ》 (イ)脚氣《かつけ》には必《かならず》心臟疾患《しんぞうしつくわん》を伴《ともな》ひて間々《まゝ》衝心《しようしん》する事《こと》ある故第一《ゆゑだい》に心臟《しんぞう》を強靭《きやうじん》ならしめ、息切《いきぎ》れ、動悸《どうき》を減少《げんせう》せしむる様暗示《やうあんじ》す、(ロ)水腫性《すゐしゆせい》の症《やまひ》にてムクム者《もの》は全身《ぜんしん》の水分《すゐぶん》を尿中《にようちう》に排泄《はいせつ》せしめ且《か》つ大小便《だいせうべん》を快通《くわいつう》せしむ、(ハ)萎縮性《いしゆくせい》の脚氣《かつけ》ならば萎縮《いしゆく》せる筋《すぢ》を延《の》ばす如《ごと》く暗示《あんじ》し且《か》つ知覺神經《ちかくしんけい》を喚覺《よびおこ》さしむ、(ニ)シビレたる部分《ぶぶん》は血行《けつかう》を盛《さかん》ならしむると共《とも》に活力《くわつりよく》を與《あた》へてマヒを去《さ》る様暗示《やうあんじ》す……例《たと》へば足先《あしさき》から段々《だんだん》生《い》き還《かへ》ツテ生氣《しようき》ガツイテ來《き》た……と云《い》ふが如《ごと》し、(ホ)以下前例《いかぜんれい》に同《おな》じ。

× × × × ×

(例《れい》)肺炎《はいえん》 體温《たいをん》の上昇《じやうしやう》を防《ふせ》がねばならぬから熱《ねつ》を下降《かこう》せしめ、心臓《しんざう》を丈夫《ぢやうぶ》ならしむると共《とも》に呼吸《こきふ》を樂《らく》にせしめ脈搏《みやくはく》ヽ減《へ》る暗示《あんじ》を與《あた》ふ、(ロ)胸部《きようぶ》の痛《いた》みを去《さ》らしめ咳嗽略痰《がいそうかくたん》を減少《げんせう》せしむ、(ハ)醫師《いし》は必《なら》ず胸部《きやうぶ》に濕布《しつぷ》せしむるものなるを以《もつ》て右濕布《みぎしつぷ》の効《かう》を多《おほ》からしむる様暗示《やうあんじ》す、(ニ)絶對安靜《ぜつたいあんせい》を命《めい》ず、(ホ)以下前例《いかぜんれい》に同《おなじ》。

× × × × ×

(例《れい》)假死《かし》(窒息《ちつそく》、卒倒《そつたう》)激《はげ》しく眉間《みけん》に拾數聲《すつせい》の氣合《きあひ》を掛《か》くる時《とき》は生《い》き返《かへ》る故《ゆゑ》、多少《たせう》〳〵心地《ひとごゝち》のつきし頃《ころ》「心臓《しんざう》が生《い》き還《かへ》つて脈搏《みやくはく》が盛《さかん》にうち、呼吸《こきふ》し始《はじ》める」意味《いみ》の暗示《あんじ》を與《あた》へ次《つぎ》に身體《しんたい》に血液《けつえき》の循環《じゆんくわん》を起《おこ》さしめ、顔《かほ》に赤色《せきしよく》を生《しやう》せしむべし。

× × × × ×

◇**暗示言語《あんじげんご》の秘訣《ひけつ》** 暗示《あんじ》の言語《げんご》中特《ちうとく》に工夫《くふう》すべきは形容詞《けいようし》の使《つか》ひ方《かた》である。例《たと》へば難産《なんざん》で苦《くる》しんで容易《ようい》に子供《こども》の産《う》まれない時《とき》(又《また》は姙娠中《にんしんちう》に置《お》いて出産《しゆつさん》の際安産《さいあんざん》を希望《きばう》する者《もの》に對《たい》して)に唯普通《たゞふつう》に「樂《らく》に安産《あんざん》する」と暗示《あんじ》するより「子宮《しきう》の口《くち》が開《ひら》いて粘液《ねんえき》が分秘《ぶんぴ》するから子供《こども》は油壺《あぶらつぼ》から物《もの》を引《ひ》き出《だ》す様《やう》にズルリ(此《こ》の形容詞《けいようし》に注目《ちうもく》あれ)とすべり出《で》る」と云《い》つた方《はう》が遥《はるか》に効果《かうくわ》が多《おほ》い。又頭腦《またづなう》を明瞭《めいれう》にさせるにも唯《たゞ》「頭《あたま》が清々《せい〳〵》する」と云《い》ふよりは「我《わ》が輩《はい》の一喝《かつ》で頭《あたま》の中《なか》にはびこつて居《ゐ》た叢雲《むらくも》を吹《ふ》き拂《はら》つたからモウ何《なん》にも殘《のこ》らない、從《したが》つて施術《せじゆつ》が終《をは》つてから眼《め》を開《あ》いて見《み》ると恰《あたか》も幾日《いくにち》もの旱《ひでり》が續《つゞ》いて木《き》の葉《は》の裏迄《うらまで》ホコリに汚《よご》れて居《ゐ》た時《とき》に、篠《しの》つく樣《やう》な夕立《ゆふだち》がザーッと來《き》て、物《もの》のすべてを洗《あら》ひつくした樣《やう》な氣分《きぶん》の頭《あたま》になる、從《したが》つて記憶力《きおくりよく》が增進《ぞうしん》し判斷力《はんだんりよく》が明確《めいかく》になる事《こと》は、さながら秋《あき》の夜《よ》の月《つき》が湖水《こすゐ》にうつる樣《やう》である」と云《い》ふ風《ふう》にやるのである。すべて是等《これら》の事《こと》は其《そ》の場合場合《ばあひばあひ》に應《おう》じて工夫《くふう》すべきである。

言語《げんご》を解《かい》せぬ小兒《せうに》、に對《たい》しての施術《せじゆつ》は効果《かうくわ》が目《ま》の當《あた》り分《わか》らぬから何《なん》となく張合《はりあひ》が惡《わ》るいが、然《しか》し行《や》り方《かた》だけは矢《や》張《は》り普通《ふつう》施術《せじゆつ》と同樣《どうやう》で宜《よ》い。殊《こと》に小兒《せうに》によくある「カンの蟲《むし》」等《など》は毎日《まいにち》二回位《くわいぐらゐ》三四日《か》、四五聲《かい》の氣合《きあひ》を掛《か》けてやれば美事《みごと》に治《なほ》るものである。

受術者《じゆじゆつしや》には言語禁示《げんごきんし》、施術中《せじゆつちう》に病人《びやうにん》にシャベリタテられるのは一番困《ばんこま》るから、病人《びやうにん》の症狀容態《しやうじやうようたい》は施術前《せじゆつぜん》に聞《き》き取《と》つて之《こ》れを紙片《しへん》に記《しる》して置《お》いて、「施術中《せじゆつちう》は一切《いつさい》返《へん》事をしては不可《いけ》ぬ〟但《たゞ》し我《わ》が輩《はい》が此《こ》の事《こと》は返事《へんじ》をしても宜《よ》いと云《い》ふ事《こと》だけは返事《へんじ》せよ」と斷《ことは》つて置《お》くのである。然《しか》し痛《いた》みが除《と》れたか除《と》れないかとか、筋《すぢ》が延《の》びたか延《の》びないかと云《い》ふ樣《やう》な事《こと》を試驗《しけん》するには其《そ》の返事《へんじ》だけを許《ゆる》してやるのである。

◇施術中《せじゆつちう》に試驗《けん》、施術中《せゆつちう》に瞑目《めいもく》せしめた儘治療《まゝちれう》の成績《せいせき》を試驗《しけん》させて見《み》る事《こと》は必要《ひつえう》な事《こと》である。例《たと》へばリウマチスで手足《てあし》に痛《いた》みのある人又《ひとまた》は手足《てあし》が曲《ま》がつて延《の》びない樣《やう》な人《ひと》には一喝《かつ》と共《とも》に「ソラ痛《いた》みが除《と》れたろふ」と聽《き》き又《また》は「我《わ》が輩《はい》がエーイと一喝《かつ》を與《あた》へて手足《てあし》の曲《ま》がつた筋《すぢ》を延《の》ばしてやるから其《そ》れと一所《しよ》に思《おも》ひ切《き》つてウンと延《の》ばして見《み》ろソラ宜《い》いか……エーイッ、そら延《の》ひた」と云《い》ふ樣《やう》に試驗《しけん》して見《み》て思《おも》ふ通《とほ》りに痛《いた》みが除《と》れたり、手足《てあし》が延《の》びたら、「モウ大丈夫《たいやつぶ》だ」と安心《あんしん》させてやるのである。又萬《またまん》一痛《いた》みが殘《のこ》つたり手足《てあし》が延《の》び足《た》りない際《さい》は「ウム、未《ま》だ病《や》ませる神經《しんけい》が少々殘《せう〳〵のこ》つて居《ゐ》るな、手足《てあし》の筋《すぢ》も延《の》び足《た》りないぞ、今度《こんど》は痛《いた》ませる神經《しんけい》を根切《ねぎ》りにして、手足《てあし》の筋《すぢ》を極度《きよくど》迄《まで》延《の》ばしてやろふ」……と云《い》つて更《さら》に續《つゞ》けて施術《せじゆつ》を繼續《けいぞく》するのである。

◇醫療《いれう》と協力《けふりよく》、醫療《いれう》と協力《けふりよく》してやれば效果《かうくわ》の著《いち》じるしい事《こと》は前《まへ》にも述《の》べたが、之《こ》れは獨《ひと》り内科的《ないかてき》の病氣許《びやうきばか》りで無《な》く外科的《げかてき》の疾患《しつくわん》にも其《そ》の通《とほ》りで、例《たと》へば打身《うちみ》、クジキ負傷《ふしやう》の如《ごと》きものも接骨醫《せつこつい》が筋《すぢ》を合《あは》せ骨《ほね》を接《つ》いだ後《のち》に置《お》いて、「筋《すぢ》が合《あ》ひ骨《ほね》を接《つ》いだから今度《こんど》は我《わ》が輩《はい》が一喝《いつかつ》を以《もつ》て接《つ》いだ骨《ほね》や筋《すぢ》の離《はな》れない樣《やう》にして且《か》つ又早《またはや》く局所《きよくしよ》に肉《にく》の盛《も》り上《あ》がる樣《やう》にするから、普通《ふつう》では全治迄《ぜんぢまで》に拾七八日《にち》は掛《か》るのが五六日《にち》て治《なほ》る」と云《い》ふ樣《やう》に暗示《あんじ》するのである。

◇眼《め》を閉《ひら》かせぬ事《こと》、を利用《りよう》して一つの秘傳《ひでん》がある。普通《ふつう》の場合《ばあひ》施術中《せじゆつちう》は何人《なんぴと》と云《い》へ共《ども》眼《め》を開《ひら》かしめぬのであるが、最初《さいしよ》其《そ》の意味《いみ》を輕《かる》く言《い》ひ聞《き》かせただけでは誰《た》れでも中途《ちうと》で一寸眼《ちよつとめ》を開《あ》きたがるものである　から萬《まん》一誤《あや》まつて眼《め》を開いたなら忽《たちま》ち其過《そのあやまち》を逆用《ぎやくよう》して「コラッ、眼《め》を開《あ》いては不可《いか》ん……我《わ》が輩《はい》の命令《めいれい》の無《な》いうちに何故《なにゆゑ》に眼《め》を開《あ》くんだ、間違《まちが》つて眼《め》を開《あ》くと往々《わう〱》にして其《そ》の儘眼《まゝめ》がつぶれて盲目《めくら》になる事《こと》があるではないか〔其ンナ馬鹿氣タ事ハ無イガ、要スルニ相手の潜在意識ヲ威シツケテ置イテ誘導スル名手段デアル〕我《わ》が輩《はい》の命令《めいれい》を守《まも》らないならば施術《せじゆつ》を中止《ちうし》して病氣《びやうき》は治《なほ》してやらぬ……ヨシ其《そ》うだ其《そ》う云《い》ふ風《ふう》に眼《め》を閉《と》ぢて居《ゐ》れば許《ゆる》してやる……」と云《い》ふが如《ごと》くすれば相手《あひて》の潜在意識《せんざいいしき》は恐《おそ》れ戰《をのゝ》いて何《なん》でも此方《こちら》の云《い》ふ通《とほ》りになるから肉體精心《にくたいせいしん》の改造《かいぞう》は思《おもひ》の儘《まゝ》に行《おこな》はれる、其《そ》れと同《どう》一意味《いみ》であるが、患者《くわんじや》が入室《にふしつ》の際突然胸倉《さいとつぜんむなぐら》を取《と》つて一喝《かつ》を浴《あ》びせてから施術《せじゆつ》に取《と》り掛《か》ゝる事等《ことなど》も奇法《きほふ》の一種《しゆ》である。講習錄《こうしふろく》下卷《げくわん》第《だい》四八頁《ぺいじ》にあるが如《ごと》く施術《せじゆつ》の際相手《さいあひて》の顔面《がんめん》にパラパラッと清水《せいすゐ》を振《ふ》りそゝいだり、先方《せんぱう》の兩耳《りやうみゝ》を押《おさ》えて手先《てさき》に靈動《れいどう》を起《おこ》しながら頭《あたま》を押《おさ》え下《さ》げしむる等《など》も、本秘訣《ほんぴけつ》と同理《どうり》に基《もと》づく必要事《ひつようじ》である。

靈氣能力《れいきのうりよく》の行氣法《かうきはふ》　も重要《ぢうえう》なる一事《じ》であるが之《こ》れは講義錄《こうぎろく》にも有《あ》るが如《ごと》く手先《てさき》に靈動《れいどう》を起《おこ》しながら、若《も》しくは靈動《れいどう》の起《お》きた心持《こゝろもち》をもつてブル〱手先《てさき》を振《ふる》はせながら、輕《かる》く患部《くわんぶ》に宛《あ》てゝ恰《あだか》も自己《じこ》の念力《ねんりき》を先方《せんぱう》に通《つう》ぜしむるが如《ごと》く口《くち》の中《なか》で「ウム……、ウム……」と力味《りきみ》ながら思念《しねん》して行氣《かうき》するのである。之《こ》れは一面眞《めんしん》に靈氣能力《れいきのうりよく》を傳《つた》ふると共《とも》に相手《あひて》の潜在意識《せんざいいしき》を納得《なつとく》せしむる手段《しゆだん》ともなる事《こと》である。

◇カイロプラクチツク療法《れうはふ》、之《こ》れは精心的療法以外《せいしんてきれうはふいぐわい》の事《こと》であるが精心療法《せいしんれうはふ》と共《とも》に併用《へいよう》すれば効果更《かうくわさら》に著《いち》じるしきものがあるから一寸掲《ちよつとかゝ》げて置《お》くが、之《こ》れは胃腸病《ゐちやうびやう》、心臟病《しんざうびやう》、肺病等《はいびやうとう》の樣《やう》に胸《きやう》部《ぶ》から腹部《ふくぶ》の病氣《びやうき》には特《とく》に効力《かうりよく》のある方法《はつはふ》であるが、先《ま》づ患者《くわんじや》を圖《づ》の如《ごと》くピタリと下《した》向きに臥《ふせ》させて、背柱骨《せきちうこつ》の兩側《りやうはそく》約五分乃至《ないし》一寸位《すんくらゐ》の部《ぶ》を左右兩《さいうりやう》手《て》の拇指《をやゆび》で靜《しづか》にウンと力《ちから》を込《こ》めて押壓《をうあつ》するのである（左右《さいう》の骨《ほね》と骨《ほね》との間《あひだ》、即各横骨間肉《すなはちかくよこほねのあひだにく》の部分《ぶぶん》）漸次《ぜんじ》上《うへ》から下《した》へ押《を》す内《うち》に必《かなら》ず堪《た》え切《き》れぬ位《くらゐ》の痛《いた》さを感《かん》ずる部分《ぶぶん》があるから、其《そ》の部《ぶ》を堪《た》え切《き》れぬ位《くらゐ》の程度《ていど》迄靜《までしづか》にウーンと押壓《をうあつ》してやると段々治《だん／＼なほ》つて、遂《つひ》にはいくらウンと押《を》しても痛《いた》くないだけ迄《まで》に治《ち》療《れう》してやるのである。但《たゞ》し胸部及腹部《きやうぶおよびふくぶ》に病氣《びやうき》の無《な》い人《ひと》はいくら押壓《をうあつ》しても痛《いた》く無《な》いものである。（痛《いた》ければ必《かなら》ず其《その》人《ひと》は病氣《びやうき》が有《あ》る）又拇指《またをやゆび》で押壓《をうあつ》の際《さい》は指《ゆび》の力《ちから》だけで押《を》しては到底指《たつていゆび》が勞《つか》れて行《や》りきれぬから、寧《むし》ろ自分《じぶん》の身體《からだ》の重量《おもみ》を拇指《をやゆび》にそゝぐ樣《やう》にするのである、指壓《しあつ》の際《さい》靜《しづか》に指頭《しとう》より靈氣能力《れいきのうりよく》を思念行氣《しねんぎやうき》すべきは云《い》ふ迄《まで》も無《な》い事《こと》であ

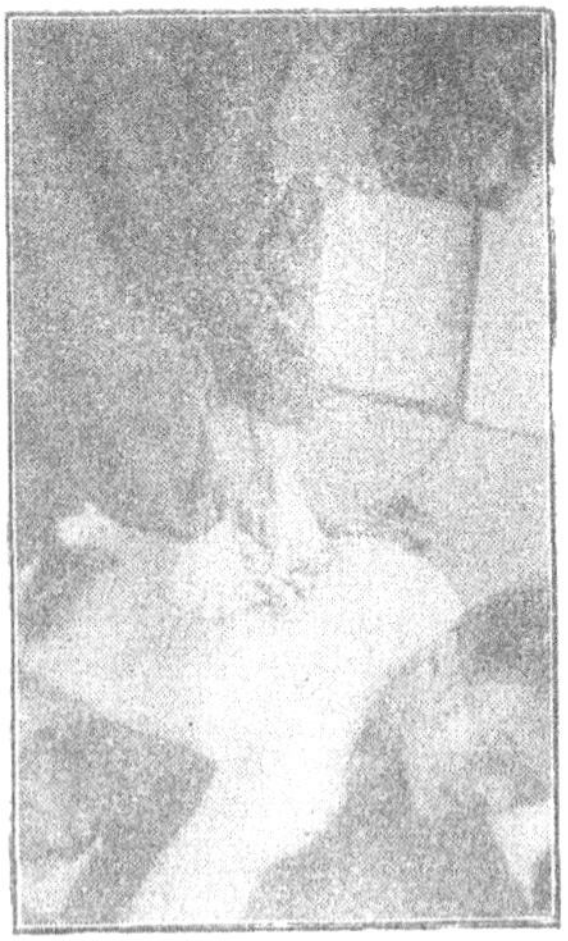

（カイロプラクチツク療法）

る、一回《くわい》の施術《せじゆつ》時間《じかん》は普通《ふつう》十分間前後《ぶんかんぜんご》で宜《よ》い、尙《な》ほ目下《もつか》本療法《ほんれうはふ》を種々《しゆ〴〵》に變化應用《へんくわおうよう》して根療術《こんれうじゆつ》、根元療法等《こんげんれうはふなど》と稱《せう》して盛《さかん》に流行《りうかう》して居《ゐ》る。

◇繼續《けいぞく》治療《ちれう》　病氣《びやうき》の性質《せいしつ》により一回《くわい》の施術《せじゆつ》で根治《こんぢ》する事《こと》も有《あ》れば拾數回《すうくわい》の施術《せじゆつ》でも著効《ちよこう》の現《あら》はれぬ事《こと》もあるが、失望《しつぼう》せず焦《あ》せらずやれば、必《かなら》ず効果《こうくわ》のあるもの故、目《ま》の當《あた》り効果《こうくわ》無しとて失望《しつぼう》しては不可《いけ》ぬ、初經驗者《しよけいけんしや》の多《おほ》くは倦《あ》き易《やす》く怠《う》み易《やす》いものであるが、病人《びやうにん》の求《もと》むる以上《いじやう》必《かなら》ず施術《せじゆつ》を繼續《けいぞく》すべきである。萬一《まん》勇氣《ゆうき》が失《う》せたり氣《き》が倦《あ》いたならば宜敷《よろしく》神佛《しんぶつ》の御加護《ごかご》を願《ねが》ひ、且《か》つ靜座《せいざ》呼吸法《こきふはふ》を行《ぎやう》ずるが宜《よ》い、必《かなら》ずや心身緊張《しんしんきんちやう》して勇氣《ゆうき》百倍《ばい》するものである。尙《な》ほ今後《こんご》支部《しぶ》長各位《ちやうかくゐ》にをかれても各自《かくじ》獨創《どくさう》の工夫《くふう》を以《もつ》て治療《ちれう》に從事《じうじ》せらるべきではあるが、何《ど》うしても御判《おわか》りにならぬ事《こと》は遠慮無《ゑんりよな》く往復《わうふく》はがき（質問《しつもん》は各條項《かくでうこう》を分《わ》ちて（イ）（ロ）（ハ）……と爲《な》し且《か》つ整理上《せいりじやう》の都合《つがふ》あるを以《もつ》て必《かなら》ず往復《わうふく》はがきを以《もつ》て御照會《ごしやうくわい》を乞《こ》ふ、往復《わうふく》はがき返信《へんしん》の部《ぶ》には住所氏《ぢうしよし》名御書《めいおか》き入《い》れの事《こと》）……を以《もつ》て御質問願《ごしつもんねが》ひたい。

且つ又今後《またこんご》時々《じじ》各支《かくし》部長《ぶちやう》の實驗例《じつけんれい》を發表《はつぴやう》して各自《かくじ》の御參照《ごさんせう》に供《きやう》したいから、折々《をり〳〵》の治療方法及治療成績《ちれうはうほふおよびちれうせいせき》の御送《ごそう》附《ふ》を願《ねが》ひたいのである。

神《しん》呪《じゆ》等《とう》の事《こと》

神代記《しんだいき》に「大巳貴命少彦名命ト力ヲ戮セ、心ヲ一ニシ、天下ヲ經營シ復タ顯見蒼生及ビ蓄産ヲ爲シ、則チ其病ヲ療スルノ方ヲ定メ、又鳥獸昆蟲ノ災異ヲ攘フ爲メニ、則チ其禁厭ノ法ヲ定ム」とあるが蓋《けだ》し祈禱《きとう》、禁厭《まじなひ》の行《おこな》はれたる濫觴《はじめ》である。祈禱《きたう》は神佛《しんぶつ》に赤心《せきしん》を披瀝《ひれき》して御加護《ごかご》を乞《こ》ふのであるが禁厭《ましなひ》は神《かみ》と人《ひと》との間《あひだ》に契約《けいやく》された一つの約《やく》束《そく》の樣《やう》なものであつて、分《わか》り易《やす》く云《い》へば茲《こゝ》に一人《ひとり》の神人《しんじん》又《また》は偉人《ゐじん》があつて「俺《おれ》の死んだ後《のち》に誰《た》れでも墓《はか》の前《まへ》に來《き》て生米《たまごめ》を七粒《つぶ》置《お》いて南無阿彌陀佛《なむあみだぶつ》を三度《ど》唱《とな》えればキツト眼《がん》病《びやう》を治《なほ》してやる」と云《い》つて死《し》んだとすれば其《そ》の「生米《なまご》七粒《つぶ》」と「南無阿彌陀佛《なむあみだぶつ》を三度《ど》唱《とな》える」事《こと》が一つの呪《まじなひ》になる、總《す》べての呪《まじなひ》が斯《か》うだとは云《い》へないが、分《わか》り易《やす》く云《い》へば呪《ましなひ》の多《おほ》くは斯《こ》ふ言《い》ふ様《やう》な意味《いみ》から生《しやう》じた者《もの》である。故《ゆゑ》に呪《まじなひ》を殘《のこ》して死《し》んだ人《ひと》の念力《ねんりき》が強《つよ》ければ強《つよ》い程《ほど》効《き》く譯《わけ》であるが、然《しか》し又《また》いくら顯《げん》のある呪《まじなひ》でも段々《だん〳〵》年《とし》を經《へ》るに從《したが》つて人《ひと》が餘《あま》り用《もち》ひ無《な》い様《やう》になるか又《また》は忘《わす》れられ掛《か》けると、約束主《やくそくぬし》が怒《おこ》つて効《き》かなくなる事《こと》が多《おほ》いものである、又《また》九字《くじ》を切《き》る様《やう》な難《む》づかしい事《こと》は一種崇高《しゆすうかう》なる神佛《しんぶつ》呼《よ》び出《だ》しの秘法《ひはふ》であつて其《そ》れだけ又《また》深《ふか》く高級《かうきふ》なる神佛《しんぶつ》を煩《わずら》はす事《こと》になるものであるから餘《あま》り濫用《らんよう》すると却《かへ》つて神佛《しんぶつ》の御怒《おいか》りに觸《ふ》れる事《こと》もあるから、能《よ》く〳〵危期《きき》の際《さい》か又《また》は救世濟民《きうせいさいみん》の爲《ため》でなければ使用《しよう》すべきでは無《な》い。

不動金縛《ふどうかなしば》りの法《はふ》　此法《このほふ》の普通《ふつう》に行《おこな》はれて居《ゐ》るのは氣合《きあひ》の暗示《あんじ》又《また》は催眠術《さいみんじゆつ》を以《もつ》て人《ひと》の五官《くわん》を奪《うば》つてからに相手《あひて》の人身《しんしん》を自由《じいう》にせしむるのであるが之《こ》れは一寸呼吸《ちよつとこきふ》をのみ込《こ》めば誰《たれ》にでも出來《でき》るから、最初無心《さいしよむしん》の子供《こども》又《また》は婦人等《ふじんとう》に對《たい》し眉間《みけん》に氣合數喝《きあひすうかつ》一サア手が動《うご》かなくなつた」とか「サア足《あし》が動《うご》かなくなつた」「モウ口《くち》が利《き》けなくなつたからシヤベツテ見《み》よ」と云《い》ふ風《ふう》に練習《れんしふ》すれば拾數人《すうにん》も扱《あつか》ふうちには必相當《かならずさうたう》に出來《でき》るものである。

眞《しん》の不動金縛《ふどうかなしば》り法《ほふ》は危期《きき》に迫《せま》つた際等《さいとう》に使用《しよう》する神呪《しんじゆ》であるが、之《こ》れは其人《そのひと》の信仰《しんかう》と思念《しねん》の力《ちから》さえ強《つよ》ければ行《おこな》へる事《こと》である。

先《ま》づ本式《ほんしき》の九字《じ》を切つた後左《のちさ》の神文《しんもん》を息突《いきつ》かずに三遍唱《べんとな》えるのである。

○ゆるく共《とも》よもや許《ゆる》さず縛《しば》りなば、不動《ふどう》の心《こゝろ》あるに限《かぎ》らん

東《とう》方《はう》降《こう》神《じん》世《せ》夜《や》及《しや》明《めう》王《わう》　南《なん》方《ぼう》軍《くん》多《だ》利《り》夜《や》及《しや》明王《わう》

中《ちう》央《わう》大《だい》日《にち》大《だい》聖《せう》不《ふ》動《どう》明王《わう》

西《せい》方《はう》大《たい》威《ゐ》德《とく》夜《や》及《しや》明《めう》王《わう》　北《ほつ》方《ぽう》金《こん》剛《がう》夜《や》及《しや》明《めう》王《わう》

又《また》此法《このほふ》を戻《もど》すには左《さ》の神文《しんもん》を息突《いきつ》かずに三遍《べん》唱《とな》へるのである。

年《とし》を經《へ》て身《み》をば妨《さまた》ぐ荒神《あらがみ》も、皆《みな》立去《たちさ》りて千代《ちよ》と見《み》すらん。

雲切《くもき》りの術《じゆつ》　海路《かいろ》行方《ゆくて》を失《うしな》える際《さい》又《また》は高山《かつざん》霧《きり》深《ふか》くして一寸《すん》前《さき》も見《み》えぬ時《とき》に用《もち》ふるのであるが、これは念力《ねんりき》の強《つよ》い人《ひと》で信仰《しんかう》のあつい人《ひと》ならば本式《ほんしき》に九字《じ》を切《き》つただけでも雲霧《うんむ》を切除消散《せつぢよしようさん》せしむる事《こと》も出來《でき》るが普通《ふつう》は本式《ほんしき》に九字《じ》を切《き》つて後《のち》數回《すうくわい》左《さ》の神文《しんもん》を唱《とな》えるのである。

嵐《あらし》吹《ふ》く遠《とほ》山《やま》深《み》霧《ぎり》惡《あく》魔《ま》降《こう》伏《よく》怨《をん》敵《てき》退《たい》散《さん》

尚《なほ》は今日《こんにち》俗間《ぞくかん》に置《お》いて「まじなひ」と稱《しよう》せられて傳《つた》えられつゝあるものも數百種《すうしゆ》はあるで有《あ》ろふが既《すで》に神威佛徳《しんゐぶつとく》の去《さ》つたものが多《おほ》い、然《しか》し又《また》一面《めん》神効《しんかう》の著《いちじる》しきものも有《あ》るけれ之《こ》れは又《また》共《とも》他日《たじつ》又《また》實驗《じつけん》に實驗《じつけん》を重《かさ》ねて愼重《しんちよう》に御《ご》發表《はつぴやう》申《まを》す事《こと》にする。

唯茲《たゞこゝ》に狐狸《こり》の憑靈《ひようれい》を除《と》る神法《しんはふ》だけは十分《ぶん》に實驗濟《じつけんず》みの事故《ことゆゑ》御《ご》發表申《はつぴやうまを》さう。

普通《ふつう》へボクラの憑靈《ひやうれい》ならば略式《りやくしき》の九字《じ》を切《き》つて幽齋《ゆうさい》の辭又《ことにまた》は心經《しんぎやう》の念誦《ねんしよう》と共《とも》に、憑靈者《ひようれいしや》の眉間《みけん》に拾數聲《すうせい》の氣合《きあひ》を浴《あ》びせかければ。其儘《そのまゝ》病人《びやうにん》は倒《たふ》れて憑靈《ひようれい》は退散《たいさん》するものである、退散《たいさん》したならば更《さら》に又《また》二三聲《せい》の氣合《きあひ》を掛《か》けて其人《そのひと》に「本性《ほんせい》に立《た》ち還《か》る」暗示《あんじ》を與《あた》へ且《か》つ又衰弱《またすゐじやく》せる心身《しんしん》に活氣《くわつき》づけてやるのであるが。又仲《またなか》には容易《ようい》に退散《たいさん》せぬ頑固《ぐわんこ》な悪靈《あくれい》もあるから其《そ》う云《い》ふ際《さい》には止《や》むを得《え》ぬ故《ゆゑ》歸神法《きしんはふ》によつて高級《かうきふ》なる神《かみ》に降神《かうしん》を乞《こ》ふて靈縛法《れいばくはふ》を行《おこ》ふのであるが、然《しか》し歸神法《きしんはふ》は未經驗者《みけいけんしや》の爲《な》すべき事《こと》では無《な》いから次《つぎ》の方法《はつぱふ》をとれば宜《よ》い、即《すなは》ち本式《ほんしき》に九字《じ》を切《き》つて幽齋《ゆうさい》又《また》は心經《しんぎやう》により神佛《しんぶつ》の御加護《おかご》を請《こ》ひ次《つぎ》に眉間《みけん》に數聲《すうせい》の氣合《きあひ》を浴《あ》びせて病人《びやうにん》に犬《いぬ》の牙《きば》を粉《こな》にしたものを白湯《さゆ》で飲《の》ませるのである、此時《このとき》一種《しゆ》の威壓的態度《ゐあつてきたいど》と共《とも》に「今其《いまそ》の方《はつ》の飲《の》んだものは或《あ》る神犬《しんけん》の牙《きば》である、貴様《きさま》の様《やう》な悪靈《あくれい》は如何《いか》なる障碍《しようげ》を爲《な》すか分《わか》らぬにより、有難《ありがた》い靈犬《れいけん》の牙《きば》に掛《か》けて喰《く》ひ殺《ころ》して頂《いた》だくのだ、………命《いのち》が惜《を》しくば右《みぎ》の牙《きば》の粉《こな》が腹《はら》の中《なか》で溶《と》けぬうちに退散《たいさん》しろ」と云《い》ひながら病人《びやうにん》の背《せ》に指《ゆび》又《また》は御幣《ごへい》又《また》は珠數《じゆず》を以《もつ》て「犬《いぬ》」と云《い》ふ字《じ》を三字《じ》書《か》いて三聲《こゑ》の氣合《きあひ》と共《とも》に其背《そのせ》を打《う》てば、病人《びやうにん》はコロリと倒《たふ》れて憑靈《ひようれい》は退散《たいさん》するものである、而《しか》して此時《このとき》始《はじ》めて九字《じ》を切《き》つたのを戻《もど》して、病人《びやうにん》を本性《ほんせい》に立《た》ち還《かへ》らしむるのである、右《みぎ》の如《ごと》く犬《いぬ》の牙《きば》を粉《こな》にしたものを飲《の》ませる際《さい》に憑靈《ひようれい》はキツト嫌《いや》がるものであるが、拘《かま》はず思《おも》ひ切《き》つて飲《の》ませなければ不可《いけ》ぬ、又《また》憑靈《ひようれい》の有無《うむ》を見《み》るには平常《へいぜい》其病人《そのびやうにん》の好《す》いて喰《た》べるものや又《また》は態度《たいど》によつても判《わか》るが、最初《さいしよ》單《たん》に二三聲《せい》の氣合《きあひ》を掛《か》けて置《お》いて「正直《しやうぢき》に云《い》へば君《きみ》の望《のぞ》むものを何《なん》でも調理《てうり》するが、一體《たい》君《きみ》の靈體《れいたい》は何《なに》かネ、僕《ぼく》だけに分《わか》れば宜《い》いからチイサイ聲《こゑ》で秘密《ひみつ》に話《はな》し給《たま》へ」と云《い》へば「自分《じぶん》は何《なん》の神様《かみさま》だ」とか「何《なん》の尊《みこと》」とか又《また》は有名《いうめい》な神佛《んぶつ》の名《な》をかたるから直《す》ぐに分《わか》るものである、又中《またなか》には最初《さいしよ》から「俺《おれ》は金毛《きんまう》の九尾《ひ》の靈狐《れいこ》である」等《など》と大《おほ》きく出《で》るものもあるが、是等《これら》は皆野狐狸《みなやこり》の憑靈《ひようれい》であつて、眞《しん》の有難《ありがた》い神様《かみさま》や佛様《ほとけさま》が人間《にんげん》を苦《くる》しめて憑《つ》くわけが無《な》いから安心《あんしん》してやるが宜《よ》い。但一寸《たゞしちよつと》御《ご》注意《ちうい》申上《まをしあ》げて置《お》くが故《ゆゑ》なくして無暗《むやみ》に悪靈《あくれい》亡靈《ばつれい》をイヂメるものでは無《な》い、餘《あま》りに斯《か》う云《い》ふ事《こと》をやり過《す》ぎると却《かへ》つて其人《そのひと》に禍《わざわひ》を爲《た》す事《こと》があるからである。

尚《な》ほ序《ついで》に呉々《くれぐ》も申上《まをしあ》げて置《お》くが本《ほん》秘《ひ》訣《けつ》書《しよ》は本院《ほんゐん》講習《かうしふ》録《ろく》下巻《げくわん》の病氣《びやうき》治療《ちれう》法《はふ》と共《とも》に併續《へいぞく》研究《けんきう》すべきものである事《こと》を御《ご》注意《ちうい》願《ね》ひたい………古人《こじん》も曰《い》く「讀書《どくしよ》百回自《くわいおのづか》ら通《つう》ず」と

（注　意）

治療の際に用ふる「如意」「法衣」等は必ずしも必要のものでは無いが、特に御希望の諸君には「如意」だけは本院に於いて鑄鐵製銀色のもので表面に刻界の名人、松原淡海氏の原刻による「禪機一喝、濟度衆生」と現はしたものを御分讓申します。（送料共壹本金貳圓六拾錢）

×　×　×　×　×

天玄洞本院事務所白

大正十四年九月廿五日印刷
大正十四年十月壹日發行
昭和二年七月十日改版

著作權發行者　東京市京橋區常盤町一番地　石川素禪
印刷者　東京市芝區愛宕町二丁目一番地　松井寛
發行所　東京市京橋區常盤町一番地　天玄洞本院

松井印刷所印行

交霊感応　気合術講習秘録

平成十六年十一月十五日　復刻版 初刷発行
令和 六 年十二月二十五日　復刻版 改版初刷発行

著　者　石川素禅

発行所　八幡書店
東京都品川区平塚二—一—十六
ＫＫビル五階
電話　〇三（三七八五）〇八八一
振替　〇〇一八〇—一—四七二七六三

ISBN978-4-89350-539-2 C0014 ¥3000E

八幡書店DMや出版目録のお申込み（無料）は、左QRコードから。
DMご請求フォームhttps://inquiry.hachiman.com/inquiry-dm/にご記入いただく他、直接電話(03-3785-0881）でもOK。

八幡書店DM（48ページのA4判カラー冊子）毎月発送

①当社刊行書籍（古神道・霊術・占術・古史古伝・東洋医学・武術・仏教）
②当社取り扱い物販商品（ブレインマシンKASINA・霊符・霊玉・御幣・神扇・火鑽金・天津金木・和紙・各種掛軸etc.）
③パワーストーン各種（ブレスレット・勾玉・PT etc.）
④特価書籍（他出版社様新刊書籍を特価にて販売）
⑤古書（神道・オカルト・古代史・東洋医学・武術・仏教関連）

八幡書店 出版目録（124ページのA5判冊子）
古神道・霊術・占術・オカルト・古史古伝・東洋医学・武術・仏教関連の珍しい書籍・グッズを紹介！

八幡書店のホームページは、下QRコードから。

最強気合術！　幻の原典

分売不可

江間式心身鍛練法講義 上下巻

江間俊一＝講演　上下巻合計定価 6,160 円（本体 5,600 円+税 10%）　A5 判 並製

松本道別、田中守平と並び「霊界の三傑」と称された江間俊一の『江間式心身鍛練法』は大好評のうちに品切になったが、さらに詳しく実験談が網羅されている講義録の決定版を覆刻。170 頁程度に凝縮されていた内容が 540 頁と大増頁になり、語り口の面白さとあいまって、当時の霊術治療の雰囲気がリアルに伝わってくる。江間式気合術の基本は腹式呼吸法と禅式の静座法で、さらに熟達すると気合術によって第三者の霊魂九識を操作することが出来るという。本書にはその実例も多数紹介され興味深い。なお、江間式気合術は温良な性質の人よりも煩悩執着心の強い人のほうが効果があるというアクティブな技法であるという。また、江間が、横綱大錦が三段目のときに坐骨神経痛を一発の気合で治療し、さらに五十七回にわたり気合をいれてその霊力を呼び出し横綱への道を歩ませた逸話は有名。

浜口熊嶽の妙術真髄を公開！

熊嶽術真髄

濱口熊嶽＝著

定価 4,180 円
（本体 3,800 円+税 10%）
A5 判 並製

『熊嶽術秘密解放録 特別編』を特別収録

本書は、大日本天命学院発行の通信講座用の講習録『天命学院講習録』にも収録された『熊嶽術真髄』の復刻である。**特別付録として、講習録の一部で、虎の巻とも称すべき秘法を解放した『熊嶽術秘密解放録 特別編』を収録。**熊嶽術は、身・口・意の三真三業を本義とする真言密教に端を発し、熊嶽が新たな解釈を加え、独自のものとして創始したものである。「熊嶽人身自由術秘法」においては、真言や印の公開にとどまり、熊嶽術のエッセンスは語られていないので、これを補完する意味でも重要な書となるであろう。

インチキ透視法のノウハウを詳説

定価 2,640 円（本体 2,400 円+税 10%）

霊交術秘伝書

石川素禅＝著　A5 判 並製

昭和８年に某フランチャイズ霊術団体で、会員を対象に配布されたもので、要するにインチキ透視術のやり方を微にいり細にわたり指導した珍本。巷のインチキ霊能者に騙されないために、ご一読をお薦め。